Eva Hammes-Di Bernardo (Hrsg.)

Kompetente Erziehung

Zwischen Anleitung und Selbstbildung

Kompetente Erziehung

Zwischen Anleitung und Selbstbildung

pfv

Fachverband für Kindheit und Bildung

Herausgegeben von
Eva Hammes-Di Bernardo

Redaktionelle Mitarbeit
Ludger Pesch · Sylvia Schlie

verlag das netz Weimar · Berlin

Bitte richten Sie Ihre Wünsche, Kritiken und Fragen an:
pfv
Barbarossastr. 64
D-10781 Berlin
Tel.: +49(0)30.23 63 90 00
Fax: +49(0)30.23 63 90 02
E-Mail: pfv@pfv.info

Diese Veröffentlichung wurde mit Mitteln des Bundesministeriums für Familie, Senioren, Frauen und Jugend gefördert.

ISBN 978-3-937785-84-4

Redaktion: Ludger Pesch, Sylvia Schlie
Gestaltung: Jens Klennert, Tania Miguez
Titelfoto: Wolfgang Huppertz, agenda Hamburg
Fotos: Volker Derlath, Volker Döring, Wolfgang Huppertz, Jürgen Jabs
Druck und Bindung: Colordruck, Zwickau
Printed in Germany

Weitere Informationen finden Sie unter www.verlagdasnetz.de

Inhalt

Kompetente Erziehung

Zwischen Anleitung und Selbstbildung: Einleitung

Eva Hammes-Di Bernardo

»Jeder junge Mensch hat ein Recht auf Förderung seiner Entwicklung und auf Erziehung zu einer eigenverantwortlichen und gemeinschaftsfähigen Persönlichkeit« heißt es im §1 des SGB VIII, das als Artikel 1 in das Gesetz zur Neuordnung des Kinder- und Jugendhilferechts (KJHG) vom 26. Juni 1990 eingebettet wurde. Die Auseinandersetzung mit der Frage, in welcher Form man sich insbesondere in Kindertageseinrichtungen diesem Recht auf Bildung und Erziehung und der damit verbundenen Verantwortung anzunehmen hat bzw. annimmt, hat auch nach dem Inkrafttreten der Bildungsprogramme für den Kindergartenbereich in fast allen Bundesländern nicht an Intensität verloren. Vielmehr erfahren der Erziehungsgedanke und die Definition der kompetenten Erziehung eine neue Dimension, bedingt teilweise durch die Vorgaben der Programme. Pädagogische Konzepte und sozialpädagogische Grundhaltungen pendeln weiterhin zwischen Umsetzungsextremen und professionellen Selbstzweifeln auf der Suche nach dem besten Ansatz – für das Kind, aber auch für die am Prozess beteiligten Erwachsenen.

Durch die Gegenüberstellung von Anleitung und Selbstbildung als Faktoren eines frühkindlichen Prozesses der Bildung und Persönlichkeitsentwicklung definiert sich die kompetente Erziehung sowohl prozess- als auch ergebnisorientiert. Selbstbildung versteht sich dabei als ein pädagogisches Konzept zur Gestaltung des lebenslangen und lebensbegleitenden Lernens im Sinne eines Sich-Bildens und einer sinnvollen Lebensführung. Es handelt sich um den personalen Aspekt der menschlichen Bildung und somit um das Herz aller Bildung. Sie ist eine Leistung, durch die der Mensch selbstbestimmt seine Teilhabe an der Kultur gestaltet und ihr zu eigenem Ausdruck verhilft. Zwar ist Selbstbildung weder an Institutionen oder curriculare Bildungsgänge noch an formale Voraussetzungen gebunden, doch basiert sie auf Begegnung und Gespräch, auf Betrachtung und Beobachtung, auf Erkundung und Erprobung, auf Hören und Kommunizieren mit anderen. Sie reguliert sich aus eigener Einsicht und Motivation und ist vor allem selbstgesteuert.

Im Unterschied zur autonomen Selbstbildung Erwachsener ist es bei der Selbstbildung von Kindern zeitweise notwendig, die Bedingungen zu selbstbildendem Handeln bereitzustellen. Dies kann bedeuten, dass Pädagogen, Eltern usw. gegebenenfalls eingreifen und Anleitung geben müssen. Sie müssen so wenig wie möglich, aber so viel wie nötig Hilfestellung leisten, um beim Kind die Motivation zu erhalten oder gefährliche Irrwege zu vermeiden. Zu diesem wesentlichen Aspekt der Selbstbildung als individuellem Anspruch kommt noch die Verpflichtung der sozialpädagogischen Institution hinzu, nach einem demokratischen Prinzip allen Kindern ein möglichst breitgefächertes Bildungs- und Erziehungsniveau vorzuhalten.

Die Bundesfachtagung des Pestalozzi-Fröbel-Verbandes im September 2006 in Halle setzte sich in Vorträgen, Diskussionsrunden und Arbeitsgruppen mit einigen Aspekten der Frage nach einer kompetenten Erziehung zwischen Anleitung und Selbstbildung auseinander. Das vorliegende Buch greift die wesentlichen Beiträge auf, ergänzt sie durch weitere, nach meiner Einschätzung wichtige Stellungnahmen. In fünf Blöcken wird das Thema beleuchtet, ausgehend von einigen theoretischen Überlegungen über die Praxis im Allgemeinen und anhand spezifischer Beispiele hin zu den Fragen, die sich für die Ausbildung auftun. Zum Abschluss sollen einige Quergedanken zu Grenzen und Möglichkeiten weitere Impulse geben.

Im Teil 1 zeigt Hans **Rudolf Leu** in seinen grundlegenden Gedanken, dass Eltern und Pädagogen heute wie früher die Frage nach der Definition einer guten und kompetenten Erziehung stellen. Er führt die wesentlichen Elemente auf, die die Diskussion prägen und unter aktuellen Erkenntnissen vielleicht zu einer Antwort führen können, u.a. das ganzheitliche Lernen ebenso wie der kompetente Säugling, die Ebenbürtigkeit von Kindern und Erwachsenen, das respektvolle Umgehen mit der Perspektive der Kinder.

Helmut Heiland weist nach, dass bereits Friedrich Fröbel sich in seiner Spielpädagogik mit dem Zusammenspiel von Anleitung und Selbstbildung auseinandergesetzt hat. Dessen grundlegende Ansichten sind durch das Kindbild des 19. Jahrhunderts geprägt, Selbstbildung und die hinweisend-lenkende Beteiligung des professionellen und vor allem aktiven Erwachsenen sind untrennbar in der Spielpflege vereint. Für ihn ist »Erziehung (…) Freisetzen des geistigen Potentials (Kräftepotential) des Kindes und Heranwachsenden im Kontext der Kulturangebote in Kindergarten und Schule«. Ein Ansatz und eine Hinterfragung, die die Pädagogen seit 200 Jahren auf ihrer Suche nach der »kompetenten Erziehung« begleiten.

Hans-Joachim Laewen stellt in »Wie Erziehung und Bildung zusammenhängen« die Thematik in den aktuellen Kontext der gesellschaftlichen und politischen Entwicklung. Die grundlegenden Begriffe werden kulturhistorisch und aktuell definiert, mit pädagogischen Konzepten und Bildungsprogrammen konfrontiert und auf den Praxisbezug überprüft.

Mit der Frage »Wie viel Bildung steckt im Alltag?« fokussiert **Rainer Dollase** den Blick auf Ergebnisse eines pädagogischen Arbeitens zwischen Anleitung und Selbstbildung. Ihm zufolge haben zahlreiche Untersuchungen seit den 1960er Jahren in unterschiedlichen Ländern und unterschiedlichen Gesellschaftsschichten eindeutig zu der Erkenntnis geführt, dass das situierte Lernen in einem respektvollen Umgehen miteinander zwischen Erwachsenen und Kindern die größten Erziehungs- und Bildungserfolge bringt.

Teil 2: »Zwischen Anleitung und Selbstbildung: Beispiele aus der Praxis« schlägt den Bogen von einer allgemeinen praktischen Umsetzung der Trinität Betreuung, Bildung und Erziehung über Lernwerkstätten und neue Einrichtungskonzepte hin zu einer Wertevermittlung im Rahmen der Bildungsarbeit.

Beate Andres zeigt in ihren Fallanalysen im Beitrag »Wie der Zusammenhang von Betreuung, Bildung und Erziehung praktisch wird«, dass eine gelungene Bildungs- und Erziehungsarbeit ausschließlich in der Empathie und Verantwortung der Erwachsenen begründet ist. Eine der Basisqualitäten gelingender pädagogischer Prozesse hängt ab von der Bereitschaft der Erwachsenen, sich als Bezugsperson und mit wechselseitiger Anerkennung auf das Kind einzulassen, Bindung zuzulassen, zu ermutigen und zu pflegen.

Sehr praxisnah setzt sich **Sibylle Haas** mit den Möglichkeiten der Lernwerkstätten auseinander, Kinder anleitend auf dem Weg der Selbstbildung durch konkrete Erfahrungsmomente zu begleiten. Lernwerkstätten als Orte der Selbstbildung setzen voraus, dass die Erwachsenen sich selbst für Erfahrungen öffnen, neue Wege für sich suchen, diese Erfahrungen zu machen, und Kinder achtsam eben auch auf diesem Weg begleiten.

Anschaulich dokumentieren **Friderike Pankoke** und **Bettina Schwab** diesen »Entwicklungsprozess« der Erzieherinnen hin zu einem anderen Rollen- und Arbeitsverständnis in »Eine lernfreudige Kita zwischen Wahlmöglichkeiten und Verbindlichkeit«. Durch die räumliche und personelle Neustrukturierung ihrer Einrichtung sahen sie für sich und die Kinder die Chance, das Zusammenspiel von Anleitung und Autonomie in einem demokratischen und wechselseitigen Prozess zwischen Kindern und Erwachsenen neu zu definieren. Fortschritte machten Mut, Sackgassen motivierten ein Weitersuchen.

Petra Wagner wirft mit ihrer Frage »Moralische Werte vermitteln und Bildungsprozesse unterstützen – ein Widerspruch?« einen Blick auf das Thema der Sicherheit und Orientierung gebenden Bindung und ihrer Rolle im Rahmen der Werte gebenden Bildung. Die wertebezogenen Botschaften der Erwachsenen vermitteln Kindern im Rahmen der Konstruktion ihrer Bildungsprozesse die moralischen Grundwerte der Gesellschaft wie richtig oder falsch, anständig oder nicht-anständig. Wie schnell aber die Werteorientierung in Vorurteile abrutschen kann und man sich dem Anderen gegenüber ausgrenzend und abwertend verhält, wurde im Projekt KINDERWELTEN untersucht. Die dort formulierten Postulate für eine vorurteilsbewusste Bildung werden hier noch einmal anhand von Fallbeispielen aufgezeigt und erläutert.

Teil 3 fokussiert Praxisbeispiele im Bildungsbereich »Naturwissenschaften im Kindergarten«, indem er Fragen stellt und Lösungen zeigt.

Einleitend macht sich **Detlef Diskowski** einige Gedanken und kommt zu dem Schluss: Nicht die Antworten, die Fragen sind das Wichtigste. Diese Fragen müssen sich erst einmal die Erwachsenen stellen. Naturwissenschaftliches Arbeiten ist für sie eine Herausforderung, da sowohl die autobiografische Erfahrung als auch der Stellenwert des Themas im frühkindlichen Bildungskanon in den meisten Fällen nicht zu einer positiven Grundhaltung mit der Materie führen. Für den Autor liegt die Lösung nicht in ausgefeilten Handbüchern und Forscherkisten, sondern in der Bereitschaft der Erzieherinnen, sich von der Neugier der Kinder anstecken zu lassen und ko-konstruierend zu beobachten, Fragen zu stellen und nach Antworten zu suchen. Eine der wesentlichen Aufgaben der Erzieherin wäre somit auch im Bildungsbereich Naturwissenschaften der sprachliche Austausch mit den Kindern in Bezug auf die untersuchten Phänomene, die offenen Fragen und die möglichen Antworten.

Vor diesem Hintergrund zeigt **Eva Hammes-Di Bernardo** die Möglichkeiten der Sprachförderung durch naturwissenschaftliches Forschen mit Kindern auf, indem sie fordert, den Geheimnissen auf den Grund zu gehen und darüber zu reden. Sie bezieht sich hierbei auf ein Projekt, das Mitte der 1990er Jahre vom französischen Physiknobelpreisträger Georges Charpak in Frankreich ins Leben gerufen wurde und mittlerweile weltweit erfolgreich umgesetzt wird. Ausgehend von einer aktiven Auseinandersetzung mit der Natur und ihren Phänomen, erkunden, hinterfragen, experimentieren, analysieren und schlussfolgern Kinder mit wenigen technischen Mitteln und einem kaum nennenswertem finanziellen Einsatz. Die Regelmäßigkeit der belebten und unbelebten Natur ebenso wie die Systematik der forschenden Abläufe bieten eine Vielfalt an Sprachsituationen und Kommunikationsmöglichkeiten für alle Kinder, unabhängig von ihrem familiären Bildungsumfeld.

Konkrete Beispiele für ein naturwissenschaftliches Arbeiten bringen Regine Illner und Fritz Schließmann in ihren Artikeln. **Regine Illner** situiert die Naturwissenschaften in der frühkindlichen Pädagogik als eine Erfahrung zwischen Entdecken und Erklären, in der der anleitende Erwachsene eine regulierende Rolle spielt. Dem liege eine konstruktivistische Auffassung vom Lernen und die naturwissenschaftliche Erkenntnismethode unter Berücksichtigung der speziellen kindlichen Bedürfnisse in ihrem Bildungsprozess zu Grunde, was mit konkreten Beispielen erläutert wird.

Fritz Schließmann stellt die naturwissenschaftliche Frühförderung mit interaktiven Experimentierstationen vor. Hier können Kinder weitgehend selbstständig und selbstbestimmt Experimente durchführen. Es findet sich in diesem Angebot das »Lernen an Stationen«, das Schließmann durch eine Untersuchungsreihe zum Verhalten von Vorschulkindern in einer solchen Experimentierstation und ihre Lernfortschritte gemessen am ursprünglichen Interesse näher beleuchtet. Der Bericht gibt ausschnittweise die Ergebnisse wieder.

Die Forderung nach einem ausgeglichenen Verhältnis zwischen Anleitung und Selbstbildung stellt sich auch für den Bereich der Aus- und Weiterbildung. In Teil 4 zeigt **Heinz Hinz**, wie das Schulzentrum Silberburg auf dem Weg zum Kompetenzzentrum für kooperatives und selbst organisiertes Lernen ein Konzept für den umfassenden Wandel seiner Lernkultur entwickelt und erprobt hat. Neben der vorausgehenden Fragestellung gibt er Beispiele aus einzelnen Punkten der Entwicklung wie Personal- und Organisationsentwicklung, Reflexionsworkshops, Biografisches Lernen, Methodentraining.

Evelyne Höhme-Serke setzt sich mit dem Aspekt der demokratischen Bildung und Erziehung als Herausforderung für Erzieherinnen auseinander. An Beispielen wie »Mit Entscheidungen der Kinder umgehen« oder »Die Notwendigkeit von Autonomie für Lernprozesse« weist sie nach, dass die Forderung nach einer demokratischen Alltagskultur im Kindergarten zwar selbstverständlich klingt. Doch dahinter stecken nicht nur bewusste pädagogische Entscheidungen, sondern auch der Balanceakt zwischen kindlicher Selbstbestimmung und unterstützender und begleitender Einflussnahme durch Erwachsene. Demokratie im Kindergarten setzt laut Evelyne Höhme-Serke einen langfristigen Lern- und Umdenkprozess für die Erzieherinnen voraus.

Beate Irskens und **Renate Niesel** von der Bertelsmann-Stiftung gehen auf die Bedürfnisse einer im Moment sehr im Mittelpunkt der Aufmerksamkeit stehenden Zielgruppe ein: sie hinterfragen, was es bedeutet, kompetente Erwachsene für Kinder unter drei Jahren zu sein. Die Auseinandersetzung mit dem »kompetenten Säugling« zwischen Anleitung und Selbstbildung kann von einem Medienpaket der Stiftung unterstützt werden, in dem die Bildungsqualität für Kinder unter drei Jahren klar definiert und mit Beispielen dokumentiert wird.

In ihren acht Gedanken zum Regie führen in einer lernfreudigen Kindertagesstätte lässt sich **Elisabeth Hollmann** von der Welt des Schauspiels inspirieren. Dieser interdisziplinäre Blick erlaubt eine andere Sichtweise auf die Kindertageseinrichtung als Ort der Lernkultur. Es werden andere Bezüge und somit auch andere Lösungsansätze gesehen, Möglichkeiten des selbstständigen Suchens und gemeinsamen Findens. Die Autorin sieht in der Kita eine Bühne für die Entwicklung einer vernetzten Lernkultur, einen Spielraum zur Lernlust, die mit der Begeisterungsfähigkeit der Erzieherin steht und fällt.

Zum Abschluss bietet der vorliegende Band in Teil 5 ein paar Quergedanken zu der Frage wie viel Anleitung und Selbstbildung man Kindern zumuten darf. Die Beiträge von **Gerd E. Schäfer**, **Hans-Joachim Laewen** und **Beate Andres** vermitteln den Eindruck, Zeuge einer offenen und öffentlichen Diskussion zu sein, in der Themen wie »Zutrauen statt zumuten«, »Zumutung als Herausforderung«, »Was nimmt mich für den Begriff Zumutung ein?«, kontrastiv diskutiert werden.

Dem schließt sich der provokative Text von **Hans-Joachim Maaz** an, der kompetente Erziehung zwischen Anleitung und Selbstbildung – aus psychotherapeutischer Sicht beleuchtet. Er rückt die klassische Mutter- und Vaterrolle ins Blickfeld und fragt, welche Wirkungen – psychotherapeutisch analysiert – ein traditionelles Elternverhalten auf den Lernprozess der Kinder, vor allem im Bereich der Persönlichkeitsentwicklung, haben können. Mit einer mythologischen Überzeichnung der einzelnen Figuren weist er nach, wie Erwachsene nicht nur für Kinder, sondern Kinder auch für Erwachsene (die bereits durch ihre eigenen Kindheitserfahrungen geprägt sind) zu einem problematischen Element ihrer Entwicklung oder ihrer Persönlichkeitsentfaltung werden können, wenn wesentliche, aber oft unscheinbar wirkende Faktoren nicht beachtet werden. Vier Texte, die aus einem anderen Blickwinkel Lust machen, sich weiter mit dem Thema »Kompetente Erziehung: zwischen Anleitung und Selbstbildung« zu beschäftigen«.

1

Zwischen Anleitung und Selbstbildung:

Grundlegende Überlegungen

1.1 Erziehung zwischen Anleitung und Selbstbildung

Hans Rudolf Leu

Erziehung – ein schwieriger Begriff und ein schwieriges Geschäft

Eine beträchtliche Zahl von Eltern fühlt sich heute mit der Erziehung ihrer Kinder überfordert und ist verunsichert. Nach Schätzungen des SPIEGEL wurden 2004 750 Mio. Euro für Zeitschriften, Bücher oder Videos zum Thema »Erziehung« ausgegeben (vgl. Wahl 2006, S. 11). Fernsehproduktionen über Erziehungsprobleme wie »Super Nanny« haben enorme Einschaltquoten zu besten Sendezeiten. Die Förderung von Erziehungskompetenz der Eltern gilt als wichtige öffentliche Aufgabe. Der wissenschaftliche Beirat für Familienfragen beim Ministerium für Familie, Senioren, Frauen und Jugend hat ein Gutachten »Stärkung familialer Beziehungs- und Erziehungskompetenzen« (BMFSFJ 2005) erarbeitet.

Dabei scheint das Verhältnis zwischen Jugendlichen und ihren Eltern heute entspannter und freier von Generationenkonflikten denn je. Im erwähnten Gutachten des wissenschaftlichen Beirats für Familienfragen lesen wir, dass »viele Jugendliche einerseits ein recht partnerschaftliches Verhältnis zu ihren Eltern haben und Schritte der Jugendlichen zu erweiterter Selbständigkeit in den meisten Familien weitgehend konfliktfrei und einvernehmlich verlaufen; andererseits berichten viele Jugendliche aber auch davon, dass ihre Eltern kaum gesprächsbereit, eher desinteressiert an ihren Belangen und oft wenig unterstützend seien« (BMFSFJ 2005, S. 6). Der Verzicht auf konflikthafte Aushandlungsprozesse und das Zugeständnis größerer Freiheiten scheint das Beziehungsklima in der Familie nicht ohne weiteres zu verbessern, der viel zitierte Schritt vom Befehls- zum Verhandlungshaushalt schwierig zu sein. Die Ergebnisse der Shell-Studie 2006 weisen darauf hin, dass dies vor allem für sozioökonomisch benachteiligte Familien gilt. Nur 20 Prozent der Jugendlichen im Alter zwischen 12 und 25 Jahren aus dieser Gruppe sagen, dass sie bestens mit den Eltern auskommen, während die entsprechenden Werte der Befragten aus der Mittel- und Oberschicht zwischen 40 Prozent und 48 Prozent liegen. Das Beziehungsklima in den Familien und die Erziehungsleistungen von Eltern sind vor neue Herausforderungen gestellt und bilden eine Problemzone, die beobachtet und analysiert werden muss, so der Beirat (BMFSFJ 2005, S. 7).[1]

1 Gründe oder zumindest Begründungen für diese Unsicherheit gibt es zuhauf. Klaus Wahl (2006, S. 18) hebt aus einer historischen Perspektive die zunehmende Privatisierung und Ausdifferenzierung von Erziehungsprozessen hervor, die zu einem Verlust von verlässlichen Vorgaben in Form des Erzieherverhaltens anderer Eltern und der älteren Menschen führt: »Mit der Modernisierung der Gesellschaft hat sich die Familienerziehung für die Mehrheit der Bevölkerung zunehmend in die Privatsphäre zurückgezogen, wo sie aber seit Jahrhunderten Objekt von Ratschlägen etwa von Ärzten und Pädagogen blieb und mancherlei wechselnden Moden kannte. Zudem wurde ein Teil der Erziehung in Institutionen wie Krippen, Kindergärten und Schulen verlegt; die Tätigkeit des pädagogischen Personals dort bleibt für Eltern weitgehend unsichtbar.«

Es sind aber nicht nur Eltern, sondern auch pädagogische Fachkräfte, die sich mit dem Geschäft und gerade auch mit dem Begriff »Erziehung« schwer tun. So schreibt Sigrid Ebert (1999, S. 47f.): »Seit Jahren beobachte ich eine merkwürdige Abstinenz – sowohl in der Wissenschaft als auch in Ausbildung und Praxis – den Begriff ›Erziehung‹ zu verwenden, allenfalls kommt er in Verbindung mit Bildung vor. Ich bin der Tabuisierung einmal nachgegangen und sprach mit angehenden Erzieherinnen – die übrigens auch Probleme mit ihrer Berufsbezeichnung haben – darüber. Sie nahmen vor allem Anstoß an dem ungleichen Kräfteverhältnis, das das Verb ›er-ziehen‹ ausdrückt. Da zieht einer/eine und einer wird gezogen. Assoziiert wird, dass das gegen seinen Willen geschieht und dass der Gezogene in einer passiven Rolle auch keinen Einfluss auf die Richtung nehmen kann«.

Eine solche Konnotation des Erziehungsbegriffs erscheint besonders problematisch in einer Zeit, in der betont wird, dass Kinder ihre Entwicklungsprozesse maßgeblich mit gestalten. Die Betonung der Bedeutung des Eigenanteils der Kinder an ihren Bildungs- und Lernprozessen ist ohnehin geeignet, die pädagogischen Fachkräfte zu verunsichern. Im Fachdiskurs trifft man auf unterschiedlichste Vorstellungen von der Rolle der Erwachsenen, die von größter Zurückhaltung und Vertrauen in die Selbstbildungsprozesse der Kinder bis zu differenzierten Formen systematischer und strukturierter Anleitung reichen. Die Debatten dazu sind in der Regel stark normativ geprägt und kaum durch Ergebnisse empirischer Untersuchungen belegt.

Die breite Diskussion des Bildungsauftrags von Kindertageseinrichtungen gibt diesen Debatten eine eigene Zuspitzung. Auf der einen Seite wird davon ausgegangen, dass Kinder darauf aus sind, von sich aus Neues zu entdecken und zu verstehen. Diese Form des Lernens zu unterstützen, gilt als eine Kernaufgabe der pädagogischen Fachkräfte. Auf der anderen Seite wurden in den letzten Jahren in allen Bundesländern erstmals Rahmenpläne für die Frühpädagogik vorgelegt, in denen die Erwartungen der Gesellschaft an die Vermittlung von Fertigkeiten, Fähigkeiten und Kenntnissen in Kindertageseinrichtungen formuliert werden.

Wir stoßen hier auf die grundlegende pädagogische Frage nach dem Verhältnis zwischen Interessen und eigensinnigen Lernprozessen der Kinder und inhaltlichen und strukturellen Vorgaben durch die Erwachsenen. Wodurch zeichnet sich eine gelungene Balance aus? Worauf ist zu achten, um diese beiden Seiten im Gleichgewicht zu halten? Wie kann vermieden werden, dass das Anknüpfen an den Interessen der Kinder zum Motivationstrick verkommt, der lediglich dazu dient, dass die Erwachsenen »ihre« Bildungsthemen ungestört »durchstellen« können? In diesem Spannungsfeld von Interessen der Kinder und Vorgaben durch Erwachsene die richtige Balance zu finden, kann in einem ersten Zugriff als »kompetente Erziehung« verstanden werden. Dass damit eine Kernfrage frühpädagogischer Arbeit angesprochen wird, zeigt die außerordentliche Resonanz, die das Thema auf der pfv-Jahrestagung in Halle gefunden hat. Aus verschiedenen Arbeitsfeldern wurden Beispiele vorgestellt und diskutiert, wie mit diesem Spannungsfeld praktisch umgegangen wird.

Die heute so stark beachtete These, dass Kinder selber eine zentrale und eigenständige Rolle bei ihren Entwicklungs- und Bildungsprozessen spielen, ist in der Frühpädagogik keineswegs neu. Allerdings haben sich der Deutungshorizont und die sich daraus ergebenden pädagogischen

Handlungsweisen im Laufe der Zeit erheblich verändert. Das soll im folgenden anhand von vier Thesen dargestellt werden, die alle das Verhältnis von Kindern und Erwachsenen berühren und die sich beim frühpädagogischen Klassiker Fröbel ebenso finden wie in aktuellen Fachdiskursen und die auch im Zuge einer konstruktivistischen Sicht auf kindliches Lernen erneut Bestätigung finden. Eine solche Darstellung will einerseits Kontinuitäten in der Sicht des Verhältnisses von Kindern und Erwachsenen aufzeigen, andererseits aber auch auf Veränderungen hinweisen, die sich aus jeweils unterschiedlichen Interpretationskontexten einer scheinbar gleichen These ergeben.

Zwischen Anleitung und »Selbstbildung«[2] – ein klassisches Thema der Pädagogik

Nach Hebenstreit (2003, S. 121) lässt sich die Geschichte der Pädagogik »zwischen zwei extremen Polen ansiedeln: Das Kind ist ein Nichts, ein Niemand, der erst durch die pädagogische Tätigkeit des Erwachsenen geschaffen wird; oder das Kind trägt die Anlage zu seiner Entwicklung in sich, es ist auf Schutz und Hilfe angewiesen, um seinen ›inneren Bauplan‹ (Maria Montessori) durch eigene Aktivität entfalten zu können«. Dieses zweite Bild gilt auch für Fröbel; das erste etwa für den Philosophen John Locke, der (am Ende des 17. Jahrhunderts) schreibt, »er sähe das Kind an wie ein unbeschriebenes Blatt Papier ... oder wie Wachs, das man pressen und formen kann, wie man will« (Locke 1967, S. 198, zit. nach Hebenstreit 2003, S. 121).

Das erste Kinderbild setzt ganz auf Anleitung. Die pädagogische Aufgabe besteht darin, Kinder nach Vorstellungen der Erwachsenen zu formen. »Zwischen dem Erwachsenen und dem Kind besteht eine große Kluft, und der Große repräsentiert das vernünftige Denken, das ausgeglichene Empfinden und das zielstrebige Handeln, zu denen das Kleine hinübergezogen werden muss« (ebd.). Das ist eine Vorstellung, die sehr an er-ziehen im Sinn einer Tätigkeit erinnert, bei der einer zieht und ein anderer, der selbst im Wesentlichen passiv ist, gezogen wird. Darin spiegelt sich eine Sichtweise kindlicher Entwicklung, die durch zahllose Untersuchungen widerlegt wurde, Kinder kommen nicht als unbeschriebene Blätter zur Welt, sondern bringen viel mit. Die Rede vom »kompetenten Säugling« bringt das klar, wenn auch nicht gerade präzise zum Ausdruck. Auch in der Fachdiskussion wird eine solche Position nicht mehr vertreten, was nicht heißt, dass sie auch aus der pädagogischen Praxis völlig verbannt wäre. Gerade Unsicherheiten in Erziehungsfragen können neben Reaktionen der Rat- und Hilflosigkeit auch dazu führen, dass ein »pädagogischer Eros« in Kaskaden von Anweisungen und Ermahnungen zum Ausdruck kommt.

2 Mit »Selbstbildung« wird hier eine Position charakterisiert, die darauf vertraut, dass Kinder im Prinzip alle wesentlichen Ressourcen für eine gelungene Entfaltung aller nötigen Kompetenzen und Fähigkeiten von vornherein mitbringen und die Aufgabe der pädagogischen Fachkräfte darin besteht, diesem vom Kind gesteuerten Prozess gegenüber offen und sensibel zu sein und die nötigen Rahmenbedingungen für eine ungestörte Entfaltung bereitzustellen. Die zentrale Aufmerksamkeit aller Bemühungen um eine Verbesserung der pädagogischen Praxis zielt dementsprechend auf eine Sensibilisierung der Fachkräfte für das Verständnis kindlicher Besonderheiten. »Von außen« an Kinder herangetragene Erwartungen bzw. wissenschaftlich fundierte Entwicklungsvorstellungen werden demgegenüber ausgesprochen kritisch eingeschätzt (so z.B: bei Schäfer 2005). Mit »Selbstbildung« ist deshalb mehr als der »banale« Sachverhalt gemeint, dass Bildungsprozesse quasi per definitionem nur vom sich bildenden Subjekt selbst vollzogen und nicht von außen »zugefügt« werden können.

Im Mittelpunkt der folgenden Ausführungen steht das zweite Kinderbild, das den Eigenanteil der Kinder an ihren Bildungsprozessen systematisch in den Blick nimmt. Bezugspunkt sind dabei folgende vier Thesen, die für das Verständnis von Kindern als Subjekte ihres Lernens bedeutsam sind und die eine wichtige Rolle im Spektrum frühpädagogischer Diskussionen von den »Klassikern« bis zu den Vertretern eines konstruktivistischen Lernbegriffs spielen:

- Bildung und Lernen sind ganzheitliche Vorgänge.
- Kinder bringen von Geburt an wichtige Anlagen mit.
- Kinder und Erwachsene gelten als gleichberechtigt, sind ebenbürtig.
- Wichtig ist es, die Perspektive der Kinder zu achten.

Eine besondere Rolle spielen dabei Kontinuitäten und Veränderungen in der Sicht von frühkindlichen Bildungs- und Lernprozessen. Die Folge ist eine kognitive Zuspitzung, die nicht darüber hinwegtäuschen darf, dass die Entfaltung dieser Bildungsprozesse nicht ohne emotional-affektive Basis denkbar ist. Sie wird entscheidend geprägt durch die Qualität der Beziehungen, die Kinder besonders in ihren ersten Jahren in ihrem Kontakt zu ihren Bezugspersonen erfahren. Dass die Erziehenden den Kindern Zuwendung und Achtung in verlässlichen Beziehungen vermitteln, kann als allgemein gültiger Konsens gelten. Im Stellenwert, der diesen Beziehungen zugeschrieben wird, gibt es aber zwischen den drei im folgenden kontrastierten Ansätzen erhebliche Differenzen, die im Abschnitt »Unterschiedliche Perspektiven auf Erziehung« (S. 26 ff.) skizziert werden.

Beispielhaft für die Klassiker der Frühpädagogik wird im Folgenden auf die Position von Fröbel Bezug genommen. Dabei konzentriert sich der Text auf Grundlinien der Argumentation, insbesondere auf Fröbels Bild vom Kind und auf meta-theoretische Grundlegungen, seines Ansatzes.[3] Bei der Charakterisierung der »aktuellen frühpädagogischen Diskussion« stehen Texte im Vordergrund, in denen der Aspekt der »Selbstbildung« im oben (vgl. Fußnote 2) umschriebenen Sinne im Vordergrund steht. In manchem verwandt ist diese Position auch dem Situationsansatz, wie er in den 1970er Jahren mit einer explizit gesellschaftskritischen Grundorientierung entwickelt wurde. Die Skizzierung von Grundlinien einer konstruktivistischen Sicht auf Bildung und Lernen orientiert sich vor allem an Laewen, der die Bedeutung dieser Perspektive für die Frühpädagogik in mehreren Publikationen (vgl. Laewen 2001; Laewen, Andres 2002; Laewen 2006) expliziert hat.

Die insgesamt sehr geraffte Darstellung will Grundthesen der Frühpädagogik aufzeigen, die seit langem Bestand haben, aufgrund divergierender meta-theoretischer Annahmen aber das Verhältnis von Kindern und Erwachsenen und dabei auch die Spannung zwischen Anleitung und Selbstbildung jeweils sehr unterschiedlich akzentuieren.

Bildung und Lernen sind ganzheitliche Vorgänge

Die »Ganzheitlichkeit« kindlicher Entwicklung und kindlichen Lernens ernst zu nehmen, ist ein zentrales Anliegen Fröbelscher Pädagogik. Das betrifft zum einen die Forderung, bei allen Bildungs- und Lernprozessen den engen Zusammenhang zwischen Denken, Fühlen und Handeln zu beachten. Zum anderen geht die Fröbelsche Sicht von Ganzheitlichkeit aber weit über dieses Zusammenspiel

3 Die Darstellung von Fröbel orientiert sich im Wesentlichen an der Publikation von Hebenstreit (2003).

individueller Tätigkeitsformen hinaus. Sie ist eingebettet in eine nach Grundsätzen der christlichen Weltanschauung konstruierte Metaphysik (vgl. Neumann 2006, S. 110f.). Ganzheitlichkeit ist bei Fröbel eng verknüpft mit der Vorstellung einer Einheit von Mensch, Natur und Gott. »Erziehung hat dabei die Aufgabe, die dem Menschen eingeborene Ahnung der Allharmonie aufzunehmen und zu pflegen, damit das vom Gefühl Erfasste zu einem bewussten Handeln werden kann. Dabei ist Friedrich Fröbels Sehnsucht nach der alles umgreifenden Einheit nicht naiv, denn die Erfahrungen von Trennung, Verlust, Auseinandersetzung begleiten ihn lebenslang. ... Doch all dem Negativen setzt Friedrich Fröbel seine Hoffnung auf Einheit und Ganzheitlichkeit entgegen, so dass das Ideal sich stärker als die Wirklichkeit erweist« (Hebenstreit 2003, S. 1f.).

In der aktuellen Fachdiskussion kaum strittig ist die Rede von einer ganzheitlichen Bildung, die auf den engen Zusammenhang von Denken, Fühlen und Handeln zielt. Kleinkinder erkunden ihre Umwelt mit allen Sinnen und erwerben auf diesem Weg Vorstellungen und Konzepte, um ihre Umwelt zu verstehen. Körper und Geist sind gleichermaßen daran beteiligt. Eine Begleiterscheinung dieses Verständnisses von Ganzheitlichkeit war bis vor kurzem, dass kognitive Leistungen von Kindern und der Umgang mit abstrakten Symbolen in Kindertageseinrichtungen eine ausgesprochen nachrangige Rolle spielten. Das zeigte sich beispielsweise in dem Bemühen der Fachkräfte, Buchstaben und Zahlen von Kindern fernzuhalten und die Beschäftigung mit diesen abstrakten Symbolen auf die Schule zu verschieben. Auch die Vorbehalte gegenüber einer Ausdifferenzierung von Bildungsbereichen in der Elementarpädagogik sind in diesem Zusammenhang zu sehen. Dahinter stand bzw. steht die Befürchtung, dass dies einer fachdidaktisch orientierten Arbeit Vorschub leistet, die dem ganzheitlichen Lernen der Kinder nicht gerecht wird.

Wie bei Fröbel so beschränkt sich auch in dieser Fachdiskussion die Bedeutung von Ganzheitlichkeit nicht auf das Zusammenspiel von Denken, Fühlen und Handeln, sondern stellt auch einen Bezug zum weiteren Kontext her. Das allerdings nicht im Sinne eines Ideals der Aufhebung aller Spannungen in einer religiös begründeten Allharmonie. Im Gegenteil galten gerade die kritische Reflexion von gesellschaftlichen Interessengegensätzen und das Hinterfragen von Normen und Vorschriften in den 1970er Jahren als wichtige Erziehungsziele des Situationsansatzes, der die Frühpädagogik in Deutschland stark beeinflusst hat. Letztlich bedeutsamer ist aber die für den Situationsansatz charakteristische Betonung des Sachverhalts, dass frühkindliche Bildungsprozesse eng an konkrete Situationen und Tätigkeiten gebunden sind. Elementarpädagogik sollte von einer Analyse der alltäglichen Lebenssituation der Kinder und ihrer Familien ausgehen. Mit diesem Aspekt von Ganzheitlichkeit kamen auch die alltäglichen Anliegen und Interessen der Kinder als eigens zu beachtende Grundlage des Lernens in den Blick.

Die Annahme einer engen Verknüpfung von Denken, Fühlen und Handeln gilt auch für eine konstruktivistische Sicht kindlicher Bildungs- und Lernprozesse. Kinder entwickeln Begriffe und Konzepte aufgrund ihrer sinnlichen Wahrnehmungen und Erfahrungen, durch Erkunden und Ausprobieren. Im Unterschied zu den vorangehend skizzierten Sichtweisen von Ganzheitlichkeit wird in der konstruktivistischen Perspektive der Prozess des Erwerbs von Konzepten und Deutungsmustern in den Mittelpunkt gestellt, ohne damit irgendwelche normativen Annahmen über den weiteren Kontext einer angemessenen Entfaltung von Ganzheitlichkeit zu verbinden, weder im Sinne der Entfaltung der Ahnung einer »Allharmonie« noch einer Befähigung zu Kritik- und Konfliktbereitschaft.

Bestätigt wird in dieser empirisch fundierten, differenzierteren Sicht auch die große Bedeutung des Anteils, den die Kinder selber an ihren Entwicklungs- und Lernprozessen haben. Bereits Kinder im Säuglingsalter bemühen sich intensiv darum zu verstehen, was um sie herum geschieht und versuchen, mit ihrem Handeln Gesetzmäßigkeiten zu erkunden. Dabei wird aber auch deutlich, dass die traditionelle Entgegensetzung einer ganzheitlichen Sicht auf Lernprozesse als Geschehen mit allen Sinnen auf der einen Seite und kognitiven Leistungen auf der anderen Seite, die auf den Erwerb von Wissen zielen und mit Abstraktionen, Symbolen, Zeichen und Zahlen verknüpft sind, nicht dem Lernen von Kindern entspricht. Sie sind vielmehr von Geburt an »hochtourige« Lerner (vgl. Elschenbroich 2001), die in ihrer Auseinandersetzung mit der Welt Sinn und Bedeutung suchen. Die Abstraktionsleistungen, die sie dabei erbringen, wurden gerade mit dem Argument der Ganzheitlichkeit kindlichen Lernens und gestützt von der Entwicklungspsychologie in der Tradition von Jean Piaget lange unterschätzt.

Kinder bringen von Geburt an wichtige Anlagen mit

Auch die These, dass Kinder mit ihrer Geburt bereits entscheidende Anlagen mitbringen, ist bei Fröbel religiös fundiert. Das Kind ist ein göttliches Geschenk. Die »Kompetenz«, die es mitbringt, ist sein Beitrag, den es von Geburt an zu einer einigenden Vermittlung zwischen Mensch, Natur und Gott leistet. Damit gilt es nicht als ein »Werde-Wesen«, das erst etwas werden muss, um ernst genommen zu werden, sondern gilt schon als Kleinstkind als Subjekt aus eigenem Recht (vgl. Hebenstreit 2003, S. 122ff.). Die Aufgabe der Erziehung besteht demnach vor allem darin, diese Anlagen zur Geltung zu bringen, in denen die wesentlichen Entwicklungsgrundlagen sowohl für das einzelne Kind als auch für die Gesellschaft vorgegeben sind.

Die von Reformpädagogik und Situationsansatz geprägte Frühpädagogik in Deutschland hat dieses Vertrauen in die Anlagen des Kindes übernommen. »Kinder verfügen über Möglichkeiten, ihre Entwicklung selbst zu steuern, den aktiven Part im alltäglichen Tun zu übernehmen, soziale Akteure zu sein. Erwachsene veranstalten dann nicht die kindliche Entwicklung, sondern verstehen, begleiten, moderieren sie und reichern sie an (oder – im negativen Fall – behindern sie). Sie setzen auf die Selbsttätigkeit des Kindes« (Zimmer 1998, S. 18). Ein wesentlicher Unterschied besteht auch hier darin, dass Fröbel bei aller Betonung der Eigenständigkeit von Kindern letztlich von einer Mensch, Gott und Natur umfassenden »Allharmonie« und damit auch von einer Gemeinsamkeit der Interessen von Kindern und Erwachsenen ausging. Diese religiös-harmonische Grundlegung wurde in der neueren Frühpädagogik durch eine kritische Sicht auf die Gesellschaft ersetzt. Der Pädagoge als Vertreter dieser Gesellschaft hat sich zurückzuhalten, um die noch »unverdorbenen« Anlagen des Kindes möglichst unverfälscht zur Geltung kommen zu lassen. Erziehung erscheint problematisch, weil sie »aktuell und perspektivisch auf gewünschtes Verhalten bzw. das Einhalten gesellschaftlicher Normen, weniger auf Erkenntnisse« zielt (Lill 2000, S. 8).

Auch eine konstruktivistische Sicht auf Lernen geht davon aus, dass Kinder bereits mit ihrer Geburt viele Fähigkeiten und Kompetenzen mitbringen. Sie sieht diese Anlagen aber weder als Teil eines göttlichen Bauplanes noch als quasi überlegene Entwicklungspotentiale, die es gegen die Ansprüche der Erwachsenenwelt zu schützen gilt, um sie in ihrer Entfaltung nicht zu beeinträchtigen. Stattdessen wird die empirische Untersuchung von Bildung und Lernen als Konstruktionsprozess in den Mittelpunkt gerückt, mit dem – um eine Formulierung von Laewen aufzugreifen – Kinder ein inneres Weltmodell, ein Arbeitsmodell von der Welt und sich selbst entwickeln, das ihnen zur Deutung ihrer Erfahrung und zugleich als Ort dient, in dem sie ihre Erfahrungen integrieren und aufbewahren können (vgl. Laewen 2006, S. 98). Wie dieser Prozess verläuft, ist eine Frage, die empirisch zu erforschen ist, ohne von vornherein von einer Überlegenheit von Erwachsenen oder von Kindern auszugehen.

Die These, dass Kinder von Geburt an wichtige Kompetenzen mitbringen, konnte in den letzten Jahren durch enorme Fortschritte in der Säuglings- und Kleinkindforschung, nicht nur bestätigt, sondern eindrucksvoll angereichert und ausdifferenziert werden. Eine wichtige methodische Grundlage für diese Forschung ist die Beobachtung, dass Säuglinge auf für sie neue oder unerwartete Eindrücke mit erhöhter Aufmerksamkeit oder verstärkten Saugreflexen reagieren, die am Schnuller gemessen werden können. Aufgrund dieser Erkenntnis konnte beispielsweise festgestellt werden, dass Säuglinge bis zum Alter von etwa sechs Monaten Laute wesentlich differenzierter wahrnehmen als ältere Kinder oder Erwachsene. Ähnlich konnte gezeigt werden, dass Kinder schon sehr früh zwischen belebten und unbelebten Gegenständen unterscheiden, dass sie von Versuchsanordnungen irritiert sind, die den Anschein erwecken, als ob Gegenstände in der Luft schwebten u.ä.m.[4]

Kinder und Erwachsene sind ebenbürtig

Mit Fröbels Annahme, dass Kinder von Geburt an die wesentlichen Anlagen für eine auf die Allharmonie zielende Entwicklung mitbringen, ist auch die Unterstellung einer Ebenbürtigkeit von Kindern und Erwachsenen verknüpft. Kinder sind den Erwachsenen nicht untergeordnet, eher stehen sie »in ihrer Natürlichkeit dem Ursprünglichen... näher ... als jene, die korrumpiert durch die Gesellschaft, mehr verdorben als weiterentwickelt sind« (Hebenstreit 2003, S. 121f.). Allerdings wird Erziehung als Aufgabe der Erwachsenen dadurch nicht infrage gestellt. Sie wird aber nicht als eine an Interessen der Erwachsenen orientierte »Formung« des Kindes verstanden. Eine wichtige Rolle spielt vielmehr die sorgfältige Wahrnehmung des Kindes »im Spiegel seiner Spiele«. Darin gibt es »Fingerzeige zur richtigen Erfassung und Behandlung seiner selbst« (ebd., S. 237). In diesem Sinne spricht Fröbel auch davon, dass Kinder die Lehrer und Führer sind und dass Erziehung »nachgehend ... (sei), nicht vorschreibend, bestimmend, eingreifend« (ebd., S. 238). Das bedeutet allerdings nicht, dass der Erwachsene keine eigenen Leitlinien für diese »nachgehende Erziehung« hat, die es ihm erlauben, korrigierend einzugreifen. Diese Leitlinien sind allgemeine Entwicklungsgesetze, welche entsprechend der Vorstel-

4 Eine populärwissenschaftliche Darstellung solcher Forschungsergebnisse findet sich in dem Buch »Forschergeist in Windeln« von Gopnik u.a. (2000).

lung einer Allharmonie gleichermaßen der Entwicklung des Kindes, der Natur und des Kosmos zugrunde liegen (vgl. ebd., S. 128ff.).

»Vom Kind aus gehen«, wie das in der »nachgehenden Erziehung« zum Ausdruck kommt, gilt auch heute noch als zentrales Postulat der Frühpädagogik. Damit werden allerdings in der aktuellen Diskussion zum Teil andere und auch weiter gehende Vorstellungen verbunden. Dazu gehört auch, dass uns die Vorstellung von einer einheitlichen Entwicklung hin zu einer umfassenden Allharmonie abhanden gekommen ist. An ihre Stelle ist die Wahrnehmung von Interessenunterschieden und -konflikten zwischen Kindern und Erwachsenen getreten. Auch gegenüber Entwicklungstheorien gibt es in der Frühpädagogik Vorbehalte, soweit sie mit Konzepten arbeiten, bei denen die Kompetenzen Erwachsener als zentraler Bezugspunkt für die Beurteilung von Entwicklungsverläufen gelten. In solchen Konzepten werden die besonderen Kompetenzen von Kindern nicht angemessen wahrgenommen. Die jüngere Kindheitsforschung hat herausgearbeitet, dass die Sicht auf Kinder als Menschen in Entwicklung auch ihren Subjektstatus infrage stellt. »Kinder ausdrücklich als Produzenten ihres Lebenszusammenhangs statt als Rezipienten der Erwachsenenkultur zu betrachten, ist eigentlich immer noch eher die Ausnahme als die Regel« (Neumann 1999, S. 31).

Die Ebenbürtigkeit von Kindern und Erwachsenen wird damit weniger als pädagogische Frage und mehr als Frage von Kinder- bzw. Bürgerrechten thematisiert. Damit kommen im Vergleich zu Fröbels Sicht ganz neue Aspekte in den Blick, mit denen Differenzen zwischen Kindern und Erwachsenen hervorgehoben werden. Gefordert wird dementsprechend, Kinder nicht nur im Kontext von Familie zu sehen und Kinderpolitik nicht nur als Familienpolitik zu verstehen (vgl. dazu Lost, Oberhuemer 1999; Wissenschaftlicher Beirat für Familienfragen 1998).

In einer konstruktivistischen Perspektive ist die These der Ebenbürtigkeit demgegenüber unter dem Aspekt zu diskutieren, welche Formen und Qualitäten von Interaktions- bzw. Ko-Konstruktionsprozessen zwischen Erwachsenen und Kindern hilfreich sind, damit Kinder differenzierte Vorstellungen, Konzepte und Kompetenzen erwerben, die ihnen erlauben, ihren Alltag angemessen zu verstehen und mitzugestalten. Dabei zeigt sich, dass es Lernprozesse gibt, bei denen unterstützende Ko-Konstruktionsprozesse durch Erwachsene relativ unwichtig sind, aber auch andere, bei denen sie eine erheblich größere Rolle spielen. In diesem Sinne trifft Elsbeth Stern die Unterscheidung zwischen privilegiertem und nicht-privilegiertem Wissen bzw. Lernen: Mit »privilegiertem Lernen« greift Stern die lange vernachlässigte Tatsache auf, dass auch Menschen – ähnlich wie Tiere – mit Instinkten ausgestattet sind, die ihnen das Lernen erleichtern. Das gilt beispielsweise für Laufen und Sprechen. Das sind Fähigkeiten, die Menschen zwar lernen müssen; beides geht aber »ab einem bestimmten Alter sehr schnell ... vor sich, weil im menschlichen Gehirn Strukturen vorgeformt sind, die den Lernprozess unterstützen« (Stern 2004, S. 38). Allerdings zeigt sich gerade bei der Sprache, wie wichtig auch hier – trotz genetischen Dispositionen – eine anregende Umwelt ist, um die Potentiale der Kinder zur Entfaltung zu bringen.

Neben Lernprozessen und Wissensbeständen, die genetisch vorbereitet und grundgelegt sind, gibt es viele Wissensbereiche und Kompetenzen, die im Laufe der Kulturgeschichte gewachsen sind und sich dementsprechend in Form und Inhalt nach Geschichtsepochen und Gesellschaften unterscheiden. Dazu gehören unsere Schrift und unser Zahlensystem, aber auch die meisten in der Schule behandelten Inhalte. Der Erwerb dieses kulturspezifischen Wissens läuft bei aller »Hochtourigkeit« kindlichen Lernens anders ab als die genetisch programmierten Formen des Erwerbs von Fähigkeiten und Fertigkeiten. Das ist auch von erheblicher Bedeutung für die Rolle, die Erwachsene in diesem Prozess spielen.

Wenn es um die kulturspezifischen, »nicht-privilegierten« Formen von Lernen und Wissen geht, haben Erwachsene in der Regel einen erheblichen Vorsprung, den man bei aller Wertschätzung der Kompetenzen von Kindern nicht übersehen kann. Dadurch wird der Eigenanteil der Kinder an ihrem Lernen nicht in Frage gestellt. Auch hier gilt: »Geistige Entwicklung besteht nicht in der passiven Übernahme von Wissen, sondern in der aktiven Konstruktion von Bedeutung« (Stern 2004, S. 42). Das bedeutet umgekehrt aber nicht, dass sich die Rolle der Erwachsenen auf die von Moderatoren in Selbstbildungsprozessen der Kinder reduziert. Vielmehr stellt sich die Frage, worauf Erwachsene in der Interaktion mit Kindern besonders achten sollten, um deren Konstruktionsleistungen nachhaltig zu unterstützen.

Ergebnisse der englischen Studie »Effective Provision of Preschool Education« (vgl. Sylva 2004) weisen beispielweise darauf hin, dass eine Interaktionsform, die als »sustained shared thinking« bezeichnet wird, für die Entwicklung von tragfähigen Begriffskonstruktionen besonders hilfreich ist. Gemeint ist damit eine dialogische Interaktion, in der Erwachsene und Kinder gemeinsam Fragen diskutieren und Lösungen suchen. Ein wichtiger Teil einer solchen Interaktion sind offene Fragen, die von Erwachsenen gestellt werden, ohne die »richtige« Antwort bereits zu kennen, sondern neugierige Fragen, mit denen die Fachkräfte (ganz im Sinne von »Erzieherinnen als Forscherinnen«) versuchen, etwas für sie Neues über die Kinder und ihre Ansichten, Deutungsmuster, Fähigkeiten oder Vorlieben zu erfahren. Daran ist anzuknüpfen, um in diesen Wissensbereichen erfolgreich Lernprozesse in Gang zu setzen. Als weitere Voraussetzungen, die Bildungsprozesse von Kindern unterstützen, haben sich in dieser Studie u.a. die Qualifikation und das Wissen der Fachkräfte über das Lernen von kleinen Kindern, aber auch Kenntnisse zu den Inhalten des Curriculums erwiesen (vgl. auch Liegle 2006, S. 35ff.).

Wichtig ist es, die »Perspektive der Kinder« zu achten

Wenn wir von der »Perspektive der Kinder« sprechen, meint dies, dass wir uns bemühen, die Welt mit den Augen der Kinder zu sehen. Ihre Deutungen, ihre Interessen, ihr Befinden, ihre Kompetenzen rücken in diesem Sinne in den Vordergrund. Es geht um das Verstehen, um die Einfühlung oder das sich Hineindenken in die Deutungsmuster der Kinder. Trotzdem bleibt, dass es letztlich doch Erwachsene sind, die diese Perspektive formulieren (vgl. Honig u.a. 1999).

Ein wichtiger Grund für die Achtung der Perspektive und Deutungen der Kinder ist bei Fröbel die Annahme, dass Kinder von Geburt an eine tiefe Ahnung von der Einheit von Mensch, Natur und Gott haben. Diese Ahnung durch stetige Aus- und Fortbildung zu pflegen, ist eine zentrale Aufgabe der Erziehung. Dabei werden die Erwachsenen zu

Vorsicht ermahnt, wenn sie eine sachlich richtige Naturbetrachtung an die Stelle dieser Ahnung setzen. Es ist »nicht richtig, wenn ›wir mit unserer Kathederweisheit ins junge Leben hineinkanonieren…‹. Das Kind wird und muss die ›Kluft zwischen Himmel und Erde‹ erfahren, allerdings soll es bei dieser äußeren Trennung die ›innere Ahnung der Stetigkeit des Erden- und Himmellebens‹ nicht verlieren…, z.B. durch Märchen soll die ursprüngliche Ahnung des Kindes befestigt werden« (Hebenstreit 2003, S. 161).

Die religiöse Fundierung, die hier sichtbar wird, spielt auch eine wichtige Rolle, wenn es um den Umgang mit »schwierigen« Kindern und mit Verhaltensstörungen geht. Entscheidend ist in solchen Fällen, dass es »trotz aller Schwierigkeiten dem Erzieher gelingt, den Gedanken festzuhalten, in dem Kind erscheine ›Göttliches als Menschliches‹«. »Erst von dieser Plattform aus kann der Erwachsene sich den negativen Erscheinungen, den Auffälligkeiten und Fehlentwicklungen zuwenden, weil er weiß, dass der Mensch als von Gott geschaffen im Kern nicht verdorben sein kann. Besteht dieser Glaube an das Gute in dem Kind nicht, so wird die Erziehung zu einem Kampffeld, durch das das Kind anders gemacht werden soll, als es seinem Wesen nach ist, und die Erfahrung lehrt, dass auf lange Sicht der Erwachsene immer der Unterlegene in diesem Kampf sein wird« (ebd., S. 125f.).

Prägnant kommt ein Plädoyer für die Beachtung der Perspektive der Kinder auch in Fröbels Kritik an der Schule seiner Zeit zum Ausdruck. Er beklagt, dass in der Schule Vieles oberflächlich gelernt wird, ohne sich auf Fragen der Kinder zu beziehen. Die Kinder würden dadurch »kopfhängend und lebensträge«. Stattdessen sollte der Schüler »die Schule als Ort erleben, der sich mit für ihn wichtigen Fragen beschäftigt« (ebd., S. 145). Dabei geht Fröbel davon aus, dass der Schüler lernen will und mit einem großen geistigen Hunger in die Schule kommt.

Dieses Plädoyer für die Beachtung der Fragen der Kinder und das Vertrauen in ihren Lernwillen ist sehr ähnlich der oben (im Zusammenhang mit der These von der Ganzheitlichkeit von Bildung und Lernen) vom Situationsansatz berichteten und in der aktuellen Frühpädagogik breit akzeptierten Forderung, die Alltagserfahrungen von Kindern zum Ausgangspunkt allen pädagogischen Handelns zu machen. Die Fragen, die sich ihnen in ihrem Alltag stellen, erhalten damit ein besonderes Gewicht. In der Soziologie der Kindheit hat sich dies in einem breiten Interesse an der empirischen Erforschung des Alltags von Kindern und der Anerkennung von Kindern als wichtige Informationsquelle auch für sozialwissenschaftliche Forschung niedergeschlagen (vgl. Corsaro 1997, Zinnecker 1999).

Dieser genauere Blick auf die Alltagserfahrungen der Kinder hat u.a. auch dazu geführt, dass die Bedeutung entdeckt wurde, die Gleichaltrige für die Kinder und für ihre Lernprozesse haben. Gerade im Bereich des sozialen Lernens gibt es Erfahrungen, die nur mit Gleichaltrigen gemacht werden können. »In der Auseinandersetzung um gemeinsame Spielvorhaben nämlich lernen (Kinder) überhaupt erst, was es heißt, einen Partner zu gewinnen und für die eigene Idee zu begeistern, ohne ihn zu brüskieren; sie lernen, wie man zu einem gemeinsamen Verständnis einer Situation kommt, wie sie Konflikte konstruktiv lösen können, ohne das Zusammensein endgültig zu gefährden, und dabei Kompromisse einzugehen, ohne sich und andere zu verraten. Sie lernen Argumente auszutauschen, um dadurch zu regeln, was gelten soll und was nicht. Sie lernen den Sinn von sozialen Regeln verstehen und wie es fair und gerecht zugehen kann.« (Peukert 1995, S. 80; vgl. auch Alt 2005).

In einer konstruktivistischen Perspektive ist das Postulat, die Perspektive der Kinder zu achten, in keine normative Vorstellung von einem übergreifenden Prinzip gesellschaftlicher Entwicklung oder von überlegenen Potentialen der Kinder eingebettet. Die große Bedeutung des Verstehens des kindlichen Eigensinns, mit denen Kinder sich die Welt erklären, begründet sich allein aus dem eigenen Anteil, den Kinder an ihren Entwicklungs- und Bildungsprozessen haben. Um dem Rechnung zu tragen, ist es notwendig, die Vorstellungen, Konzepte und Deutungsmuster der Kinder zu kennen. An ihnen muss man ansetzen, wenn man Kinder wirksam begleiten und unterstützen will. Nächste Schritte müssen immer am individuell je besonderen Entwicklungsstand anknüpfen.

Bei einem derart um normative Konnotationen reduzierten Verständnis des Postulats, die Perspektive der Kinder zu beachten, gibt es keinen Grund für die Annahme eines prinzipiellen Spannungsverhältnisses zwischen der Perspektive der Kinder und der Perspektive der Erwachsenen. Vielmehr soll das Verständnis des »kindlichen Eigensinns« die Basis für eine Pädagogik bilden, die Kinder möglichst wirksam zur Konstruktion komplexerer Konzepte führt, mit denen sie die Wirklichkeit differenzierter wahrnehmen und verstehen können. Es bleibt zwar eine Verwandtschaft mit Fröbels Mahnung, nicht mit unserer »Kathederweisheit« in kindliche Deutungen »hineinzukanonieren«. Allerdings geht es nicht darum, eine kindliche Ahnung von einer kosmischen Alleinheit zu zerstören, sondern lediglich darum, Bildungs- und Lernangebote so zu gestalten, dass dem Eigenanteil der Kinder an diesen Prozessen Rechnung getragen wird (vgl. dazu z.B. Stern 2004, S. 39ff.).

Unterschiedliche Perspektiven auf Erziehung

Ausgangspunkt der vorangegangenen Diskussion von vier Thesen, mit denen der Eigenanteil der Kinder an ihren Entwicklungs- und Bildungsprozessen konkretisiert wurde, war die offenkundige Verunsicherung von Eltern und Fachkräften in Erziehungsfragen. Mit dem Begriff »Erziehung« wird leicht eine einseitige Formung und Einflussnahme von Erwachsenen auf die zu erziehenden Kinder verbunden. Das passt nicht zu der Erkenntnis, dass Kinder ihre Entwicklungs- und Lernprozesse maßgeblich mitgestalten. Dabei ist das Postulat, diesen Eigenanteil der Kinder zu beachten, ein Postulat, das wir schon bei Fröbel als einem Klassiker der Frühpädagogik finden. Wie weit die Beachtung dieses Eigenanteils zu Problemen mit dem Begriff »Erziehung« führt, hängt offenbar davon ab, in welchen umfassenderen Kontext diese Thesen gestellt werden.

Ohne grundsätzliche Probleme bleibt der Erziehungsauftrag bei Fröbel. Bei ihm trifft man überall auf die Forderung, in der Perspektive einer Allharmonie, das Zusammengebundensein von Mensch, Natur und Gott in den Mittelpunkt zu stellen (vgl. Hebenstreit 2003, S. 1). Vor dem Hintergrund dieser vor allem unterstellten Einheit gibt es keinen Widerspruch zwischen den Anteilen von Kindern und Erwachsenen im Prozess der Entwicklung von Mensch und Natur. »Erziehung hat … die Aufgabe, die dem Menschen eingeborene Ahnung der Allharmonie aufzunehmen und zu pflegen, damit das vom Gefühl Erfasste zu einem bewussten Handeln werden kann« (ebd., S. 1f., Hervorh.

i. Orig.). Als Orientierung dienen dabei die Gesetzmäßigkeiten der Entwicklung des Kindes, die – der Allharmonie entsprechend – den »kosmischen, den Weltbau- und Naturlebensgesetzen« ähnlich sind (vgl. ebd., S. 128f.). Die Forderung nach Zuwendung und Achtung des Kindes sind in seinem herausgehobenen Status in der Annahme einer alles umfassenden Entwicklung von Natur und Mensch begründet.

Ein solches Vertrauen auf eine umfassende, harmonische Entwicklung entspricht nicht mehr unserer heutigen Sicht auf individuelle und gesellschaftliche Entwicklungsprozesse. An ihre Stelle ist die Kritik getreten, dass die Potentiale und Rechte von Kindern nicht angemessen beachtet werden. In der aktuellen Frühpädagogik kommt das zum einen in verbreiteten Vorbehalten gegenüber entwicklungstheoretischen Konzepten zum Ausdruck. Zum anderen gehört dazu die Thematisierung von Interessendifferenzen zwischen Kindern und Erwachsenen, die im Kontext der Kinderrechtsdebatten und der Kindheitsforschung der letzten 20 Jahre zunehmend Beachtung fand. Der Begriff »Erziehung« gerät vor diesem Hintergrund leicht in die Nähe einer Anpassung an gesellschaftliche Verhältnisse, die den Interessen der Kinder entgegenstehen und eigentlich verändert werden sollten. Das von Fröbel »geerbte« Vertrauen in die Anlagen des Kindes legt dann nahe, diese Anlagen zu schützen und sie nicht an gesellschaftlichen Anforderungen zu orientieren, an deren Berechtigung und Sinn man zweifelt. Das trägt erheblich zum Unbehagen vieler Fachkräfte mit dem Begriff »Erziehung« bei. Sie sollen die »unverdorbenen« Anlagen der Kinder und ihren Eigensinn gegen den Erwartungs- und Anpassungsdruck der Gesellschaft verteidigen, statt die Kinder in eine bestimmte, von der Erwachsenenwelt erwünschte Richtung zu erziehen. Gleichzeitig erwarten die Eltern aber, dass ihre Kinder ordentliche und erfolgreiche Erwachsene werden.

Unter einer solchen Perspektive kann die für Erziehung konstitutive Spannung zwischen Anleitung und Selbstbildung die Form eines Null-Summen-Spiels annehmen: Je stärker der »anleitende« Part des Erwachsenen ausfällt, desto geringer kommt der Eigenanteil der Kinder, ihre Selbstbildung, zur Geltung. Betont wird dabei die Achtung von Kindern als grundsätzlich gleich berechtigten Akteuren. Auch wenn die Bedeutung von emotionaler Zuwendung der Erwachsenen zu den Kindern sicher nicht bestritten wird, bleibt eine differenzierte Sicht auf diesen Aspekt aus.

Auch eine konstruktivistische Sicht misst den Kompetenzen der Kinder und ihrer Sicht auf die Welt große Bedeutung zu. Sie verknüpft mit diesem Erbe aber keinerlei normative Konnotationen. Es hat weder die Qualität eines besonders authentischen Ausdrucks der Ahnung einer Alleinheit noch einer schützenswerten Ressource für gesellschaftliche Innovationsprozesse. Kinder bringen Anlagen mit, die sich in ihrer Interaktion mit der Umwelt weiter ausbilden. Erwachsene können sich dabei nicht auf das Vertrauen zurückziehen, dass ihre »unverdorbene« Entfaltung das eigentliche Erziehungsziel sei. Im Blickfeld stehen schlicht die Aktivitäten und Interaktionen des Kindes und die Frage, welche Rolle Erwachsene bei den daran geknüpften Bildungs- und Lernprozessen spielen. Die affektiv-emotionalen Grundlagen dieser Entwicklungsprozesse kommen beispielsweise in den Blick, wenn die Bedeutung verlässlicher Beziehungen und sicherer Bindungen für ein aktiv explorierendes Erkunden thematisiert wird, auf dessen Grundlage Kinder ihre Konstruktionen zum Verständnis ihrer Umwelt entwickeln. Zu diesen Konstruktionen gehört wesentlich auch der Aufbau »eines intimen Systems wechselseitiger Einflussnahme und Verständigung« mit den Eltern und gegebenenfalls mit einigen wenigen anderen Erwachsenen aus der engsten Umgebung des Kinder (vgl. Andres, Laewen 2005, S. 12). Liegle (2006, S. 41) spricht in diesem Zusammenhang von der Aufgabe von Erziehung, dem Kind zugleich Verbundenheit und Autonomie, Bindung und Urheberschaft erfahrbar zu machen. »Eine Dialektik zeichnet sich ab, die die Genese eines autonomen Subjekts an die Einbindung knüpft und die Einbindung an die Anerkennung von Eigenständigkeit und Verschiedenheit« (Leu, Krappmann 1999, S. 17). Die Erfahrung dieser Spannung zwischen Autonomie und Verbundenheit und ihre Bedeutung für die Persönlichkeitsentwicklung gerade bei Kleinkindern wird in der Bindungsforschung breit thematisiert (vgl. Ahnert 2004).

Diese Dialektik wird auch in der an Bedürfnissen der Kinder und Jugendlichen orientierten Bestimmung von Zielvorstellungen zur Orientierung elterlichen Erziehungshandelns im Gutachten des Wissenschaftlichen Beirats für Familienfragen aufgegriffen und erweitert um den Begriff der Kompetenzerfahrung. Genannt wird dort als erstes das Streben von Kindern nach Autonomie, das Bedürfnis, etwas selber zu machen und von anderen unabhängig zu sein. Ein zweites ist das Grundbedürfnis nach Bezogenheit, nach Einbettung in die Geborgenheit und Vertrautheit verlässlicher sozialer Beziehungen. Ein drittes Grundbedürfnis bezieht sich auf die Kompetenz, d.h. die Entwicklung von Fähigkeiten und Fertigkeiten, die auch die Erfahrung von Selbstwirksamkeit ermöglichen. »Eine Vielzahl von Untersuchungen belegt, dass die Befriedigung dieser drei Basisbedürfnisse innerhalb der Familie (und darüber hinaus auch in anderen Lebenskontexten wie Kindergarten, Schule, Arbeitsplatz etc.) zu einer gelungenen Verinnerlichung und damit Selbstbestimmung des Verhaltens beiträgt. Dies wiederum führt zu höherem persönlichen Wohlergehen, zu höherer Leistungsfähigkeit, zu Kreativität und zum Aufbau sozial-emotionaler Kompetenzen« (BMFSFJ 2005, S. 10). Das sind Leitlinien, die auch zu dem in §1 des Kinder- und Jugendhilfegesetzes festgeschriebenen Rechtes auf Erziehung zu einer eigenverantwortlichen und gemeinschaftsfähigen Person passen.

Empirisch fundierte Anhaltspunkte für eine angemessene Balance von Anleitung und Selbstbildung

Im Sinne einer Konkretisierung der bei der Diskussion der vier Thesen im vorangegangenen Abschnitt genannten konstruktivistischen Perspektiven wird im Folgenden etwas genauer spezifiziert, was sich daraus für die Gewährleistung einer angemessenen Balance von Erwachsenen- und Kinderanteilen an Interaktionsprozessen festhalten lässt. Neben dem genannten Gutachten wird dabei insbesondere auch die Arbeit von Gisbert (2004) über lernmethodische Kompetenzen berücksichtigt. Beide Arbeiten basieren auf der Auswertung einer großen Zahl von empirischen Studien.

- Zwischen Kind und Erwachsenem gilt es, eine gemeinsame Perspektive zu entwickeln. Der Erwachsene übersetzt gewissermaßen sein eigenes Verständnis in den Verständnishorizont des Kindes. Auf diese Weise entsteht eine gemeinsame Basis, auf der Kind und Erwachsener bei der Aufgabenbewältigung kommunizieren können«

(Gisbert 2004, S. 146). Das bedeutet nicht, dass die Initiative in Interaktionen einseitig beim Erwachsenen liegen soll. Forschungsergebnisse weisen vielmehr darauf hin, dass für die Förderung der Kinder ein ausgeglichenes Verhältnis zwischen von ihnen selbst initiierten und von Erwachsenen ausgehenden Handlungen günstig ist (vgl. Sylva u.a. 2004, S. 161). Die Gestaltung einer solchen Balance hängt immer auch vom Alter, den Interessen und Fähigkeiten des Kindes und auch davon ab, worum es bei dieser gemeinsamen Aktivität geht.

- Gefordert ist von den Erwachsenen eine Strukturierung der Interaktion, die dem Kind einerseits Orientierung gibt, gleichzeitig aber auch seine Unabhängigkeit fördert. Das entspricht einem »autoritativen Interaktionsstil« bzw. einem Konzept von Erziehung als »Freiheit in Grenzen«, wie es dem Gutachten des Wissenschaftlichen Beirats für Familienfragen zugrunde liegt. Neben der Vermittlung von Zuwendung, emotionaler Wärme und Unterstützung gehört dazu, dass »an Kinder und Jugendliche – wohldosiert bezogen auf ihren jeweiligen Entwicklungsstand – Forderungen gestellt und ihnen eigene Entscheidungen, aber auch deren Begründung abverlangt werden und ihnen Grenzen ihres Tuns verdeutlicht werden, die ableitbar sind aus der Sorge um ihr eigenes Wohlergehen, aus den Erfordernissen des Zusammenlebens der Menschen und aus der Wahrung der natürlichen Grundlagen des Lebens« (BMFSFJ 2005, S. 12).
- Interaktionen sind im Sinne einer wachsenden Selbstständigkeit der Kinder zu gestalten. Es sind Wege zu finden, um die Handlungsmöglichkeiten der Kinder zu erweitern und Grenzen auszudehnen Das Eingreifen von Erwachsenen sollte keine Lösungen vorwegnehmen und das Kind nicht dirigieren, sondern es sollte eine Sprache benutzt werden, die es dem Kind ermöglicht, Lösungen eigenständig zu finden (vgl. Gisbert 2004, S. 147). Neben dem Bemühen, den Kindern entwicklungsanregende Situationen mit Möglichkeiten zu eigenständigem Handeln zu vermitteln, gehört dazu auch die Fähigkeit und Bereitschaft der Erwachsenen, Handlungskontexte, die der Entwicklung abträglich sind, zu erkennen und zu vermeiden (vgl. BMFSFJ 2005, S.13).
- Die Erwachsenen, insbesondere aber pädagogische Fachkräfte, sollten eine auch erfahrungsgesättigte Vorstellung von typischen Verläufen kindlicher Entwicklung in unterschiedlichen Bereichen haben. Dabei geht es nicht darum zu bilanzieren, was Kinder bereits können bzw. was ihnen noch fehlt. Von Interesse ist vielmehr die Frage nach der »Zone der nächsten Entwicklung« (Wygotsky, vgl. Oerter 1998, S. 94f.). Bezeichnet werden damit Handlungsmuster, Denkweisen oder Problemlösungsstrategien, über die Kinder noch nicht eigenständig verfügen, deren Erwerb aber entsprechend dem vorhersehbaren Entwicklungsverlauf kurz bevorsteht. Wenn Kinder auf Herausforderungen oder Fragen stoßen, die für sie zu schwierig werden, sorgt der Erwachsene dafür, dass sie für das Kind überschaubarer werden und es nächste Schritte, die zur Lösung beitragen, leichter erkennt. Mit dem Fortschreiten der Fähigkeiten zieht der Erwachsene sich zunehmend zurück.
- Als »kindbezogene Kompetenz« müssen Erziehende über die Fähigkeit und Bereitschaft verfügen, »auf vielfältigen Wegen Zuneigung zu zeigen, für kindliche Bedürfnisse oder Nöte – mögen sie offen oder verdeckt zum Ausdruck kommen – empfänglich zu sein« (BMFSFJ 2005, S. 13).
- Als »handlungsbezogene Kompetenz« ist von Erwachsenen zu erwarten, dass sie Versprechungen einhalten bzw. angekündigte Taten auch tatsächlich realisieren, »in Über-

einstimmung mit eigenen Überzeugungen entschlossen, sicher und über vergleichbare Situationen hinweg konsistent (und damit für das Kind durchschaubar) ... handeln, zugleich aber auch das eigene Handeln erfahrungsgeleitet ... ändern und an neue Gegebenheiten« anpassen, nicht zuletzt an die fortschreitende Entwicklung der Kinder (ebd.).

Damit sind einige Merkmale einer für die Entwicklung der Kinder förderlichen Balance des Beitrags von Erwachsenen und Kindern in gemeinsamen Aktivitäten kurz umrissen. Es sind Erziehungsgrundsätze, die in vielem nicht neu erscheinen. In ihrer Formulierung soll deutlich werden, dass die Sicht auf Kinder als aktive (Mit-)Gestalter ihrer Entwicklungsprozesse und die Wahrnehmung der großen Potentiale, die sie von Geburt an mitbringen, die Rolle der Erwachsenen im Erziehungsprozess nicht schmälert, sondern anspruchsvoller werden lässt. Sie sind auf der einen Seite gefordert, die Besonderheit kindlicher Handlungs- und Denkmuster zu verstehen, auf der anderen Seite aber auch, sich selber in dieser Interaktion in überzeugender Weise zu präsentieren. Die Erziehenden müssen sich klar darüber sein bzw. verständigen, was sie für »überlieferungswürdig und zukunftsfähig« (Mollenhauer 1998, S. 18) halten.

Dazu können auch Fragen religiöser Erziehung gehören. Die Feststellung, dass Fröbels religiös begründete Sicht einer alleinheitlichen Entwicklung nicht den Erfahrungen unserer Zeit entspricht, bedeutet keine Ausgrenzung von Religion als Thema von Erziehung. Sie erscheint dann aber nicht als abgeleiteter Bestandteil einer naturgegebenen allgemeinen Entwicklung, sondern als Teil einer kulturellen Tradition, die versucht, auf existentielle Fragen zumindest vorläufige Antworten zu formulieren.

Vor dem Hintergrund einer konstruktivistischen Sicht auf Lernen ist klar, dass diese Weitergabe von Kultur nur durch die Konstruktionsprozesse der Kinder hindurch gelingen kann. »auf die wir jedoch keinen direkten Zugriff haben. Daraus folgt, dass wir in der Pädagogik die Kooperation der Kinder brauchen, um Zielen, die wir für bedeutsam halten, zumindest nahe kommen zu können« (Andres, Laewen 2005, S. 13).

Literatur

Ahnert, Lieselotte (Hrsg.) (2004): Frühe Bindung. Entstehung und Entwicklung. München, Basel

Alt, Christian (Hrsg.) (2005): Kinderleben – Aufwachsen zwischen Familie, Freunden und Institutionen. Bd. 2. Wiesbaden

Andres, Beate, Laewen, Hans-Joachim (2005): Elementare Bildung. Handlungskonzepte und Instrumente, In: Pesch, Ludger (Hrsg.): Elementare Bildung, Band 2. Weimar, Berlin

Bundesministerium für Familie, Senioren, Frauen und Jugend (BMFSFJ) (Hrsg.) (2005): Stärkung familialer Beziehungs- und Erziehungskompetenzen. Kurzfassung eines Gutachtens des Wissenschaftlichen Beirats für Familienfragen beim BMFSFJ. www.bmfsfj.de

Corsaro, William A. (1997): The Sociology of Childhood. Thousand Oaks, London, New Delhi: Pine Forge Press

Ebert, Sigrid (1999): Das Kind als Bürger – Erziehung zwischen Schutz und Selbstbestimmung des Kindes. In:

Lost, Christine; Oberhuemer, Pamela (Hrsg.): Auch Kinder sind Bürger. Kindergarten und Kinderpolitik in Deutschland. Jahrbuch 4 des Pestalozzi-Fröbel-Verbandes. Hohengehren: S. 41-50

Elschenbroich, D. (2001): Weltwissen der Siebenjährigen. Wie Kinder die Welt entdecken können. München

Gisbert, Kristin (2004): Lernen lernen. Lernmethodische Kompetenzen von Kindern in Tageseinrichtungen fördern. Weinheim, Basel

Gopnik, Alison, Kuhl, Patricia, Meltzoff, Andrew (2000): Forschergeist in Windeln. Wie Ihr Kind die Welt begreift. Kreuzlingen, München

Hebenstreit, Sigurd (2003): Friedrich Fröbel – Menschenbild, Kindergartenpädagogik, Spielförderung. Jena

Honig, M.-S.; Lange, A.; Leu, H. R. (Hrsg.) (1999): Aus der Perspektive von Kindern? – Zur Methodologie der Kindheitsforschung. Weinheim, München

Laewen, Hans-Joachim (2001): Zum Bildungsauftrag von Kindertageseinrichtungen. In: Colberg-Schrader; Hedi, Oberhuemer; Pamela (Hrsg.): Aufwachsen von Kindern. Private und öffentliche Verantwortung. Jahrbuch 6 des Pestalozzi-Fröbel-Verbandes. Hohengehren: S. 37-44

Laewen, Hans-Joachim (2006): Funktionen der institutionellen Früherziehung: Bildung, Erziehung, Betreuung, Prävention. In: Fried, Lilian, Roux, Susanna (Hrsg.): Pädagogik der frühen Kindheit. Handbuch und Nachschlagwerk. Weinheim, Basel: S. 96-107

Laewen, H.-J.; Andres, B. (Hrsg.) (2002): Bildung und Erziehung in der frühen Kindheit. Bausteine zum Bildungsauftrag von Kindertageseinrichtungen. Weinheim, Berlin, Basel

Leu, H. R.; Krappmann, L. (1999): Subjektorientierte Sozialisationsforschung im Wandel. In: dies. (Hrsg.): Zwischen Autonomie und Verbundenheit. Bedingungen und Formen der Behauptung von Subjektivität. Frankfurt/M.: S. 11-18

Liegle, Ludwig (2006): Bildung und Erziehung in früher Kindheit. Stuttgart

Lill, Gerlinde (2000): Bildung im Kindergarten – neue Mode oder alter Hut? S. 6-12

Mollenhauer, Klaus (1998, 5. Auflage; 1. Aufl. 1983): Vergessene Zusammenhänge. Über Kultur und Erziehung. Weinheim, München

Neumann, Karl (1999): »Dabei ist das Wohl des Kindes ihr Grundanliegen« – Kinder und ihre Rechte. Anspruch und Wirklichkeit. In: Lost, Christine; Oberhuemer, Pamela (Hrsg.): Auch Kinder sind Bürger. Kindergarten und Kinderpolitik in Deutschland. Jahrbuch 4 des Pestalozzi-Fröbel-Verbandes. Hohengehren: S. 29-40

Neumann, Karl (2006): Klassiker der Pädagogik der frühen Kindheit. In: Fried, Lilian; Roux, Susanna (Hrsg.) (2006): Pädagogik der frühen Kindheit. Handbuch und Nachschlagewerk. Weinheim, Basel: S. 107-118

Oerter, Rolf (1998): Kultur, Ökologie und Entwicklung. In: Oerter, Rolf, Montada, Leo (Hrsg.): Entwicklungspsychologie. Mannheim: 4. Auflage, S. 84-127

Peukert, U. (1995): Sinnvolle Alternative oder Notbehelf? Pädagogische Überlegungen zu altersgemischten Gruppen in Kindertagesstätten. In: Krappmann, L.; Peukert, U. (Hrsg.): Altersgemischte Gruppen in Kindertagesstätten. Reflexionen und Praxisberichte zu einer neuen Betreuungsform. Freiburg i.Br.: S. 74-89

Schäfer, Gerd E. (Hrsg.) (2005): Was ist frühkindliche Bildung? In: ders. (Hrsg.): Bildung beginnt mit der Geburt. Ein offener Bildungsplan für Kindertageseinrichtungen in Nordrhein-Westfalen. Weinheim, Basel (2. veränderte Auflage): S. 15-74

Senatsverwaltung für Bildung, Jugend und Sport (Hrsg.): Das Berliner Bildungsprogramm für die Bildung, Erziehung und Betreuung von Kindern in Tageseinrichtungen bis zu ihrem Schuleintritt. Entwurf November 2003

Stern, Elsbeth (2004): Entwicklung und Lernen im Kindesalter. In: Diskowski, Detlef; Hammes-Di Bernardo, Eva (Hrsg.): Lernkulturen und Bildungsstandards. Kindergarten und Schule zwischen Vielfalt und Verbindlichkeit. Jahrbuch 9 des Pestalozzi-Fröbel-Verbandes. Hohengehren: S. 37-45

Sylva, Kathy; Melhuisch, Edward; Sammons, Pam; Siraj-Blatchford, Iram; Taggart, Brenda; Elliot, Karen (2004): The Effective Provision of Pre-School Education Project – Zu den Auswirkungen vorschulischer Einrichtungen in England. In: Faust, Gabriele; Götz, Margarete; Hacker, Hartmut; Roßbach, Hans-Günther (Hrsg.): Anschlussfähige Bildungsprozesse im Elementar- und Primarbereich. Bad Heilbrunn: S. 154-167

Wahl, Klaus (2006): Welche Nachhilfe brauchen Eltern? Einführung in eine pädagogische Kontroverse. In: Wahl, Klaus; Hees, Katja (Hrsg.): Helfen »Super Nanny« und Co.? Ratlose Eltern – Herausforderung für die Elternbildung. Weinheim, Basel: S. 9-21

Wissenschaftlicher Beirat für Familienfragen (1998): Kinder und ihre Kindheit in Deutschland. Eine Politik für Kinder im Kontext von Familienpolitik. Band 154 der Schriftenreihe des Bundesministeriums für Familie, Senioren, Frauen und Jugend. Stuttgart, Berlin, Köln

Zimmer, Jürgen (1998): Das kleine Handbuch zum Situationsansatz. Ravensburg

Zinnecker, Jürgen (1999): Forschen für Kinder – Forschen mit Kindern B Kinderforschung. Über die Verbindung von Kindheits- und Methodendiskurs in der neuen Kindheitsforschung zu Beginn und am Ende des 20. Jahrhunderts. In: Honig, Michael Sebastian u.a., S. 69-80

1.2 Fröbels Spielpädagogik

Erziehungskompetenz bei Fröbel – Spielpflege als Integration von Bildung und Lenkung

Helmut Heiland

Fröbel – Leben und Werk

Biographie

Friedrich Wilhelm August Fröbel wurde am 21. April 1782 in Oberweißbach im thüringischen Fürstentum Schwarzburg-Rudolstadt als sechstes Kind eines Pfarrers geboren. Im ersten Lebensjahr stirbt seine Mutter. Nach leidvoller Kindheit, dem Besuch der Elementarschule, einer primitiven Ausbildung und einem abgebrochenen Studienversuch der Naturwissenschaften in Jena (1799/1801) arbeitet er als Feldmesser in Bamberg und als Privatsekretär im Mecklenburgischen. 1805 wird er Lehrer an der Pestalozzi-«Musterschule« und 1806 Hauslehrer in Frankfurt am Main. Nach einem zweijährigen Aufenthalt bei Pestalozzi in Yverdon (1808-1810) studiert er Naturwissenschaften in Göttingen und Berlin (1811-1816). In Göttingen entsteht seine Philosophie des »Sphärischen«. 1813/14 nimmt er an den Befreiungskriegen gegen Napoleon teil. Das 1816 gegründete Internat in Griesheim, das 1817 nach Keilhau verlegt wird, nennt er »Allgemeine deutsche Erziehungsanstalt«. 1818 schließt er die Ehe mit Henriette Wilhelmine Hoffmeister aus Berlin (gest. 1839). In Keilhau entstehen nach 1820 sechs Werbeschriften für seine Privatschule (u.a. An unser deutsches Volk 1820), die Wochenschrift Die erziehenden Familien sowie das Hauptwerk Die Menschenerziehung (1826). Die Anstalt leitet er bis 1831. Dann geht er in die Schweiz, eröffnet dort eine Privatschule (Wartensee 1831, Willisau 1833), leitet Lehrerfortbildungskurse und später das Waisenhaus (Elementarschule) in Burgdorf. 1836 kehrt er nach Thüringen zurück und lebt dort in Bad Blankenburg, später in Bad Liebenstein und Schloss Marienthal. Hier produziert er Spielmaterialien und entwickelt eine pädagogische Konzeption für die frühe Kindheit. 1838 erscheinen die Erste und zweite Spielgabe sowie Das Sonntagsblatt. Am 28.6. präsentiert er den Allgemeinen Deutschen Kindergarten als Stiftung des deutschen Volkes. 1844 erscheinen die Mutter- und Koselieder und die Schrift zur ausgeführten Dritte Gabe. Während der Märzrevolution 1848/49 wirkt Fröbel auf die Volksschullehrerschaft Thüringens ein. Er will den Kindergarten als erste Stufe des deutschen Bildungswesens durchsetzen. Die Rudolstädter Lehrertagung verabschiedet im August 1848 eine entsprechende Resolution an das Frankfurter Parlament. 1850 erscheint Friedrich Fröbels Wochenschrift. Im Juni 1851 schließt Fröbel die Ehe mit Luise Levin. 1851/52 erscheint die Zeitschrift für Friedrich Fröbels Bestrebungen. Das Scheitern der Revolution und das Verbot seiner angeblich sozialistischen und atheistischen Kindergärten in Preußen im August 1851 traf Fröbel schwer. Fröbel stirbt am 21. Juni 1852 in Marienthal.

Werk

Fröbels Pädagogik ist vor allem der Aufklärung verpflichtet. Das heißt: Fröbel folgt der Neufassung des pädagogischen Problems als »natürlicher Erziehung« des aktiven Kindes bei Rousseau und dessen Umsetzung in den Reformschulen der »Philanthropen« und durch Pestalozzi. Auch die neuhumanistische Bildungstheorie allseitiger Kräfteentfaltung prägt Fröbels Verständnis kindgemäßer Erziehung auf der Basis der »Selbsttätigkeit« des Heranwachsenden. Von Pestalozzi übernimmt er den Ansatz einer atmosphärisch familiennahen Grundbildung jedes Heranwachsenden aus allen, auch den niederen Schichten. Fröbels Orientierung an Pestalozzis Pädagogik der »Menschenerziehung« (»Elementarbildung«) gilt für sein ganzes Leben und bezieht sich insbesondere auf dessen »Buch der Mütter« (1805), einer Kleinkindpädagogik. Seine erste Arbeit schreibt er 1809 über Pestalozzis Pädagogik und auch die letzte größere Schrift, die »Mutter- und Koselieder« (1844), folgt den Spuren Pestalozzis.

Aber noch andere wesentliche Impulse bestimmen Fröbels pädagogisches Denken. Der frühe Verlust der Mutter führt zu einer lebenslangen Sehnsucht nach der weiblichen Seite des Lebens und bringt den Beruf der »Kindergärtnerin« als professionelle Variante der »Mutter« hervor. Daneben steht die durch den strengen Vater vermittelte Gläubigkeit seiner Jugend. Schließlich: Fröbel entwickelt eine lebenslang gültige emotionale Beziehung, ja »Liebe« zur Natur. Diese Impulse führen ihn als Hauslehrer und Erzieher in die häusliche Geborgenheit der Frankfurter Patrizierfamilie von Holzhausen und zur emotionalen Bindung an Caroline von Holzhausen, der Mutter seiner Zöglinge. Diese Bindung wird Leidenschaft und zwingt Fröbel, dieses Verhältnis 1811 abrupt zu beenden und erneut das Studium der Natur, nun in Göttingen (später Berlin) zu beginnen. In der Klärung der Gesetzlichkeit von Natur klärt er zugleich seine Beziehung zu Caroline. Resultat der Selbstanalyse ist die Philosophie des »Sphärischen«, – eine existenziell fundierte, gleichwohl spekulative Theorie, die auch Erziehung begründet. Sie stützt sich auf empirische Zusammenhänge exakter naturwissenschaftlicher Forschung, vor allem auf das kristallographische System von Christian Samuel Weiß (1780-1856). Sie ist ferner an der Mathematik orientiert und legt pädagogische Erfahrungen der Erziehungspraxis in Frankfurt am Main und Yverdon, sowie dann später aus der Keilhauer und Schweizer Zeit zugrunde.

Fröbels Pädagogik entspricht aber weder den theoretischen Vorgaben der Aufklärungspädagogik (Trapp 1780), noch der systematischen Linie der Pädagogik Herbarts oder der dialektischen Methode der Pädagogik Schleiermachers. Seine Pädagogik legitimiert sich normativ-metaphysisch. Es handelt sich um Bewusstseinsphilosophie im Sinne Hegels, aber ohne dialektische Methode und mit eindeutig christlichem Hintergrund, der in die Romantik hineinreicht. Einen kontinuierlichen Prozess des dialektischen Fortschreitens der »Menschheit« im Sinne Hegels kennt er nicht. Die Universalgeschichte verläuft in den Phasen der »Schöpfung« (durch Gott), »Erlösung« (durch Jesus Christus) und »Erziehung«. Gegenwärtig befindet sich die »Menschheit« in der dritten Phase. Deren Progression wird durch Einzelinitiativen wie etwa in Keilhau oder in »Kindergärten« unterstützt und weitergeführt. Letztlich soll und kann jeder einzelne Heranwachsende selbst »sphärischer« Mensch werden, wenn er sich seine kindlichen »Ahnungen« um dieses eigene Sein-Können im Kontext der »Schöpfung« bewusst macht, also sein sphärisches Wesen bewusst ausbildet, es lebt.

Die metaphysische »Lebensphilosophie« der »Sphäre« entsteht in ersten Grundzügen Sommer 1811 in Göttingen: Alles ist gottgeschaffen und strebt zum göttlichen Grund zurück. Jedes Seiende steht in polarer Spannung zu sich selbst und zum Ganzen und löst einigend diese Spannung. Das telos natürlicher Entwicklung zeigen exemplarisch Kristalle und Pflanzen, – so etwa der Baum. Der Mensch bedarf der Erziehung, um sich in seinem »sphärischen« Wesen ahnend zu erfassen und denkend (re-flexiv) zu verstehen. So gewinnt er seine Freiheit, wenn er sich und den ganzen Kosmos als »sphärisch« begreift. Im Erfassen der Natur, des »Entgegengesetzten«, erfasst der Mensch sich selbst als das »Entgegengesetztgleiche«. Ziel dieser »Menschenerziehung« ist universale »Lebenseinigung«. Jeder Mensch ist letztlich möglicher Philosoph. Durch universale Erkenntnis gewinnt er die Einsicht in die Individualität und Totalität seiner selbst.

Diese »Sphärephilosophie« hat Fröbel zunächst in der Keilhauer und Schweizer Schul- und Erziehungspraxis zu verwirklichen versucht. Der Keilhauer Unterricht ist kein lebensweltlicher Erlebnisunterricht. Es ist ein erziehender Unterricht. Dieser Unterricht will den Menschen in seiner Vernunft fordern und hebt auf systematisches Denken (Reflexion) ab. Er ist konkret und abstrakt, ganzheitlich und wissenschaftlich-philosophisch zugleich. Der Keilhauer Fachunterricht bezieht das Ganze aller Schulfächer mit ein, indem er den Schüler auffordert, nach dem »Wesen« des jeweiligen Fachs, aller Fächer sowie von Schule überhaupt zu fragen. In Keilhau gibt es daher kein mechanisches Lernen, kein Gedächtnistraining. Es wird Verständnis, Erkenntnis angestrebt. Alle Seiten am Menschen sollen gefördert werden. Keilhau zeigt bereits Aspekte der späteren Landerziehungsheime. Auch Arbeitsunterricht und Gartenarbeit sind Teile des Keilhauer erziehenden, allseitig bildenden Unterrichts. – Diesen Aspekt der Verbindung von Denken und Tun hat Fröbel im nicht verwirklichten Helbaer Plan (1827/29) und in Lehrplänen für seine Schweizer Anstalten weiter ausgearbeitet.

Ende 1835 verfasst Fröbel einen programmatischen Text »Erneuung des Lebens fordert das Jahr 1836«. Erziehung zum »sphärischen Leben« (»Menschenerziehung«) will Fröbel nun nicht mehr durch Reform des Schulunterrichts, sondern durch familiale Spielpflege, durch einfache, autodidaktische Spielmaterialien erreichen. Daraus entwickelt sich seine Pädagogik des Kindergartens. Sie strebt die gleiche sphärephilosophisch begründete Erziehung wie die Keilhauer Erziehungsanstalt an, nun aber nicht reflexiv, sondern vorrational-ahnend im handelnden Umgang mit Spielmaterialien. Diese zeigen als elementare »Naturgegenstände« Gesetzmäßigkeiten und Strukturen der Natur.

Im Juni 1840 propagiert Fröbel den »Allgemeinen deutschen Kindergarten«. Sphärephilosophische Spielpflege wird nun in der neuen Institution »Kindergarten« durch eine professionelle »Kindergärtnerin« praktiziert. Aber der Kindergarten will die durch gemeinsames Spielen »sphärisch« gewordene »heile« Familie nur ergänzen, nicht ersetzen.

Im Zentrum des Kindergartens Fröbels steht neben der »Gartenpflege« und den »Bewegungsspielen« das Spiel mit den Materialien, den »Gaben« und »Beschäftigungsmitteln« – einfache Gegenstände wie Ball, Kugel, Würfel, Stäbchen. Dieses System seiner Materialien gliedert Fröbel in körperhafte, flächenartige, linien- und punktförmige Materialien, deren Zusammenhang er als Zerlegen (Analyse) im Durchgang durch die vier Materialarten und als

Zusammenfügen (Synthese) beschreibt. Fröbel geht dabei von der Einheit (dem Ball) aus und kehrt im Durchgang über immer deutlicher gegliederte und zerlegbare Materialien zurück zu kugelförmigen Gebilden. Die Schöpfung (All) soll hier dem Kind beim Bauen sichtbar werden. Wichtig sind bei den körperhaften Materialien insbesondere die Gaben 3 bis 6. Das Bauen mit diesen »Baukästen« bietet eine schier unerschöpfliche Vielfalt von Bauformen, die Fröbel in »Lebensformen« »Schönheitsformen« und »Erkenntnisformen« (mathematische Strukturen) typisiert hat. Beispielhaft wird hier »kategoriale« Bildung sichtbar als ein Prozess der wechselseitigen Strukturierung äußerer gegenständlicher Realität und kindlichem Selbstsein – dies die zentrale Zielsetzung der Spielpädagogik Fröbels. Diese zeigt sich auch in den Mutter- und Koseliedern (1844), einer elementar kognitiv fördernden, emotional in der »Mutterliebe« gebundenen Spielpflege mit Fingerspielen, Liedchen und Bildern für Säuglinge und ein- bis zweijährige Kinder.

Verfälschungen

Die Rezeptionsgeschichte der Pädagogik Fröbels ist voll von Fehldeutungen. Ich verweise auf die ausführliche Darstellung dieser Problematik im Band »Der ›authentische‹ Fröbel« (2004, S. 9-14) und beschränke mich auf zwei Beispiele. Neuerdings wird behauptet, für Fröbel sei Erziehung ausschließlich »Liebe« und »Beispiel« bzw. »Vorbild« (so Johannes Rau 2004; Chrismon, ZEIT, Brummer 2004, S. 30). Aber ein entsprechendes Zitat ist in Fröbels Texten (auch bei Pestalozzi) nicht nachweisbar. Diese Aussage ist aber auch sachlich falsch, weil es Fröbel bei Erziehung nicht hauptsächlich um emotionale Bindung bzw. Autorität geht, sondern um »Pflege« bzw. »Lehre« und »Bildung« bzw. »Bewusstsein«. Das zweite Beispiel: In den 60er Jahren hat der Entwicklungspsychologe Heinz-Rolf Lückert eine »basale Bildungsförderung« in Form eines kognitiven Trainings im Kindergarten gefordert: Dabei warf er der damaligen Kindergartenpraxis im Allgemeinen und Fröbels Pädagogik im Besonderen vor, sie sei »Schonraumpädagogik« und führe zur »Verdummung« des Kindergartenkindes (Lückert 1967, S. 218, vgl. Heiland 1989, S.100ff.). Ähnlich äußert sich Jürgen Zimmer 1969 im vielverbreiteten Band »Vorschulkinder« von Hoenisch, Niggemeyer, Zimmer:

»Vorschulerziehung in der Bundesrepublik: Es gibt sie kaum. Die Programme der Kindergärten in der Tradition von Fröbel, Montessori oder Steiner kennzeichnen sich dadurch, dass sie auf Kinder treffen, die eigentlich mehr könnten und wollen als das, was ihnen angeboten wird« (Hoenisch u.a. 1969, S. 9). Im Vorwort zu dem von ihm herausgegebenen Band »Erziehung in früher Kindheit« der Enzyklopädie Erziehungswissenschaft von 1984 spricht Jürgen Zimmer von dem »bis dahin verbreiteten Verständnis von Kindheit als Schonraum« (Zimmer 1984, S. 14, vgl. Heiland 1989, S. 101). Und noch 1995 kann man in der Wochenzeitung DIE ZEIT lesen: »Die Unterforderung der Fünfjährigen in deutschen Kindergärten, wo nur gespielt, gespielt und noch einmal gespielt wird, ist ein pädagogisches Verbrechen« (Müller-Ullrich1995, S. 79).

Doch zurück zu Lückert 1967, mit dessen Attacke sich auseinanderzusetzen lohnt, weil er die Gleichsetzung von Fröbels Spielpädagogik des Kindergartens mit »verdummender Schonraumpädagogik« mit einem Fröbel-Zitat zu belegen versucht und dabei kläglich scheitert (vgl. Heiland 1989, S. 101-109; Heiland, Gebel, Neumann 2006, S. 124-126). Dass in den 50er und 60er Jahren die westdeutsche

Kindergartenpraxis durch eine spezifische Pädagogik-Auffassung Erika Hoffmanns aus der Göttinger Schule Herman Nohls geprägt wurde, die mehr die individuellen psychischen Reifeprozesse als die äußeren Anregungen und Angebote betonte, ist nicht zu bestreiten, betrifft aber nicht Fröbel. Denn Fröbels Frühpädagogik fordert eben keineswegs ein ausschließliches Respektieren des »inneren Reifens«, sondern muss auch und vor allem als eine Konzeption individueller, auch kognitiver Förderung und basaler Bildung verstanden werden. Lückert zitiert einen missverständlichen bzw. der Interpretation bedürftigen Satz Fröbels aus der Schrift zur ausgeführten dritten Gabe von 1844, der lautet:

»Die [vorschulische] Kindheit ... ist vor allem die Zeit ... der innern Erstarkung und der unsichtbaren Ausbildung des Gemütes, des Geistes; die Schule ist die Zeit der hervortretenden, auch äußerlich erscheinenden, sich bewußt werdenden Gemüts- und Geisteskraft ... allein fordere bis zur Schulfähigkeit und Reife keine anderen äußeren Zeichen dieser inneren Erstarkung und Entwicklung als die Sachdarstellung der Tat selbst« (Heiland 1974, S.109).

An anderer Stelle kennzeichnet Fröbel ganz klar und unmissverständlich Identität und Differenz von vorschulischem Kindergarten und Schule, die beide auf den Habitus des »Sphärischen«, also auf Bewusstsein abheben, im Kindergarten aber noch gegenständlich-handelnd, in der Schule dann betrachtend-reflektierend. Der Kindergarten ist Ort der »Sachanschauung«, die Schule Ort des »Begriffs«. Das Zitat aus Fröbels Brief von 1852 zur »Vermittlungsschule« lautet:

»Das bestimmte und klare in sich geschlossene Ergebnis des Kindergartens ist also: scharfe, bestimmte und klare Auffassung und Anschauung des Gegenstandes, seiner Eigenschaften, seiner Verhältnisse, seiner Entstehung, seiner Fortentwickelung, seines mehrfachen Zusammenhanges mit dem Leben. Und alles dieses geknüpft an das genau bezeichnete Wort, so zunächst durch die freischaffende Tätigkeit hervorgerufene Formen und Gebilde, als Lebensformen, als Formen der Erkenntnis und Einsicht und als Formen des Fühlens, als Schönheitsformen« (Heiland 1989, S. 106).

Die Verfälschung Fröbels bei Lückert (und Zimmer) besteht also darin, dass die individuelle Bildungsförderung, die grundsätzlich der Kindergarten Fröbels mit seiner alles durchdringenden geistigen Aktivität im Spiel leistet, negiert wird und so eine völlige Verzerrung der pädagogischen Absichten Fröbels zustande kommt. Aus der individuell fordernden und fördernden und so elementar bildenden Spielpflege wird »verdummende« Spielerei im »Schonraum« Kindergarten, also gerade das, was Fröbel nicht wollte, der scharf zwischen bildender Spielpflege im Kindergarten und beliebiger Spielerei im a-pädagogischen Raum unterschieden hat.

Spielmaterialien und Kindergarten

Fröbels Kindergarten hat bekanntlich drei Schwerpunkte: Die Spielmaterialien (Fröbel nennt sie »Gaben« und »Beschäftigungsmittel«), die »Bewegungsspiele« und die »Gartenpflege«, peripher dann noch das »Erzählen«, dem Fröbel aber theoretisch keinen positiven pädagogischen Stellenwert zuordnete (ähnlich das Spiel mit Puppen), das aber faktisch schon in Fröbels Kindergarten, noch stärker in der deutschen Fröbelbewegung nach 1860 eine Rolle spielte. Im Zentrum des Kindergarten Fröbels stehen die

Spielmaterialien. Zunächst aber kurz zu »Gartenpflege« und den »Bewegungsspielen«. – Die »Gartenpflege« hat Fröbel theoretisch kaum bearbeitet. Sie hatte in den Fröbel-Kindergärten aber durchaus Bedeutung und bereitete die spätere Schulgartenbewegung nach 1860 in Deutschland vor. Ich sehe auch Affinitäten dieser »Gartenpflege« zum derzeitigen Waldkindergarten und zur Reggio-Konzeption. Der sphärephilosophisch-kategorialbildende Aspekt dieser »Gärten der Kinder« im Kindergarten besteht darin, dass die Kindergartenkinder Gartenpflanzen als die dem kindlichen »Geist« entgegengesetzte »Natur« erfassen, die es in ihrem Gleich-Sein zu begreifen gilt – also die Vermittlung von Innen- und Außenwelt am Gegenstand der Gartengewächse, der Blumen und Nutzpflanzen. – Die »Bewegungsspiele« entstehen aus dem Spiel mit der ersten Gabe und Grundform, dem »Ball« (Kugel) und haben zunächst als Ballspiele deutlichen turnerisch-gymnastischen Charakter, werden dann aber über »Wanderspiele« und »Geh- und Laufspiele« zu »Darstellungsspielen« mit deutlichen sozialen Bezügen des gemeinsamen Handelns und Darstellens von Bewegungsgestalten und Prozessen. Es geht stets um den Kreis aller Teilnehmenden in Bezug zum Mittelpunkt, der in wechselnder Weise durch Einzelne besetzt wird. Dieses Bezugsfeld oder Netz ist für Fröbel konstitutiv, das er natürlich mit dem Vokabular seiner idealistischen Philosophie beschreibt. Man kann in diese Spielbeschreibungen Fröbels, insbesondere von Spielfesten, unschwer unsere gebräuchlichen sozialisationstheoretischen Kategorien hineinprojizieren. Fröbels eigentliche Intention verfehlt man dann aber sicherlich. Zur Erläuterung gebe ich ein Spielbeispiel: Das Bewegungsspiel »Sich sehen und sich nicht sehen« manifestiert die Sphäre! Folgende Bewegungsgestalt wird sichtbar: Die Kinder stehen im Kreis und blicken auf dessen Mittelpunkt. Der Spielführer öffnet den Kreis und beginnt, die Kinder ihm nachfolgend, einen neuen gleichgroßen Kreis zu bilden, wobei dann aber nun alle mit dem Rücken zum Mittelpunkt stehen. Dann geht die Spielbewegung wieder zurück zur Ausgangsgestalt, dem ersten Kreis. Die Kinder blicken nun wieder auf den Mittelpunkt. Ganz eindeutig wird hier auf die Beziehung von Einheit und Einzelheit (Mannigfaltigkeit), auf das Entstehen des Mannigfaltigen aus der Einheit und der Rückkehr zur Einheit abgehoben, die hier als »Entgegengesetztgleiches« sichtbar werden soll. Es geht hier also nicht nur um die Bezüglichkeit der Spielgruppe, die sich sieht bzw. sich nicht sieht. Es geht hier vor allem um die Sphäre, die sich im Mannigfaltigen dann zeigt, wenn diese als Einzelheit in Einheit erfasst wird, also um das Veranschaulichen von Mitte (= Einheit) und Kreis (= Mannigfaltigkeit, Einzelheit), wobei die Mitte wechselnd sich verbirgt bzw. sich zeigt. Also: Es soll der Spielgruppe durch die Stellung der Kinder zueinander verdeutlicht werden, wie der Spielverlauf das »Entgegengesetzte« hervorbringt und so das Lebensgesetz der Gleichheit im Polaren veranschaulicht. – Ausführlicher kann ich diesen Zusammenhang hier nicht darstellen und verweise auf »Die Spielpädagogik Friedrich Fröbels« (vgl. Heiland 1998, S. 98-119, bes. S. 107f.).

Doch nun zu den Spielmaterialien, dem wichtigsten Bereich der Spielpflege im Kindergarten, zu den »Gaben« und »Beschäftigungen«. Bekanntlich erhalten diese einzelnen Materialien ihre Systematik durch die Kristallographie bzw. Stereometrie (elementare Raumlehre) Fröbels sowie durch die polaren Prinzipien des Zerlegens (Analyse) und des Zusammenfügens/Konstruierens (Synthese). Ich werde diesen komplexen Zusammenhang hier nicht im Einzelnen darstellen und nur einige wesentliche Aspekte beschreiben. Dem »Ganzen« dieser Spielmaterialien gehören vier unterschiedliche Gruppen, körperhafte, flächenartige, linienförmige und punktförmige Materialien an. Den dreidimensionalen Materialien, den Gaben 1 bis 6, also Ball, dann Kugel/Würfel/Walze und Kegel (»Kreisel«), sowie die Baukästen mit dem gegliederten Würfel folgen die flächenartigen Materialien der »Legetäfelchen«, die bereits bei der 4. und 6. Gabe als Quader sichtbar werden und aus Quadraten, ungleichseitig-rechtwinkligen und gleichseitigen Dreiecken bestehen. Dazu gehört auch das Papierquadrat, das durch Ausschneiden gewonnen wird und den Übergang zu den linienförmigen »Legestäbchen«, Papierstreifen und gezeichneten Linien bringt. Perlen und kleine Steinchen bilden die punktförmigen Materialien.

Meine Beschreibung dieser vier Gruppen war zugleich der analytische Gang von den körperhaften zu den punktförmigen Materialien. Dieser Gang endet, wenn das Kind Linien mit der Nadel durchsticht (das Ausstechen) oder einzelne Steinchen nebeneinander gelegt werden. Nun folgt der zweite Gang, das Zusammenfügen, die Synthese. Durch das Aufeinanderreihen von Perlen auf einen Faden wird der Übergang von den punkt- zu den linienförmigen Materialien vollzogen. Nähen, Sticken, Flechten mit Papierstreifen und das Übereinanderlegen von Holzstäbchen führen zu den flächenartigen Materialien. Durch Papierfaltarbeiten, das Bauen mit Täfelchen und das Zusammenfügen von Legestäbchen mit Ton (Plastillin) werden Körper hergestellt. Den Abschluss dieser Synthese bildet das Gestalten mit dem Material der Tonerde. Aus Ton geformte Würfel werden durch vielfaches Abschneiden der Kanten wieder zur Grundform des Balls und enden in der Urform der Sphäre.

Diese analytisch-synthetische Systematik hat Fröbel allerdings erst in seinen letzten Lebensjahren entwickelt. In den spieltheoretisch wichtigen Broschüren zu den ersten drei Gaben von 1838 und 1844 gehen beide Prozesse, das Zergliedern und Konstruieren ineinander über. So folgt bei der 3. Gabe etwa der Aufteilung, dem Zerlegen des Würfels in acht Teilwürfel ein konstruierendes Bauen mit diesen Teilen, also die Synthese einer neuen Form (Einheit) aus den durch Zerlegung gewonnenen Teilen (Elementen). Fröbel hat stets die Bedeutung der Übergänge von einer Materialgruppe zur anderen betont. Ferner waren ihm diese Gaben und Beschäftigungsmittel als systematisches Ganzes ein Bild der Welt als göttlicher Schöpfung. Das Durchlaufen dieser Systematik im Spiel bedeutet die Rekonstruktion der Schöpfung, der ganzen göttlich durchwirkten Wirklichkeit des Kosmos. Diese Rekonstruktion wird nun mit einigen wenigen Spielmaterialien, nicht mit beliebig vielen vollzogen. Diese Grundentscheidung für repräsentative Spielmaterialien, für »Norm« – Spielgegenstände ergibt sich wieder aus dem Einfluß der Pestalozzischen Theorie der Elementarbildung auf Fröbel sowie aus der sphärephilosophischen und mathematisch-kristallographischen Sicht des Spielgegenstands durch Fröbel (vgl. Heiland 1982, S. 38f.). Diesen komplexen Zusammenhang will ich mit einem Zitat Fröbels verdeutlichen. Fröbel sagt in seinem Brief v. 21.3.1846:

»Da nun zuerst sämtliche, das Kind umgebende Gegenstände, Dinge, Eigenschaften haben und Verhältnisse zeigen, welche allen, das Kind selbst mit eingeschlossen, gemein, also allgemein sind, so muß dem Spieltriebe des Kindes, eben um das Allgemeine dieser Eigenschaften und Verhältnisse kennenzulernen, gestattet sein [!] – was es so vielseitig auch schon selbst ausführt – alle diese gemeinsamen Eigenschaften und Verhältnisse nur an einigen wenigen Gegenständen kennenzulernen, nur an wenigen sich anschaulich machen; ja es müssen diejenigen Gegenstände

– Spielzeuge – an welchen und durch welche es die Außenwelt kennenlernt, welche eigentlich die Einführungsmittel des Kindes in die gesamte Außenwelt sind, gleichsam der alles zeigende Spiegel derselben, zugleich auch diejenigen sein, an welchen und durch welche das Kind sein eigenes Inneres nach Kraft und Willen u.s.w. offenbart; damit sie – diese Gegenstände, Spielzeuge – dem Kinde so mehrfach vermittelnd zwischen seinem Innern, dem eigenen Lebens- und Gestaltungstriebe und dem Wesen, den Lebens- und Gestaltungsäußerungen der Außenwelt erscheinen und ihm diese wieder vielfach ein Spiegel seines Innern, und sein Inneres ein Spiegel der Außenwelt zum echten Verständnis beider werde.« (Heiland 1992, S. 17f.)

Diese wenigen Grundformen oder »Urformen« des Spielmaterials sind die im »Ganzen« der »Gaben« und »Beschäftigungsmittel« zusammengefassten Materialien, vor allem aber Kugel (Ball) und Würfel – der Würfel in seinen vielfachen Aufteilungen der vier Baukästen (3. bis 6. Gabe). Die von Fröbel entworfene 7. und 8. Gabe der weiteren Aufteilung des vergrößerten Würfels ist von ihm nicht verwirklicht worden, wohl der Unübersichtlichkeit der Einheit dieser beiden Gaben wegen, die infolge ihrer Fülle an Teilen zur Mannigfaltigkeit, aber nicht zur Einheit tendieren und so dem sphärischen Gesetz nicht genügen. Die in Japan in den 90er Jahren vollzogene Ausführung der 7. und 8. Gabe bedarf noch ihrer Legitimation in der Spielpraxis.

Der Würfel also vor allem ist »Norm«-Gegenstand und repräsentiert Gegenstandsgesetze, veranschaulicht Strukturen der Wirklichkeit. So kann das Kind aus der 3. Gabe, dem in acht Teilwürfelchen geteilten Würfel, eine ganze Welt konstruieren. Diese Gabe ist ungestaltet, aber unendlich gestaltungsfähig. Ihre Einheit entlässt unabsehbare Mannigfaltigkeit, die gleichwohl sich stets auf die Einheit zurück bezieht, weil immer das gleiche Grundmaterial verwendet wird. Dreierlei Typen von Bauformen können mit den Würfelteilen (aber auch mit anderen Spielmaterialien des Spielganzen) gebaut werden: »Lebensformen« – sie wiederholen Szenen des kindlichen Alltags; »Erkenntnisformen« – sie verdeutlichen die mathematische Grundlage des Spiel- und Beschäftigungsganzen; und schließlich die »Schönheitsformen« – sie symbolisieren direkt das sphärische Gesetz, verdeutlichen den Zusammenhang von Einheit und Mannigfaltigkeit, von Teil und Ganzem. So wird das Kästchen mit der 3. Gabe umgekippt und die acht Würfelchen stehen als ungegliederte Einheit da. Dann entstehen die unterschiedlichen Bauformen. Sie verweisen aufeinander, sie entstehen auseinander. Sie zeigen Veränderung, den Übergang. Am deutlichsten wiederum wird dies im »Tanz« der Schönheitsformen sichtbar. Aus der Einheit entstehen durch regelmäßige Verschiebung der äußeren bzw. der inneren Würfelchen immer neue und doch stets auf die Einheit, die »Mitte« bezogene, diese umkreisende Figuren. Es gibt bei Fröbel kein Zerstören der gebauten Form, keine Destruktion, nur deren Veränderung zur anderen Bauform im gesetzmäßigen Zusammenhang, in Kontinuität, in »Stete«, wie Fröbel sagt.

Aber dieses Bauen ist kein einsames Tun des einzelnen Kindes. Ausgangspunkt und Basisbedingung für erfolgreiche Erziehung und Bildung, für Elementarbildung ist das gemeinsame Interesse aller betreuenden Erwachsenen am Kind, am Heranwachsenden. Dieses gemeinsame und gleiche pädagogische Interesse ist sowohl kind- als sachorientiert. Fröbels Pädagogik ist einerseits subjektbezogen. Erziehung soll nach Fröbel dem heranwachsenden Menschen mit seinen Kräften, Fähigkeiten und Interessen entsprechen, diese also anregen, unterstützen, auch leiten und weiterführen. Fröbels Pädagogik konfrontiert daher andererseits die kindlichen Kräfte (»Inneres«) mit Sachverhalten und Inhalten, also mit »objektiven«, – Fröbel sagt: »gegenständlichen« – Zusammenhängen, die als »Äußeres« selbst wieder gewissermaßen nur die andere Seite (der »Medaille«) der subjektiven Kräfte darstellen. Als Beispiel: Dem kindlichen Sprechen – Können entspricht eine »objektive« Sprachumgebung. Daher kann Fröbel dem einzelnen Menschen die Kategorie »Geist« zuordnen und ihm den ganzen großen Bereich der Gegenstände als »Natur« entgegensetzen.

Dies »Entgegengesetzte« ist nun aber zugleich das »Entgegengesetztgleiche«, weil die Wirklichkeit der Gegenstände, der Dinge, auch der vom Menschen hervorgebrachten »Werke« bis zu den Kunstwerken in ihrem Kern wiederum selbst »Geist« (»Inneres«), nämlich »Allgemeines«, d.h. Gesetzmäßigkeit, Struktur ist. Wenn also das Kind, der heranwachsende Mensch sich wirklich mit den Gegenständen beschäftigt, dann muss er sich – so Fröbel- mit ihnen auseinandersetzen, indem er diese Gegenstände aus-einander-setzt, zerlegt und zusammensetzt, konstruiert. Das heißt aber weiter, dass er sich zu ihnen in Bezug setzt. Das Zerlegen der Gegenstände, der Dinge, der Sachverhalte, ihre »Analyse« allein genügt nicht. Zwar: Ihren Kern, ihr »Allgemeines«, ihre »Gesetzmäßigkeit« zeigen die Dinge bei der Analyse. Aber dieses »Allgemeine« muss vom analysierenden Heranwachsenden, dem Kindergartenkind dann auch wahrgenommen, als »Allgemeines« erfasst werden. Dies geschieht beim Spiel des Kindes und durch den Schüler im Unterricht. Dabei verweisen die Dinge auf den Spielenden und Lernenden. Ihr Kern, ihr »Allgemeines«, ist zugleich »Allgemeines« des Menschen, bringt bei ihm Bildung, d.h. »Allgemein« – Bildung hervor.

»Bildung« ist bei Fröbel ein gestuftes Wissen des einzelnen Menschen um die Gesetzmäßigkeit von Wirklichkeit, jeder Wirklichkeit, aller Wirklichkeit. Dieses »gestufte« Wissen reicht vom gefühlshaften »Ahnen« im Kontext von Anschauung und Handeln bis zum klaren Bewusstsein, begrifflicher Abstraktion und philosophisch-wissenschaftlicher Systematik. Dabei handelt es sich um einen Prozess, der vom gefühlshaften »Ahnen« zur bewussten Einsicht und zum Selbst-Bewusstsein führt und nicht auf einer Stufe dieses Prozesses stehen bleiben soll. Das um das »Allgemeine« aller Wirklichkeit »ahnend«, also noch unbewusst wissende Kindergartenkind Fröbels bleibt nicht bei dieser gefühlshaften Einsicht stehen. Sein Gestalten, sein Bauen mit Fröbels Spielmaterialien bereiten die spätere Einsicht des Schülers im Unterricht vor und enthalten schon die Dimension der »Vergeistigung«, der Hinweise auf das »Allgemeine«, – aber eben noch immer handlungsbezogen und anschauungsorientiert. Das »Bauen« von Spielformen wird von Fröbel noch an den sinnlich-konkreten Gegenstand, an das Spielmaterial, gebunden.

Und auch im schulischen Unterricht, zumindest auf der Stufe des Elementarschulunterrichts, sind die Übergänge gleitend. Bei aller Betonung abstrakter Zusammenhänge im Schulunterricht, der Begriffe und Begriffszusammenhänge gibt es doch auch hier bei Fröbel noch die Grundforderung der »Darstellung« des einsichtig gewordenen, erkannten »Allgemeinen« am Konkreten. So stellen der Aufsatz, die Zeichnung, das Modell nicht nur Medien dar, welche den Unterrichtsinhalt auf seine spätere Abstraktheit hin zunächst erst zugänglich machen sollen. Sie sind für Fröbel vor allem Medien der Sicherung, der Vergewisserung des Erkannten und Verstandenen.

Kindergarten und Schule sind bei Fröbel so eine Einheit, institutionelle Formen und organisatorische Kontexte einer pädagogischen Konzeption. Mit unterschiedlicher Akzentuierung wollen beide Einrichtungen dasselbe, nämlich Allgemeinbildung, also durch Erziehung dem einzelnen Heranwachsenden zu seiner Bildung verhelfen, die im Kindergarten und im ersten Bereich der Schule, dem Elementarunterricht (Grundschule) Elementarbildung (Grundbildung) ist. Im Kindergarten Fröbels kommt die Elementarbildung im konstruierenden Spiel, also durch Erfassen des »Allgemeinen«, von Strukturen am Spielgegenstand, durch Handeln (»Bauen«) und Betrachten (»Anschauen«) und instruierende Hinweise (»Belehrung«) zustande. Kindliche Eigenaktivität und Spielpflege, also die Außenorientierung, das Sich – Äußern, dominieren. Aber das »Bauen« ist konstruierendes, Strukturen (also »Inneres«) am Spielmaterial zeigendes Spiel. Die Struktur am Spielgegenstand verweist auf den Spielenden, das »Äußere« auf das »Innere«, der Spiel-Gegen-Stand auf das Kind als Entgegengesetztes (»Inneres«) und als Entgegengesetztgleiches, d.h. »Äußeres« und »Inneres« im Spiel Vermittelndes. Spiel als Vermitteltheit von Gegenstand und Kind in und durch die Spielhandlung ist selbst wiederum Allgemeinbildung, weil diese Vermittlung durch das Kind als ahnendes Erfassen der Einheit von Gegenstand und Kind vollzogen wird. Dieses Sich-Eins-Fühlen mit dem Spielmaterial aber umschreibt die hier sich zeigende Allgemeinbildung als Elementarbildung, als Erfassen der Elemente gegenständlicher Wirklichkeit. Der Elementarschulunterricht führt den Aufbau dieser Grundbildung auf einem deutlicher abstrakter werdenden Niveau weiter, ohne den grundsätzlichen Ansatz der Kindergartenpädagogik: Erfassen der Struktur (»Allgemeines«) am Konkreten vollständig aufzugeben. So ist Kindergartenspiel noch nicht schulischer Unterricht systematischer Einsicht und Schule nicht mehr konstruktives Spiel. Dass in beiden Bereichen aber doch Übereinstimmungen bestehen, zeigen Fröbels Konzeptionen der »Gaben« (2. Gabe/Baukästen/geteilter Würfel) und des »sprechenden« (autodidaktischen) Würfels in Kindergarten und Elementarschule, sowie Fröbels Beschäftigungsmittel wie Flechten, Falten sowie das »Stäbchenlegen«. Das Gemeinsame dieser Materialien bzw. »Beschäftigungen« ist ihr elementarbildender mathematischer Kern.

Ich schließe diesen Abschnitt zu den Spielmaterialien Fröbels ab mit einem Beleg der kognitiven Dimension der Spielpflege Fröbels und verweise auf Fröbels Brief an Kantor Carl vom 21.7.1839. In diesem Brief demonstriert Fröbel seinem Briefpartner, dass insgesamt zwölf »kognitive« Aspekte in dem simplen Kinderlied »Ringel, Ringelreihe, es sind der Kinder dreie, steigen auf den Hollerbusch, rufen alle husch, husch, husch!« enthalten sind, nämlich: »Auffassung eines Kreises«, einer »Kreislinie«, »Auffassung des Kindes in der Mehrheit«, »Zählen, »bestimmtes Auffassen der Kinder als Daseiende«, »ihre objektive Auffassung«, »Anschauung einer Tätigkeit zu einem Gegenstand nach dem oberen Teil desselben«, »Wahrnehmung ... einer hörbaren Äußerung«, die »allen« gelten, sowie das »ganz persönliche Sich-Wahrnehmen im Gefühle und durch die Empfindung«. So gelangt das Kind, – dies die zusammenfassende Schlussbemerkung Fröbels zu diesem Kinderlied –, »wie durch bestimmte und klare geeinte Auffassung des Äußeren ... Gegebenen ... zum Fühlen, zum Wahrnehmen, zum Denken [Unterstr. H.H.] seines Selbstes, seines Innersten, seines Wesens« (Hoffmann 1982, S. 184). Ist dies nicht eine treffliche, eine präzise Definition kategorialer Bildung im Kindergarten durch Fröbel selbst?

Erzieherin/Erzieher bei Fröbel

Falsch ist also die Aussage, Fröbel vertrete eine Pädagogik des »freien Spiels«. Zwar gibt es in seinem Kindergarten Zeitabschnitte, in denen das Kind die Materialien »erkunden« kann, sich also mit ihnen spielerisch frei ohne Direktiven von Außen beschäftigt. Aber diese Phase soll dann doch rasch in ein geordnetes Spielen übergehen, wo die dem Material inhärenten strukturellen Gesetzlichkeiten am Material sichtbar werden. Das setzt die Einsicht in diese Strukturen und damit die hinweisend-lenkende Spielpflege der Kindergärtnerin voraus. – In gleicher Weise nun, wie das Kindergartenkind trotz seines Kräftepotentials und des latent im Material enthaltenen strukturellen Potentials der hinweisend-lenkenden Beteiligung des Erwachsenen bedarf, ist die Erzieherin (Kindergärtnerin) nicht schon per se, also »instinktiv« gewissermaßen »geborene« Erzieherin, aufgrund ihrer biologischen Geprägtheit als »potentielle« Mutter, aufgrund ihrer »Mütterlichkeit« (Dyade Mutter-Kind). Die Kindergärtnerin ist also nicht schon als Frau bereits Erzieherin, sondern wird zur (professionellen) Erzieherin durch Ausbildung, durch Theorie, durch Pädagogik. Bei der Ausbildung verweist Fröbel die von ihm betreuten jungen Mädchen auf ihr genuines, eigenes pädagogisches Potential, ihre »Mütterlichkeit«. Er macht ihnen dieses Potential bewusst und baut so Handlungsstrategien, Spielpotential als »bewusste« oder »geistige Mütterlichkeit« auf. Daher muss auch die Kindergärtnerin zunächst das Spielmaterial frei erkunden, d.h. mit ihm beliebig gestalten. Dann muss sie aber die Strukturen des Materials erfassen, sich dieser bewusst werden (mit Rückgriff auf Anleitungen, modellhafte Vorgaben, also letztlich auf Theorie) und so den Umgang mit dem Material der Theorie entsprechend präzisieren, d.h. die Strukturen am Material sichtbar werden lassen. Dieser Gang vom Erkunden (freies Spiel), Entdecken der Struktur (mit Hilfe der Theorie: Anleitung, Modell) hin zum strukturell präzisen Gestalten im Spiel, den die professionelle Erzieherin praktiziert, entspricht genau dem Spiel des Kindes mit den Phasen des Ausprobierens (freies Spiel), Erfassen der Materialstruktur durch Hinweise von außen (Spielpflege) und dem eigenen präzisen, auf Strukturen abhebenden Gestalten im Spiel.

Diesen analogen Zusammenhang von kindlichem Spiel, etwa mit den »Gaben«, und der Vergewisserung der Spielqualität der Erzieherin durch Ausbildung (Theorie) hat Fröbel an zahlreichen Stellen beschrieben. Sein letztes Buch, das »Familienbuch« der »Mutter- und Koselieder« von 1844, ist voll von entsprechenden Hinweisen auf eine Spielpraxis bewusstmachender Spielpflege. Dort taucht auch der hier für Fröbel zentrale Begriff der »bewussten Mütterlichkeit« auf (MuKl, S. 66 vgl. Heiland 1998, S. 119ff., bes. S. 123). Die spätere Fröbelbewegung, so Henriette Schrader-Breymann, die Begründerin des »Pestalozzi-Fröbel-Hauses« in Berlin, wird dann an die Stelle der »bewussten Mütterlichkeit« »geistige Mütterlichkeit« setzen. Noch deutlicher hat Fröbel diesen »Gang« erkundend-strukturierenden Spielens in seiner Schrift zur »Ausgeführten dritten Gabe« von 1844 dargestellt. »Aufgeführte dritte Gabe« meint: Konkrete Bauformen in ihrer Typik als »Lebensformen«, »Erkenntnisformen« und »Schönheitsformen« lagen modellhaft in verkleinerter Form auf Karton aufgeklebt in einem Kasten, der zusammen mit der 3.

Gabe, dem Kästchen mit acht Teilwürfelchen, und der Anleitungsschrift verkauft wurde. Es ist ungemein reizvoll, in dieser Anleitungsschrift zu lesen, wie Fröbel die Erzieherin/Mutter – er nennt sie hier »Kindesmutter« (Heiland 1974, S. 91) – einführen, auch ein wenig einüben will in den Umgang mit dieser 3. Gabe und welche bewusst machende Bedeutung die modellhaften Bauformen in diesem Zusammenhang erhalten (vgl. Heiland 1974, S. 87ff. und Heiland 1998, S. 62-75, bes. S. 69f.).

Für Fröbel ist also keineswegs die »Mutter« bzw. »Mutterliebe« die entscheidende Größe in seiner Theorie der Spielpflege. Die zentrale Kategorie Fröbels innerhalb seiner Spielpädagogik ist vielmehr »bewusste Mütterlichkeit«. Und diese »bewusste Mütterlichkeit« ist ein Ergebnis der Theorie, von Ausbildung, der Profession und kommt in gleichem Maße dem Manne zu. Bekanntlich hat Fröbel vor der »Stiftung« des »Kindergarten« 1840 junge Männer zu »Spielführern« ausgebildet, die dann Spielkreise kleiner vorschulischer Kinder leiten sollen. Und auch nach 1840 haben immer wieder auch Männer an seinen Ausbildungskursen teilgenommen. Wir müssen also auch ihnen den professionellen Begriff »Erzieher« und die damit verbundene »bewusste Mütterlichkeit« zuordnen, wenngleich nach 1840 durchaus Frauen in den Kursen dominierten. – Immerhin, mit diesem breiten Begriff von »Mütterlichkeit« relativiert Fröbel doch deutlich »Mutterliebe« als absolute Norm seiner Frühpädagogik. Genauer gesagt: »Mutterliebe« ist nicht die absolute Größe seiner Spielpädagogik! Vgl. dazu die Historisierung des Begriffs »Mutterliebe« durch Aries (1975), De Mause (1980) und Badinter (1981).

Werfen wir noch einen Blick auf Fröbels Ausbildungsprogramm für Erzieher (»Spielführer« bzw. »Kindergärtnerinnen«). Aus Briefen wissen wir, dass Fröbel von den jungen Mädchen, die sich bei ihm zu Kindergärtnerinnen ausbilden lassen wollten, vor allem eine gute Singstimme und Affinität zu kleinen Kindern erwartete. Auf die musikalische Früherziehung bei Fröbel kann ich hier nicht ausführlich eingehen. Dass sie für die Elementarbildung des Kindes sehr wichtig ist, beginnen wir derzeit erst wieder zu entdecken. Sie hat aber in den Fröbel-Kindergärten eine ganz erhebliche Rolle gespielt (so sind musikpädagogische Berichte und Analysen von Wiseneder in der Zeitschrift »Kindergarten« 1864, 1866 und 1868 erschienen) und beginnt schon im Säuglingsalter, wie die »Mutter-Sing- und Koselieder« bezeugen. So berichtet die Kindergärtnerin Ida Seele über ihre Ausbildung 1843 bei Fröbel, dass sie sämtliche Lieder der »Mutter- und Kose-Lieder« auswendig lernen und beherrschen musste, ebenso die Liedchen zu den Ball- und Bewegungsspielen, sowie zu den »Gaben« (Heiland 1974, S. 188). Fröbel hat die Bildungskraft gestalteter Sprache, von Dichtung und des Liedguts mit seiner Emotionalität und rhythmischen Gegliedertheit (Takt) als pädagogisches Element hoch eingeschätzt und in die Förderung des Kleinkindes deutlich einbezogen. – Aber Seele berichtet dann vor allem über Ihre Ausbildung im Umgang mit den »Gaben« und »Beschäftigungsmitteln«, die den Hauptteil ihres Berichts beanspruchen. Dazu gehört auch das Vertraut-Werden mit dem Sprachwürfel (Heiland 1974, S. 189ff.). Über den »Körperkasten«, den Kasten mit stereometrisch-kristallinen Formen, konnte sie noch nicht berichten. Dieser wurde erst 1843 von Fröbel konstruiert und von Fröbel dann in seinem letzten großen Text zur »Vermittelungsschule« von 1852 ins Zentrum des Kindergartens gestellt.

Während der Bericht von Seele Fröbels Ausbildung aus der Optik der Auszubildenden beschreibt, geht ein Text Fröbels von 1839 zur Ausbildung der »Spielführer« ganz erheblich weiter und fordert neben dem Erwerb von naturwissenschaftlichen und anthropologischen Kenntnissen vor allem eine intensive Selbstanalyse (das »Bewusstmachen« des eigenen »Entwicklungsganges«) und im praktischen Bereich das Führen eines Tagebuchs mit Notizen über beobachtete Kinder – wahrlich eine durchaus anspruchsvolle pädagogische Professionalität, die hier angestrebt wird.

Dieser Text von 1839 »Über die Ausbildung von Bildlingen« fordert von jedem Teilnehmer des Ausbildungskurses, er solle zuerst eine Skizze seines eigenen Werdegangs schreiben und vorlegen, »um so sich seinen ganzen bisherigen Entwicklungsgange übersichtlich zum Bewußtseyn zu bringen. Diese Lebensskizze soll dann offen u[nd] frey besprochen werden ... um ihn [den Bildling] so wenigstens zur Achtung einer immer gesetzmäßigen Nothwendigkeit seiner menschlichen Entwickelung überhaupt hinzuführen.« Diesem »theoretischen Teil der Bildung« folgt der praktische. Hier wird »der Bildling besonders durch die Beachtung der individuellen Entwicklung des Kindes hingeführt. Ein Tagebuch besonders über jedes der Kleinkinderschule anvertraute Kind, wenn auch nur in leichten Umrissen geführt, ist dazu das leitende. Zu diesem Zweck ist am Schlusse des Buches gemeinsame Mittheilung dessen, was jeder Einzelne sowohl in Beziehung auf sich als auf die ihm anvertrauten Pfleglinge (Kleinkinder) beachtet hat; und es werden entweder die Grundsätze für das Wahrgenommene sogleich besprochen und nachgewiesen oder es wird ihre Auffindung und Nachweisung zur allgem. Aufgabe gemacht« (BN 742, Bl 1-2, hier 2R, ediert Heiland, Gebel 2004, S. 196f.)

In einem Brief von 1843 fasst Fröbel radikal sein Verständnis vom Erzieher (Kindergärtnerin) in einem Satz zusammen:

»Dieser Beruf fordert eine Strenge eine Entsagung gegen sich, eine stets prüfende Selbstbeachtung und ein Hinzugezogenseyn an die Kleinen, eine Beachtung ihres Wesens in sich [,] von denen ein Anderer kaum einen Begriff hat, allein ohne diese Strenge und Entsagung wird das geforderte Resultat nicht erreicht« (Fröbel an Seufferheld v. 5.6.1843/BlM XI, Bl 21, Heiland 1999, S. 83).

Fazit

Fröbels Spielpädagogik zeigt eindringlich Fröbels pädagogische Auffassung vom Kinde. Damit wird zugleich Fröbels Auffassung von Erziehung, von Erziehungskompetenz, also von den pädagogischen Fähigkeiten des Erziehers, der Erzieherin, sichtbar. Für Fröbel ist Spiel stets Spielpflege als Verbindung von Bildung und Lenkung. Spielpflege ist beeinflussendes Spielen. Fröbels Auffassung des Kindes als Kräftepotential (»Natur«, subjektives »Geist«-sein, »Ahnung«) ist ein pädagogisches Bild. Das Kind ist auf den pädagogischen Umgang angewiesen. Der Pädagoge hat bei Fröbel eine aktive Aufgabe! Keineswegs soll er nur das »Wachstum« des Kindes beobachten. Vielmehr: Fröbel setzt eine pädagogische Grundkonstante, eine Erziehungsnorm. »Kommt, lasst uns unsern Kindern leben!« das ist nicht nur Fröbels bereits in der »Menschenerziehung« 1826 ausgesprochene Forderung. Dieser Satz gilt für Keilhau wie für die gesamte Spielpraxis Fröbels. Dieser Satz ist nicht Postulat, sondern Setzung, faktische Norm für den Keilhauer erziehenden Unterricht wie für den Blankenburger Spielkreis und den Kindergarten. Immer wieder werden Fröbels Keilhauer Unterricht als Raum absoluter Selbstgestaltung (»Selbstthätigkeit«) des Schülers und sein Kindergarten als Ort freien Spiels missverstanden und die

Begriffe »Spielpflege« und »lehrender« Unterricht ignoriert. Ich verweise auf Fröbels zentralen Begriff der »Hülfsbedürftigkeit« des Kindes, den er leider ziemlich versteckt nur in einem Brief 1846, aber nicht in einer Veröffentlichung als anthropologisch-pädagogisch Kategorie entwickelt hat. Diesen wichtigen Text Fröbels habe ich in meinem Buch »Fröbelbewegung und Fröbelforschung« (Heiland 1992, S. 5-26) wieder zugänglich gemacht. – Mit diesem Text lassen sich alle Fehlinterpretationen Fröbels aus der Optik der Leistungsschule wie aus der antiautoritär-antipädagogischen Perspektive abwehren. Erziehung ist Freisetzen des geistigen Potentials (Kräftepotentials) des Kindes und Heranwachsenden im Kontext der Kulturangebote in Kindergarten und Schule. Das ist das Grundprogramm des sphärephilosophischen Pädagogen Friedrich Fröbel! Erziehen ist dialektisches Freisetzen und (zugleich) Anbieten als Pflege im Kindergarten und als Lehre in der Schule. Erziehung folgt der Dialektik von Freiheit und Gesetz. Abgewehrt wird so die pädagogisierende Überformung (Indoktrinierung) einerseits wie die Verwahrlosung (das Alleinlassen), abgewehrt werden sowohl Anpassung (Zwang) wie Autonomie (Selbstregulierung) zugunsten eines zuwendenden Umgangs der Erwachsenen mit den Kindern: »Kommt, lasst uns unsern Kindern leben!«

Literatur

Ariès, Philippe (1975): Geschichte der Kindheit (franz. 1960). München

Badinter, Elisabeth (1981): Die Mutterliebe. Geschichte eines Gefühls vom 17. Jahrhundert bis heute (franz. 1980). München

Brummer, Arnd (2004): »Es fehlt uns an Zuversicht!« Interview mit Johannes Rau. In: DIE ZEIT, Monatsbeilage Chrismon 1, S. 29-30

DeMause, Lloyd (1980) (Hrsg.) : Hört ihr die Kinder weinen. Eine psychogenetische Geschichte der Kindheit (engl. 1974). Frankfurt/M.

Fröbel, Friedrich (1844): »Kommt, lasst uns unsern Kindern leben!« Mutter- und Koselieder. Blankenburg

Heiland, Helmut (1974) (Hrsg.): Friedrich Fröbel. Ausgewählte Schriften. Vorschulerziehung und Spieltheorie. Düsseldorf-München

Heiland, Helmut (1982): Fröbel und die Nachwelt. Bad Heilbrunn

Heiland, Helmut (1989): Die Pädagogik Friedrich Fröbels. Hildesheim

Heiland, Helmut (1992) (Hrsg.): Die Grundgedanken Friedrich Fröbels. Ein Brief (vom 21.3.1846). In: Heiland, Helmut (1992): Fröbelbewegung und Fröbelforschung. Hildesheim: S. 5-26.

Heiland, Helmut (1993): Die Schulpädagogik Friedrich Fröbels. Hildesheim

Heiland, Helmut (1998): Die Spielpädagogik Friedrich Fröbels. Hildesheim

Heiland, Helmut (1999): Fröbels Kindergartenpädagogik und das Berufsbild der Erzieherin. In: Rockstein, Margitta (Hrsg.): Anfänge des Kindergarten. Bad Blankenburg

Heiland, Helmut (2002) (Hrsg.) : Friedrich Wilhelm August Fröbel. Baltmannsweiler

Heiland, Helmut (2004): Der »authentische« Fröbel. In: Rockstein, Margitta (Hrsg.): Der authentische Fröbel. Bad Blankenburg: S. 7-43

Heiland, Helmut: Fröbels Pädagogik aktuell – eine Brücke zwischen den Institutionen (2006) In: Diskowski, Detlef u.a. (Hrsg.): Übergänge gestalten. Jahrbuch pfv 2006. Weimar, Berlin: S. 54-65

Heiland, Helmut; Gebel, Michael (2004) (Hrsg.): Friedrich Fröbel: »Das Streben der Menschen«. Autobiographische, anthropologische und spielpädagogische Texte. Würzburg

Heiland, Helmut; Gebel, Michael; Neumann, Karl (Hrsg.) (2006): Perspektiven der Fröbelforschung. Würzburg

Hoenisch, Nancy; Niggemeyer, Elisabeth; Zimmer, Jürgen (1969): Vorschulkinder. Stuttgart

Hoffmann, Erika (1982) (Hrsg.): Ein unveröffentlichter Fröbel-Brief über die Bildung der Kinder. In: Z. f. Päd. 28, S. 175-192

Lückert, Heinz-Rolf (1967): Begabungsforschung und basale Bildungsförderung. In: Evangelische Kinderpflege 75, S. 214-238

Müller-Ullrich, Burkhard (1995): Die Schule heißt l'Ecole. In: DIE ZEIT Nr. 17. v. 21.4.1995, S. 79

Wiseneder, Karoline (1864): Die Musikbildungsschule in Braunschweig. In: Kindergarten 5, S. 38-43

Wiseneder, Karoline (1866): Das Erkennen des Taktgefühls und musikalischen Sinnes bei Kindern. In: Kindergarten 7 (1866), S. 125-127

Wiseneder, Karoline (1868): Offener Brief an den Deutschen Fröbelverein. In: Kindergarten 9, S. 13-14

Zimmer, Jürgen (1984) (Hrsg.): Erziehung in früher Kindheit. Enzyklopädie Erziehungswissenschaft. Bd. 6. Stuttgart

Anmerkung:
Der Text wurde auf dem pfv-Fachgespräch in Köln am 9. Februar 2007 als Einführung in die Pädagogik Fröbels referiert. Bei der Überarbeitung wurde der Untertitel sowie das Fazit hinzugefügt.

1.3 Wie Erziehung und Bildung zusammenhängen

Hans-Joachim Laewen

Die frühe Bildung und mit ihr die Pädagogik, die sich der frühen Bildungsprozesse annehmen soll, hat in den letzten Jahren erheblich an Bedeutung gewonnen und damit auch das Gewicht der Profession erhöht. Das neue gesteigerte Ansehen ist jedoch mit Herausforderungen verbunden, die sowohl in ihrem Umfang als auch in ihrem Niveau erkennbar über dem erreichten Stand liegen. Zugleich setzt die neue Situation die Akteure im Feld unter Erfolgsdruck, insofern sie die elementaren Grundlagen für Bildung schaffen sollen, einem kostbaren Gut, dessen Wert in dem Maße steigt, wie die Lebensverhältnisse insbesondere für die jüngere Generation schwieriger werden. Als Beleg mag eine international vergleichende Studie zu den Folgen der Globalisierung gelten, die unter der Bezeichnung GLOBALIFE-Projekt 2006 veröffentlicht wurde[1]. In ihren Kernaussagen zeichnet sie etwa das folgende Bild.

In den vergangenen zwei Jahrzehnten hat Globalisierung einerseits zu Produktivitätszuwächsen und zu einer allgemeinen Verbesserung des Lebensstandards in modernen Gesellschaften geführt. Andererseits ist Globalisierung dort aber ebenso verbunden mit der Zunahme unerwarteter Marktentwicklungen in einer sich immer schneller verändernden Weltwirtschaft. Dazu gehören rapidere soziale und ökonomische Wandlungsprozesse, eine immer stärker abnehmende Vorhersagbarkeit von ökonomischen und sozialen Entwicklungen und, daraus resultierend, zunehmende allgemeine Unsicherheit, verbunden mit einem wachsenden Bedarf an Flexibilität in den Unternehmen und Betrieben.

Das bedeutet für die jüngere Generation: In allen im Rahmen des GLOBALIFE-Projektes untersuchten Ländern sieht sie sich mit zunehmenden Unsicherheiten beim Einstieg in das Erwerbsleben konfrontiert. Diese Unsicherheiten manifestieren sich insbesondere in Form einer starken Zunahme prekärer, atypischer Formen der Beschäftigung (z.B. zeitlich befristete Beschäftigung, Teilzeitarbeit, prekäre Formen der Selbständigkeit oder gering angesehene Arbeiten) und geringeren Einkommen.

Aufgrund dieser Entwicklungen können junge Menschen generell als Verlierer des Globalisierungsprozesses angesehen werden. Besonders hart von den globalen Veränderungen werden Berufseinsteiger ohne Qualifikation getroffen. Für junge Menschen wird deshalb Bildung im Globalisierungsprozess immer wichtiger.

Wenn das so ist und die inzwischen kaum noch umstrittene Aussage gilt, dass Bildung mit der Geburt beginnt,

1 Lebensverläufe im Globalisierungsprozess (GLOBALIFE). Ein international vergleichendes Forschungsprojekt, gefördert durch die Volkswagen-Stiftung. Laufzeit: 1999-2005. Projektleitung: Prof. Dr. Hans-Peter Blossfeld, Lehrstuhl Soziologie I, Fakultät für Sozial- und Wirtschaftswissenschaften, Otto-Friedrich-Universität Bamberg. E-mail: Soziologie1@sowi.uni-bamberg.de. http://www.uni-bamberg.de/sowi/soziologie-i/globalife

dann hängen von der Qualität der pädagogischen Arbeit in Kindertageseinrichtungen in wachsenden Umfang Schul- und Berufskarrieren der Kinder ab, die dort einen Teil ihres Tages verbringen.

Die Politik hat in den letzten Jahren auf diese Sachlage reagiert und hat mit den Bildungs- und Erziehungsplänen für den Vorschulbereich eine Grundlage für weitreichende Veränderungen in diesem Bereich geschaffen. Die zuständigen Bundesländer haben diese Schritte im europäischen Vergleich sehr spät eingeleitet und müssen nun eine Art von Katastrophenmanagement betreiben. Der Prozess der Umsteuerung wird mindestens zehn Jahre andauern und wird länger brauchen, wenn nicht schnell verstanden wird, dass die Bildungs- und Erziehungspläne allein noch keine neue Pädagogik begründen können. Sie schaffen die politischen Voraussetzungen dafür, enthalten aber kein fachlich ausreichendes Konzept für eine tiefgreifende Umgestaltung der frühpädagogischen Arbeit.

Das können nur pädagogische Konzepte leisten, die an der Realität des Erzieherinnenalltags ansetzen und ihn auf der Grundlage aktueller wissenschaftlicher Kenntnis und bester Praxis modifizieren helfen. In den letzten Jahren sind einige solcher Konzeptionen neu entwickelt worden, so dass eigentlich kein Mangel an Handlungsmöglichkeiten vorliegt. Dazu gehören das von infans entwickelte Konzept der Frühpädagogik (Andres, Laewen 2006), das vom Deutschen Jugendinstitut aus Neuseeland adaptierte Konzept der Bildungs- und Lerngeschichten (Leu 2002), das Konzept der Early Excellence Centres aus Großbritannien, das seit einigen Jahren in Berlin erprobt wird (Hebenstreit-Müller, Kühnel 2005) und ggf. ist das von Tietze und seiner Gruppe auf den »Nationalen Kriterienkatalog« gestützte Vorgehen dazu zu rechnen (Tietze et al. 2004).

An dieser Stelle sollen einige zentrale Grundlagen des infans-Konzepts vorgestellt werden und damit die Titelfrage dieses Beitrags beantwortet werden. Der hier verfügbare Platz erlaubt keine ausführliche Darstellung, deshalb werde ich im folgenden Text eher in Thesenform argumentieren und am Ende die Logik, die dem praktischen Vorgehen zu Grunde liegt, in knapper Form umreißen. Für ausführliche Informationen kann in der im Literaturverzeichnis angegebenen Literatur zum infans-Konzept nachgelesen werden.

Wer über Bildung und Erziehung etwas aussagen will, sollte zunächst einmal klären, was unter den beiden Begriffen zu verstehen sein soll. Bildung ist ein Begriff mit einem sehr diffusen Bedeutungshorizont, der auch durch die häufige Nutzung des Begriffs nicht klarer wird, und Erziehung wird überhaupt ungern in die Diskussion gebracht. Das mag daran liegen, dass der Begriff durch seine Verbindung zur »schwarzen Pädagogik« belastet ist, möglicherweise bilden aber auch der englische Sprachgebrauch und damit die Anschlussfähigkeit an die internationale Diskussion eine Hürde. In der englischen Sprache fallen Bildung und Erziehung im Begriff »education« zusammen, wobei aus nicht ganz einsichtigen Gründen dieser englische Begriff in der deutschen Diskussion mit Bildung identifiziert wird, während er im Wörterbuch eher unter »Erziehung« zu finden ist.

Zur Begriffsklärung hat infans insofern beigetragen, als Bildung im Anschluss an konstruktivistische Konzepte mit der Eigenaktivität der Kinder identifiziert wurde, als Aneignung von Welt im Sinne Humboldts und als Konstruktion eines Arbeitsmodells von Welt und Selbst durch das Kind. Der Erziehungsbegriff wurde von uns der Aktivität von Erwachsenen zugeordnet, die sich auf die Bildungsprozesse der Kinder bezieht und sie ermöglicht, unterstützt und herausfordert. Dies geschieht konkret durch die Gestaltung der Umwelt des Kindes und dadurch, dass einerseits Themen des Kindes beantwortet und ihm andererseits Themen zugemutet, d.h. in seinen Erfahrungshorizont gerückt werden. All das ist nachzulesen in zwei von Laewen und Andres (2002a, 2002b) herausgegebenen Bänden.

An dieser Stelle soll das Verhältnis von Bildung und Erziehung noch einmal aus einer anderen Perspektive betrachtet werden, die näher an die Realität der alltäglichen Arbeit in den Kindertagesstätten heranreicht. Man könnte nämlich die Formulierung des Titels dieses Beitrags auch auf die Frage zuspitzen:

Wie kann erreicht werden, dass Kinder wollen, was sie sollen und was brauchen sie dazu? Hier die aus unserer Sicht wichtigsten Antworten:

- Das »Sollen« muss definiert werden, das heißt im infans-Konzept, Erziehungsziele werden formuliert und zu Handlungszielen konkretisiert.
- Das »Wollen« muss geklärt werden: Was wollen Kinder eigentlich und wie wollen sie es und wann?
- Kinder brauchen in diesem Zusammenhang eine gestaltete Umgebung, die Unterstützung ihrer Bildungsprozesse durch vertraute Erwachsene und die Herausforderung ihrer Bildungsanstrengungen auf höchstmöglichem Niveau.

Zum Sollen enthalten die Bildungs- und Erziehungspläne der Länder legitimerweise eine Reihe von Vorgaben, die sich auf einen breiten Konsens stützen können, wie er durch die einschlägigen und gleichlautenden Beschlüsse der JMK und KMK aus dem Jahr 2004 umrissen ist. Das infans-Konzept setzt hier an den persönlichen Erziehungszielen der Erzieherinnen an, die Zug um Zug durch die der Eltern, die Vorgaben der Träger und eben die der Bildungs- und Erziehungspläne ergänzt werden. Diese Ziele werden in einem recht aufwändigen Verfahren auf Handlungsziele herunter gebrochen, an denen sich dann die Arbeit in einer Kindertageseinrichtung verbindlich orientiert.

Die Frage nach dem Wollen der Kinder kann hier nicht vollständig beantwortet werden, sondern soll durch einige Thesen erläutert werden.

- Kinder wollen in einer zunächst fremden Welt in Bezug auf ihre Bedürfnisse und Interessen handlungsfähig sein bzw. werden.
- Eine Voraussetzung für ein Gelingen solchen Wollens ist es, dass sich die Kinder ein leidlich zutreffendes Bild von der Welt, von sich selbst und von den Bezügen zwischen sich selbst und der Welt machen können, auf die sie handelnd Einfluss nehmen wollen.
- Dieses »Sich-ein-Bild-machen« ist kein passives Abbilden nach innen, sondern die Konstruktion eines »inner working model«, eines Arbeitsmodells von Welt und Selbst.
- Das Wollen des Kindes hängt dann zwangsläufig mit Konstruktionen zusammen, in denen wir die frühen Formen von Bildung erkennen, ein »Sich-Aneignen« von Welt und ein »Sich-ins-Verhältnis-setzen« zur Welt.
- Das, was Kinder wollen, fiele dann in wichtigen Teilen mit dem zusammen, was wir die frühen Bildungsprozesse nennen, und reichte damit weit über ein Streben nach Befriedigung von »Dampfkesselbedürfnissen« hinaus. Darunter verstehen wir u.a. Bedürfnisse, die periodisch auftreten und sich immer wieder neu aufbauen wie das Bedürfnis nach Nahrung, nach Schlaf, etc. Im Gegensatz dazu ist das »Bedürfnis nach Bildung« im oben genannten Sinn vergleichsweise konstant vorhanden.

- Anders ausgedrückt wäre Bildung dann der Anteil des Kindes an seiner Entwicklung und zumindest teilweise im Bereich seines Wollens.

Damit können wir uns wieder der Frage des »Sollens« zuwenden und festhalten, dass das Sollen, dessen Realisierung wir im infans-Konzept Erziehung nennen, zumindest teilweise auf ein Wollen des Kindes trifft. Wollen und Sollen würde dann durch eine Erziehung zusammengeführt, die die eigenaktiven Bildungsprozesse der Kinder ermöglichen, unterstützen und in Bezug auf Erziehungsziele herausfordern würde.

Was bedeutet das für die konkrete Arbeit?

Die Bildungsprozesse des Kindes sind eingebettet in Umgebungen und Situationen, in Beziehungen zu Menschen und Dingen. Ein Kernbestandteil der pädagogischen Arbeit wäre dann die an Zielen orientierte Gestaltung dieser Randbedingungen. Diese Gestaltungsarbeit muss jedoch Inhalte und Ausdrucksformen der aktuellen Bildungsarbeit der Kinder berücksichtigen. Ausdrucksformen der Bildungsarbeit meint die vom jeweiligen Kind bevorzugte Formulierungsebene, also u.a. Sprache, musikalische Ausdrucksformen, wissenschaftlich-systematische oder soziale Zugänge, wie sie z.B. in dem von Gardner entwickelten Konzept der multiplen Intelligenzen beschrieben sind. Das infans-Konzept verlangt deshalb, dass in Kindertageseinrichtungen Handlungsfelder definiert sind, die für jeden der durch Gardner bezeichneten Bereiche Zugangsmöglichkeiten für jedes Kind bereit halten, je nach dem, welche dieser Zugangsmöglichkeiten oder Bildungsbereiche das Kind bevorzugt.

Erziehung muss ferner an den »Themen der Kinder« ansetzen, um die Ebene des »Wollens« bei den Kindern zu erreichen. und zugleich auch die Bedingungen berücksichtigen, unter denen die Kinder daran arbeiten. Um solche Themen der Kinder identifizieren zu können, werden verschiedene Formen der Beobachtung eingesetzt, darunter ein Instrument, das für eine freie Beobachtungssituation vorgesehen ist und zugleich ein Vorgehen für eine stufenweise Auswertung enthält. Dazu werden für lohnend erscheinende Beobachtungen hermeneutische Methoden der Interpretation genutzt, die u.a. dem Verfahren der kollegialen Beratung ähneln. Auf der Grundlage von Beobachtungen und unter Beachtung der Erziehungsziele der Einrichtung wird dann im Team oder zumindest in Teilteams eine längerfristige pädagogische Intervention für jedes Kind ausgearbeitet: Ein individuelles Curriculum entsteht. Wie dieser Prozess im Einzelnen aussehen kann, wird im Beitrag von Beate Andres exemplarisch erläutert.

Es sollte deutlich geworden sein, dass die pädagogische Arbeit in Kindertageseinrichtungen bei einer Orientierung am infans-Konzept sowohl an den Interessen der Kinder ausgerichtet ist und ihnen damit hilft, ihre Themen weiter zu bearbeiten, zugleich aber immer wieder Themen an die Kinder heranträgt – sie ihnen zumutet –, die sich noch außerhalb ihres Erfahrungshorizonts befinden. Dabei wird immer versucht, die Themen, die in den Erziehungszielen festgehalten sind, mit Interessen des Kindes zu verknüpfen, also eine Methode des »bridgings«, des Brückenschlagens zu realisieren. Auf diese Weise wird das Wollen mit dem Sollen verbunden, ohne das Wollen des Kindes zu funktionalisieren. Diese Gestaltung der pädagogischen Interaktion schafft zusammen mit der Gestaltung der räumlichen Umgebung der Kinder die Bedingungen, unter denen Bildung auf hohem Niveau herausgefordert werden kann.

Die Logik, die diesem Vorgehen zu Grunde liegt, kann wie folgt skizziert werden.

- Die Außenwelt ist dem Kind über seine Sinnessysteme zugänglich. Auf der Grundlage seiner Wahrnehmungen und seiner damit zusammenhängenden Erfahrungen konstruiert das Kind ein »Inneres Arbeitsmodell« von der Welt und sich selbst. Dieses Welt- und Selbstmodell enthält zunächst neben emotionalen Elementen im Wesentlichen szenisch strukturierte Bildsequenzen.
- Wir gehen davon aus, dass darüber hinaus das »Innere Arbeitsmodell« des Kindes durch Themen strukturiert ist, die sozusagen den aktiven Teil des Modells charakterisieren, der den jeweils aktuellen Kontakt zur Außenwelt organisiert.
- Diese »Themen des Kindes« sind einer direkten Beobachtung nicht zugänglich, sondern können nur aus den Handlungen des Kindes erschlossen werden. Sie machen sich als Interessen des Kindes bemerkbar.
- Um auf die Themen der Kinder schließen zu können, müssen deshalb die interessierten Handlungen des Kindes wahrgenommen und gedeutet werden.
- Das ist der Grund für die Einführung systematischer Beobachtungen, die Dokumentation dieser Beobachtungen und ihre Auswertung, als deren Ergebnis Hypothesen zu den Themen der Kinder erwartet werden.
- In die Auswertung sind dabei immer mehrere Erzieherinnen einzubeziehen – im Idealfall das ganze Team –, um die Grenzen der jeweils subjektiven Einschätzung einer einzelnen Erzieherin überwinden zu können und die Interpretation der beobachteten Handlungen des Kindes auf eine breitere Grundlage zu stellen.
- Liegen Hypothesen zu den »Themen des Kindes« vor, werden aus den Erziehungs- bzw. den darauf basierenden Handlungszielen der Kita solche ausgewählt, die zu den vermuteten Themen des Kindes passen und zugleich eine Erweiterung des Themenbereichs enthalten.
- Auf der Grundlage einer Verknüpfung der Hypothesen zu den Themen des Kindes und geeigneten Erziehungszielen der Kita werden inhaltliche und methodische Eckpunkte des pädagogischen Handelns der Erzieherinnen gegenüber dem Kind entworfen, an denen sich die mittelfristige pädagogische Arbeit mit dem Kind orientiert.
- Wenn die Reaktionen des Kindes anzeigen, dass die Hypothesen zu seinen Themen realistisch waren, kann davon ausgegangen werden, dass das Kind im pädagogischen Handeln der Erzieherin die versprachlichte und mit kulturell relevanten Deutungsmustern angereicherte Antwort auf seine Themen erkennen kann.
- Daraus entsteht für das Kind die Möglichkeit, seine zunächst aus szenischen Bildsequenzen hervorgehenden Themen in Orientierung an der Kommunikation der Erzieherin zu »versprachlichen« und auf diese Weise Zugang zu den kulturellen Symbolisierungssystemen zu gewinnen. Es kommt dadurch in die Lage, sein Arbeitsmodell von Welt und Selbst sprachlich zu reformulieren und seine Themen auch außerhalb von unmittelbaren Handlungszusammenhängen auf neue Weise mitteilbar zu machen.

Die Grafik fasst die einzelnen Aspekte der Argumentation noch einmal in der Übersicht zusammen.

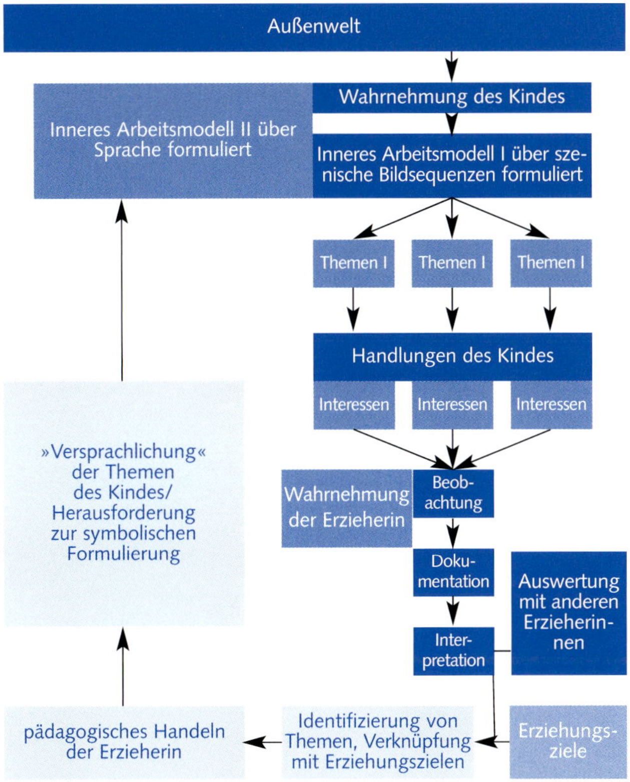

Dieser Entwurf zu einer Logik des infans-Konzepts bietet die Grundlage für das Vorgehen bei der Ausarbeitung eines »Individuellen Curriculums«, wie es der Beitrag von Beate Andres an einem konkreten Beispiel beschreibt.

Literatur

Andres, B.; Laewen, H.-J. (2006): Elementare Bildung – Handlungskonzept und Instrumente. In: Pesch, L. (Hrsg.): Elementare Bildung. Weimar, Berlin

Beschluss der Jugendministerkonferenz vom 13./14.5.2004/ Beschluss der Kultusministerkonferenz vom 3./4.6.2004: Gemeinsamer Rahmen der Länder für die frühe Bildung in Kindertageseinrichtungen

Hebenstreit-Müller, S.; Kühnel, B. (2005) (Hrsg.): Integrative Familienarbeit in Kitas. Berlin

Laewen, H.-J.; Andres, B. (2002a): Bildung und Erziehung in der frühen Kindheit. Bausteine zum Bildungsauftrag von Kindertageseinrichtungen. Weinheim

Laewen, H.-J.; Andres, B. (2002b): Forscher, Künstler, Konstrukteure. Werkstattbuch zum Bildungsauftrag von Kindertageseinrichtungen. Weinheim

Leu, R. H. (2002): Bildungs- und Lerngeschichten. Ein Weg zur Qualifizierung des Bildungsauftrages im Elementarbereich. In: Deutsches Jugendinstitut: Diskurs 2

Tietze, W. (Hrsg.); Dittrich, I.; Grenner K.; Groot-Wilken, B.; Sommerfeld, V.; Viernickel, S. (2004): Pädagogische Qualität entwickeln. Weinheim

1.4 Wie viel Bildung steckt im Alltag?

Rainer Dollase

Das Aufkommen der Bildungsdiskussion im Elementarbereich in den 90er Jahren war für alle, die etwas älter sind, ein »alter Hut«: Die 60er und 70er Jahre des vergangenen Jahrhunderts erlebten die – auch im Vergleich zur heutigen »Bildungswelle« – größte weltweite Anstrengung, die frühe Bildungsfähigkeit der kleinen Kinder in Institutionen zu nutzen. Der Streit damals ging letztendlich nicht um die Frage des »ob«, sondern – wie mittlerweile auch heute – um die richtige Methode des Lernens bei kleinen Kindern. Im Jahre 1978 habe ich ein zweibändiges »Handbuch der Früh- und Vorschulpädagogik« herausgegeben, in dem diese Bildungsdiskussion dokumentiert wurde (Dollase 1978). Nichtsdestoweniger müssen heute die Vorurteile aus dem vorigen Jahrhundert, die eigentlich schon überwunden waren, nochmals geklärt werden. Grund: die Propagandisten der neuen Bildungswelle hatten und haben von den alten Untersuchungen keine Ahnung.

In diesem Aufsatz soll über drei Themen gesprochen werden:

- Schulähnliches Arbeiten mit kleinen Kindern ist schlecht – empirische Ergebnisse aus alten und neuen Bildungsversuchen.
- Die Analyse eines eindeutigen Befundes: Hypothesen und Beobachtungen zur Erklärung der Erfolge situierten Lernens.
- Die Folgen für die Reform des Elementarbereiches.

Schulähnliches Arbeiten mit kleinen Kindern ist schlecht – empirische Ergebnisse aus alten und neuen Bildungsversuchen

Das amerikanische Headstart-Projekt war das erste größere Frühbildungsprogramm, das die Welt kennengelernt hat. Mit für damalige Verhältnisse unglaublichen Dollarmillionen wurde insbesondere in Slums versucht, den Kindern durch frühe institutionelle Bildung bessere Startchancen für ihr weiteres Leben zu ermöglichen. Übrigens: die Sesamstraße entstand in der damaligen Zeit. »Headstart« heißt »Kopfstart« oder »Frühstart«, war verursacht durch den Sputnik-Schock, d.h., die Amerikaner waren irritiert darüber, dass es den Russen gelungen war, einen Satelliten eher als sie in die Umlaufbahn zu schießen, und vermuteten, die technologischen Erfolge seien in der früher einsetzenden institutionellen Kindergartenerziehung der Sowjetunion begründet. Headstart begann Ende der 60er Jahre und endete mehr oder weniger mit einer Metaanalyse (Lazar, Darlington 1982). Allerdings konnten auch in den 90er und 2000er Jahren im Internet immer wieder noch Projekte gefunden werden, die unter Headstart firmierten. Die Headstart-Projekte wurden nicht nur von Lazar und Darlington, sondern auch von anderen Autoren resümiert (Schweinhart, Weikart 1988). Dabei kam heraus:

- dass ein entwicklungspsychologisches Konzept für die Bildung der kleinen Kinder besser ist als ein fachdidaktisches,

- dass ein situationsorientiertes Lernen, ein spielerisches Lernen besser ist, als ein schulisches,
- dass Gruppen mit maximal 20 Kindern und zwei Betreuerinnen günstig seien,
- dass Teamplanung und Fortbildungen notwendig sind,
- eine partnerschaftliche Elternarbeit erforderlich ist.

Als besonders wichtig erschien in beiden Metaanalysen: Vorschulische Erziehung ist insbesondere für Kinder aus low income families effektiv, also für Kinder aus Slums, weniger für Kinder aus der Mittel- und Oberschicht. Für Slum-Kinder ist allerdings eine frühe institutionelle Bildung wegen des Gefälles zu der schlechten elterlichen Erziehung langfristig außerordentlich günstig, so dass Schweinhart und Weikart zeigen konnten, dass die spätere Delinquenz, die Jahre auf einer Sonderschule, das frühzeitige Verlassen der Schule, bei den Programmkindern seltener war, mehr Programmkinder als Kinder aus der Kontrollgruppe ein College besuchten, später beschäftigt waren und sich selbst am Leben halten konnten. Schweinhart und Weikart schätzten, dass ein Dollar in die Förderung gesteckt, dem Gemeinwesen zwei Dollar an wohlfahrtsstaatlichen Leistungen erspart. Damit war sowohl inhaltlich wie auch gesellschaftspolitisch klar, welchen Stellenwert ein Frühbildungsprogramm für kleine Kinder haben kann.

Interessant ist, dass die Vorverlagerung schulischen Arbeitens in den Headstart-Programmen, aber auch in den bundesrepublikanischen Programmen, nicht positiv ist, sondern dass ein kindergartentypisches, ganzheitliches, situationsorientiertes Arbeiten für die weitere Entwicklung der Kinder günstig ist. Der deutsche Bildungsrat hatte nämlich 1970 schon zur Früheinschulung der Fünfjährigen geraten. Daraufhin veranstalteten Nordrhein-Westfalen, aber auch viele andere Bundesländer, Modellversuche, in denen sie prüften, ob die Früheinschulung positive Effekte haben konnte. Die Ergebnisse waren völlig ernüchternd. Im größten bundesrepublikanischen Versuch, dem Kindergarten- und Vorklassen-Versuch in Nordrhein-Westfalen, kamen unabhängig voneinander vier Forschungsteams (u.a. mit Schmalohr, Ewert, Schmerkotte, Winkelmann, Dollase, Twellman, Jendrowiak, Hansel u.a.) zu dem empirisch begründeten Schluss (es gab auch Kontrollgruppen), dass die bisherige Kindergartenerziehung die bessere Schulvorbereitung ist. Die Kinder in den Vorklassen hatten keinerlei schulische Vorteile, z.B. in Mathe und Deutsch, im sozial-emotionalen Bereich (damals zählten auch metakognitive Fähigkeiten dazu) sogar eher Nachteile, d.h. Fragefreudigkeit, Selbstständigkeit, Neugier der Kindergartenkinder waren eindeutig größer als bei Vorklassenkindern (Dollase 1979).

Man kann natürlich einwenden, dass diese Ergebnisse sehr lange zurück liegen und dass die Kinder sich heute wesentlich geändert hätten. Das müsste natürlich nachgewiesen werden – leider gibt es einen solchen empirischen Nachweis nicht (Dollase 1986). Wie dem auch sei: man kann auch in neuere Untersuchungen hineinschauen und findet die alten Ergebnisse bestätigt. So fasst Marcon (2000) vom Westchester Institute for Human Services die gesicherten Effekte früher Beschulung wie folgt zusammen (Lonigan 2003; Marcon 2002, 2003):

- Die frühe Beschulung hat im Schnitt einen leicht negativen Effekt auf die weitere Leistungskarriere.
- Die Lernmethode der Wahl für kleine Kinder ist so etwas wie der Situationsansatz, der allerdings auch anders bezeichnet wird, z.B. als »child initiated«, als »kindorientierte Pädagogik«, als »developmentally appropriate education«, als »Didaktisierung der Situation«, »situierte Lern-

gelegenheiten« oder »integrierte Lerngelegenheiten«. Die erfolgreichen Ansätze eint, dass sie sich mehr oder weniger weit von der fachdidaktisch dominierten Elementarpädagogik entfernen.

Auch Pierrehumbert u.a. (2002) haben mit ihrer Analyse fast sämtlicher Skalen zur Bestimmung der Qualität von Kennzeichen guter Tagesstätten noch einmal bekräftigt, dass die Erreichbarkeit der Erzieherin, die Stimulation und Anregung, ihre Festigkeit, ihre Warmherzigkeit, ihre Autonomie, ihre Leistungsanregung und ihre gute Organisation von Laien wie von »professionals« für wichtig gehalten wird. Autonomie heißt, sie respektiert die Bedürfnisse des Kindes, sie geht positiv und warmherzig mit dem Kind um, sie sorgt dafür, dass das Kind beschäftigt ist und es sind Lerngelegenheiten vorhanden, ganz so, wie es auch in einer guten Tagesstätte für Kinder der Fall ist. Pierrehumbert u.a. weisen in verschiedenen Untersuchungen auch die empirische Validität dieser Dimensionen nach.

Die Kurz- und Langzeiteffekte von frühen Bildungsversuchen werden von Marcon (2002) dergestalt zusammengefasst, dass in der Beziehung zwischen Elementar- und Primarbereich einige Prozesse wirksam sind, die die frühen Bildungsanstrengungen effektlos machen. Man spricht von »fade out« Effekten, d.h., frühe Lernvorsprünge verschwinden mit der Zeit. Andererseits gibt es »sleeper« Effekte, d.h., es gibt keine Kurzzeiteffekte, erst später zeigen sich die Unterschiede, insbesondere wird wegen der Langzeiteffekte der »child initiated« Ansatz bevorzugt. Es gibt Diskontinuitätseffekte, d.h. im Elementarbereich wird anders gearbeitet als im Primarbereich, es gibt einen geringen Transfer früher verschulter Lernversuche, es gibt manchmal nur Mini-Effekte, für die sich eine organisatorische Veränderung des Kindergartenbereiches nicht lohnt, bzw. differentielle Effekte, was z.B. für den kognitiven Lernfortschritt gut sein kann, wäre nicht gut für andere Förderbereiche. Aus all diesen Gründen hat man schon im vorigen Jahrhundert darauf verzichtet, die Kinder früher einzuschulen.

Es gibt aber auch ganz neue Studien, die nochmals deutlich unterstreichen, dass eine frühe Verschulung schlecht ist. Hier ist insbesondere die Analyse von Puhani und Weber zu nennen, die früh eingeschulte mit später eingeschulten Grundschulkindern verglichen. »Früh eingeschult« hieß hier mit 6 Jahren, »später eingeschult« mit 7 Jahren. Anhand der IGLU-Daten und anderer Datensätze wurde gefunden, dass die spät eingeschulten, also die mit 7 Jahren eingeschulten Kinder, im vierten Schuljahr fast eine halbe Standardabweichung (0.42z) besser sind als die, die mit 6 Jahren eingeschult werden. Eine halbe Standardabweichung bedeutet soviel wie der Unterschied zwischen Finnland und Deutschland oder zwischen Bayern und Nordrhein-Westfalen bei PISA (Puhani, Weber 2006).

Verschiedene Studien, etwa die Tennessee-Studie oder die NICHD-Studie, haben einige weitere Modifikationen an den frühen Resultaten (s.o. Schweinhart und Weikart) anbringen müssen: die optimale Gruppengröße wird nur noch mit 15 Kindern (statt mit 20 früher) angegeben, eine Betreuerin für 15 Kinder ist besser als 25 mit zwei Betreuerinnen. Weitere neue Ergebnisse: Kinder aus den low income families sollten mindestens 2,5 Stunden täglich, fünf Tage in der Woche und mindestens zwei Jahre lang eine Tagesstätte für Kinder besuchen (Berk 2005).

Allerdings ist mittlerweile klar, dass die direkte akademische Instruktion (oder synonym: fachdidaktischer Drill und

Training, oder: didaktische »Schleifen«, wie es in den frühen Konzeptionen des Situationsansatzes nach Zimmer hieß), bei sehr stark benachteiligten Kindern gelegentlich für die kognitive Entwicklung besser sein kann als die child initiated Methode, die sich allerdings nachdrücklich auch für Kinder aus low income families empfiehlt, sollte nicht weiter verwirren (Zimmer 1973; Zimmer 1984).

Die öffentliche Diskussion, an der sich leider einige Kolleginnen und Kollegen beteiligen, die von der Forschungsgeschichte keine Kenntnis haben und hatten, geht immer davon aus, dass Kinder nur lernen, wenn ein schulähnliches Setting aufgebaut wird. Das ist neuropsychologisch und lernpsychologisch falsch. Das »Gehirn lernt immer« (Spitzer 2002) und gerade in einem gut organisierten situativen Ansatz, in dem der/die Erzieher/in sich mit einem pädagogischen Impetus in das Spiel der Kinder und in deren Interessen einklinkt, in dem er/sie also die Situation pädagogisiert, werden auch die besten Ergebnisse erzielt.

Analyse eines eindeutigen Befundes: Hypothesen und Beobachtungen zur Erklärung der Erfolge situierten Lernens

Klar ist also, dass die Früheinschulung und eine unter dem Deckmantel des »spielerischen Lernens« beobachtbare Ausbreitung von Arbeitsblättern, fachdidaktischen Materialien und Programmen nicht den Effekt hat, den sie zu haben vorgibt. Der Befund, der ja eigentlich für den Alltagsverstand überraschend ist, verlangt nach Erklärungen. Diese gibt es zunächst nur als Hypothesen.

Hypothese 1:
Die neue schulische Bildungsdiskussion im Elementarbereich ist Folge einer falschen Realisierung des Situationsansatzes bzw. des situierten Lernens. Der offene Kindergarten wurde vielerorts als laisser-faire-Stil interpretiert und umgesetzt. Das kann der Grund dafür gewesen sein, dass man nach einer stärkeren Bildungsanstrengung im Elementarbereich gerufen hat.

Hypothese 2:
Das Kollektiv hat im Kleinkindalter Nachteile und erzwingt vor Ort ein offenes, situationsorientiertes Arbeiten – schulähnliches Arbeiten ist kaum möglich. Die geringe Kollektiveignung der kleinen Kinder, ihre größere Spontaneität, ihre sehr begrenzte Fähigkeit, sich einem Thema für alle zu widmen, führt zu offenem Arbeiten und zur Abkehr von Kleingruppenprogrammen etc.

Und schließlich Hypothese 3:
Ein an der Fachsystematik orientiertes Curriculum zwingt zu motivationsschädlichen Disziplinierungen.

Die Berechtigung der letzten Hypothese kann man an praktischen Beispielen illustrieren. In einem Kindergarten in Nordrhein-Westfalen habe ich ein kleines, sehr bekanntes naturwissenschaftliches Experiment mit den kleinen Kindern im Gruppenraum durchführen wollen. Das Experiment besteht darin, dass man ein Glas über ein Teelicht stülpt und das Teelicht dann erlischt. Das entsprechende didaktische Brimborium lasse ich hier mal weg. Die Kinder haben sich trotzdem nicht in dem Maße für dieses Experiment interessiert, wie der Laie erwarten würde, weil sie sich über das Phänomen als solches schon nicht wunderten.

Das Kind kommt auf die Welt und es muss ihm alles wunderbar erscheinen. Man setzt sich in einen Kasten und fährt damit durch die Gegend; man drückt auf den Knopf und das Licht geht an; man drückt auf einen anderen Knopf und es erscheint ein Bild etc. – die Welt ist voller Wunder. Für das Kleinstkind ist die Nichterklärbarkeit der Phänomene in der Welt der Normalfall. Man wundert sich erst über das Kerzenexperiment, wenn man eine Theorie gebildet hat, dass die Kerze auch unter dem Glas weiter brennen kann. Und zwar muss man an diese Theorie stark glauben, damit man sich wundern kann. Da die Kinder sich nicht wunderten, – der fachdidaktisch so notwendige Baustein des »Wunderns«, aus dem sich die Motivation entwickeln soll – ergab sich an dem Tisch durchaus eine gewisse Unruhe. Zwei kleine Kinder hatten sich schon ein Bilderbuch organisiert und blätterten dies während des Versuches durch und unterhielten sich auch darüber. Die Situation wurde dadurch zu einer, die zu Disziplinierungen zwingt, als man die Kinder ja belehren will und Aufmerksamkeit braucht. Die Versuchung ist groß, dass man sagt »nein, nein, weg mit dem Bilderbuch, jetzt machen wir Physik« oder »jetzt guckt ihr mal alle hierhin«, d.h., man will das nachlassende Interesse durch Disziplinierungsmaßnahmen auffangen. Das muss offenbar häufig passieren, wenn man kursorientiert oder schulisch orientiert mit den Kindern arbeitet. Also nicht an den Interessen der Kinder und an dem in einer Situation entstehenden Bedarf an Wissen ansetzt. Gutwillige Erziehende wollen das einsetzende Nichtinteresse dann durch Disziplinierungen auffangen. Disziplinierungen töten aber den Spaß am Lernen. Schulische Ansätze im Elementarbereich erreichen deshalb keine besonderen Förderungsgewinne.

Deswegen abschließend folgende Hypothese 4:
Die Kinder lernen »natürlich« – ein fachsystematisches Lernen ist in ihrem Alter noch nicht entwicklungsangemessen. Das Kind lernt chaotisch, unsystematisch, in sozialen Bezügen, mit Bezugspersonen, mit Sinn, und es will sich auf diese Art und Weise ein realistisches Bild von der Welt und den eigenen Fähigkeiten machen. Angemessen sind deshalb spielerische Übungen, die sich an Situationsanlässe anknüpfen. Man spricht ausführlich und elaboriert mit dem Kind, wenn man etwa ein Auto »auf dem Tisch«, »unter dem Tisch«, »neben dem Tisch«, »um den Tisch herum« fährt. Oder man erklärt die Flammen, wenn man es sich beim Adventskranz gemütlich gemacht hat und nach einer kleinen Feierstunde die Kerzen nun gelöscht werden müssen. Man nimmt einen Kerzenlöscher mit oder man bläst die Kerzen aus etc. Das sind die Anlässe für naturwissenschaftliche Erklärungen.

Die Folgen für die Reform des Elementarbereiches

Cum grano salis kann man sagen, dass das situierte Lernen in jedem Fall besser ist. Über die Fliege lernen wir etwas, wenn eine Fliege in unser Blickfeld gerät. Die Voraussetzung für diese Art von situiertem Lernen sind Erwachsene, die zur Spontanpädagogik und zum geschickten Gruppenmanagement nach Kounin fähig sind (Kounin 1970; Kounin 1976).

Sie brauchen, um dieses zu können, eine andere Art von Ausbildung, die ihre Allgemeinbildung ebenso fördert, wie ihre praktischen Fähigkeiten im Alltag, fruchtbare Bildungsmomente zu erkennen. Der Situationsansatz und die offene Arbeit sind keine Arrangements zur Befreiung von

Arbeit. Es ist schon notwendig, dass sich ErzieherInnen, die mit dem Situationsansatz arbeiten, ihrer großen Verantwortung für die Bildungsprozesse der Kinder bewusst sind und alle möglichen Gelegenheiten nutzen, um die Bildung der kleinen Kinder zu fördern.

Das Stammtischargument, dass auf diese Art und Weise ja nicht alle für die Kinder wichtigen Inhalte in das Blickfeld der Kinder geraten, dass der Situationsansatz dann zu einer unvollständigen Bildung der Kinder führen würde, ist unpsychologisch gedacht. Kinder lernen wesentlich auch durch Beziehungen und Bezugspersonen. Die Erzieherin als solche ist ein Teil der Umwelt, der kindlichen Lebenssituation, und deshalb ein ganz natürlicher Mittler zur kulturellen Welt. In der Person des Erziehers oder der Erzieherin muss die Welt komplett sein. Sie muss trainieren, dass man auch in ganz banalen Alltagssituationen den Kindern den Reichtum des menschlichen Wissens und der menschlichen Kultur erschließen kann. Sie muss wissen, dass es in einer Tagesstätte zur Bildung Ich-Anlässe (ich habe eine Idee, ich habe ein Problem und das muss gelöst werden), Peer-Anlässe (ein anderes Kind hat ein Problem, eine Idee), Gruppenanlässe (weil wir so viele sind, gibt es Konflikte und Probleme), Materialanlässe (das Material Spielzeug, die sächliche Umgebung provoziert Anregung), Elternanlässe (die Eltern und ihre Lebenswelt bieten Anregungen), ErzieherInnen- und LehrerInnenanlässe (wir geben Impulse, die zum Lernen anregen) und didaktische Anlässe (wir haben ein Curriculum, einen Bildungsplan im Hintergrund, der uns von Zeit zu Zeit mit Anregungen versorgt) gibt.

Die Verbesserung der ErzieherInnenausbildung ist sicherlich ein ganz wesentlicher Punkt, um auf dem wissenschaftlich als gut belegten Wege des situierten Lernens zu guten Ergebnissen kommen zu können. Zwei Fähigkeiten sind – neben anderen – sicher zentral zu fördern:

- die Fähigkeit, mit einer Gruppe von Kinder umzugehen, die fruchtbaren Lernerfahrungen für viele gleichzeitig möglich zu machen, also das Gruppenmanagement zu beherrschen, und
- die Fähigkeit zur Spontanpädagogik, d.h. dass spontan Möglichkeiten der Bildung in Situationen des Alltags einfallen.

Es ist immer wieder frappant zu sehen, wie wenig aktuelle Wortführer und Wortführerinnen im Elementarbereich über eine solide Kenntnis der Forschungsvorgeschichte verfügen und wie wenig sie auf der anderen Seite auch von den praktischen Problemen Ahnung haben. Beides, die Berücksichtigung der wissenschaftlichen Erforschungsgeschichte zur optimalen frühkindlichen Bildung, wie auch das gelegentliche Eintauchen in die alltägliche Praxis der Kindertagesstätte, hätte vor den unnötigen Investitionen in eine schulische und verschulende Bildungswelle bewahren können. Mit Entsetzen musste man vernehmen, dass ein bekannter Erziehungswissenschaftler einem Bundesland gar die Einführung der zweiten Fremdsprache im Kindergarten empfohlen hat.

Literatur

Berk, L. (2005): Entwicklungspsychologie. München

Dollase, R. (1979): Sozial-emotionale Erziehung in Kindergarten und Vorklasse. Hannover

Dollase, R. (1986): Sind Kinder heute anders als früher? Probleme und Ergebnisse von Zeitwandelstudien. Bildung und Erziehung, 39 (2), S. 133-147

Dollase, R. (Ed.) (1978): Handbuch der Früh- und Vorschulpädagogik. Düsseldorf

Kounin, J. (1970): Discipline and group management in classrooms. New York

Kounin, J. (1976): Techniken der Klassenführung. Bern, Stuttgart

Lazar, I.; Darlington, R. (1982): Lasting effects of early education: a report from the consortium for longitudinal studies. Monographs of the Society of research in child development, 47(2-3)

Lonigan, C. J. (2003): Comment on Marcon (ECRP, Vol. 4, No.1, Spring 2002): »Moving up the Grades: Relationship between Preschool Model and Later School Success«. Early Childhood Research and Practice, 5(1), Netzversion

Marcon, R. A. (2002): Moving up the Grades: Relationship between Preschool Model and Later School Success. Early Childhood Research and Practice, 4(1), Netzversion, ohne Seitenzahlen

Marcon, R. A. (2003): Reply to Lonigan Commentary. Early Childhood Research and Practice, 5(1), Netzversion

Pierrehumbert, B.; Ramstein, T.; Karmaniola, A.; Milijkovitch, R.; Halfon, O. (2002): Quality of child care in the preschool years: A comparison of the influence of home care and day care characteristics on child outcome. International Journal of Behavioral Development, 26(5), S. 385-396

Puhani, P. A.; Weber, A. M. (2006): Does the Early Bird Catch the Worm? Instrumental Variable Estimates of Educational Effects of Age of School Entry in Germany. Darmstadt

Schweinhart, L. J.; Weikart, D. P. (1988): Education for Young Children Living in Poverty: Child-initiated Learning or Teacher-directed Instruction? The Elementary School Journal, 89(2), S. 213-225

Spitzer, M. (2002): Lernen. Heidelberg

Zimmer, J. (Ed.) (1973): Curriculumentwicklung im Vorschulbereich. München

Zimmer, J. (Ed.) (1984): Erziehung in früher Kindheit (Vol. 6). Stuttgart

2

Zwischen Anleitung und Selbstbildung:

Beispiele aus der Praxis

2.1 Wie der Zusammenhang von Betreuung, Bildung und Erziehung praktisch wird

Beate Andres

Versuchen wir uns am Beispiel eines vierjährigen Jungen, der seit einigen Wochen eine Kindertagesstätte besucht, zu vergegenwärtigen, welche Faktoren zu einer gelingenden Interaktion zwischen Erwachsenen und Kind beitragen und wie der Zusammenhang zwischen Sollen und Wollen praktisch werden kann (s. Laewen in diesem Band). Im Zentrum meiner Überlegungen stehen Beobachtungen und ein individuelles Curriculum, die vom Team der »Villa Zuckerberg« in Stuttgart im Rahmen der Erprobung unseres Konzepts im »Projektverbund Bildung in Kindertageseinrichtungen« dokumentiert wurden (vgl. Csilla Juhasz 2006).

Paul, so heißt der Junge, ist mit seinen Eltern aus einer der ehemaligen Sowjetrepubliken nach Baden-Württemberg gekommen. Die Kindertagesstätte, die er täglich besucht, befindet sich in den Räumen einer alten Villa, in der auf drei Etagen 45 Kindergarten- und Hortkinder Herausforderungen und zugemuteten Themen in verschiedenen Bildungsbereichen begegnen, anhand dieser Erfahrungen eigene Theorien überprüfen und so gemeinsam mit Erwachsenen und anderen Kindern daran arbeiten, ihr Weltwissen zu konstruieren.

Es ist davon auszugehen, dass für Paul, als er in die Kindertagesstätte kam, zunächst einmal nicht das bereitgestellte vielfältige Material in den Räumen des Hauses seine Aufmerksamkeit fesselte, sondern als erstes großes Thema die emotionale Sicherheit im Zentrum stand, die Frage also: »Bekomme ich hier, was ich brauche, um mich wohl zu fühlen und nicht überwältigt zu werden von den vielen neuen Dingen und Menschen?« Ziehen wir weiter in Betracht, dass Paul nicht allzu lange vor Beginn seiner Kindergartenzeit – durch die Einwanderung seiner Familie nach Deutschland – bereits mit einem weiteren kritischen Lebensereignis konfrontiert wurde und sich in einer völlig neuen Lebenswelt, Kultur und Sprache zurecht finden musste, so ist zu vermuten, dass das Bedürfnis nach Sicherheit ihn in besonderem Maß beschäftigt. Diese Hypothese scheint sich im Verlauf der Kindergartenzeit zu bestätigen. Es zeigt sich, dass sich das Thema »Sicherheit« für Paul keineswegs mit dem Abschluss der Eingewöhnung erledigt hat, sondern ihn noch eine ganze Weile begleitet und letztlich als Bedürfnis – bei ihm möglicherweise stärker als bei anderen Kindern – immer präsent bleibt. Erwachsene, die ihm als »sichere Basis« für seine Bildungsprozesse zur Verfügung stehen, sind dabei für ihn von besonderer Bedeutung.

Hiermit ist eine Basisqualität im gelingenden pädagogischen Prozess angesprochen, die neben der Befriedigung der leiblichen Bedürfnisse Voraussetzung dafür ist, dass ein Kind intellektuell wertvolle Erfahrungen machen kann und seinen geistigen und sozialen Horizont erweitert. Ohne die Bereitschaft von Erwachsenen, sich auf die Kinder im

Rahmen von Beziehungen wechselseitiger Anerkennung einlassen, ist Bildung nicht möglich. Eine der grundlegenden Aufgaben der Erwachsenen ist es also, Bindungen zuzulassen, zu ermutigen und zu pflegen und für das Kind ein verlässlicher Ansprechpartner zu sein.

In Pauls Fall heißt das auch, dass die Erzieherinnen sein besonderes Bedürfnis nach Sicherheit in den fachlichen Deutungen seines Verhaltens, seiner Fragen und Gesprächsbeiträge als ein mögliches Thema bedenken. Dabei helfen ihnen, neben ihrer Bereitschaft, dem Kind ein verlässliches und einfühlsames Gegenüber zu sein, auch Kenntnisse über die allgemeinen Entwicklungsthemen von Jungen und Mädchen.

Abb. 1

Sieht man sich an, wie Paul sein Thema nach außen bringt, wie er seine Gefühle mitteilt und sein Thema als möglichen Gegenstand einer Kommunikation anbietet, stellt man fest, dass er seine Ängste unter anderem »formuliert«, indem er Totenköpfe malt und in seinem Spiel mit anderen Kindern Szenarien gestaltet, die sich häufig um Piraten und Waffen drehen. Pauls Formen des Umgangs mit seinen Ängsten, seine Darstellungen in Bildern und Spielszenen können als erster Schritt individueller Bewusstmachung gedeutet werden. Wir wissen nicht, ob diese von Paul geäußerten Ängste sich ausschließlich auf die neue Situation »Kindertagesstätte« beziehen. Einiges spricht dafür, dass er in seinen bildnerischen und spielerischen Darstellungen auch Ängste zum Ausdruck bringt, die mit dem umfassenden Wechsel seiner Lebenswelten zu tun haben (Abb.1).

Was können nun angemessene pädagogische Antworten auf solche Formulierungen sein? Eine mögliche Reaktion wäre, dass die Erzieherinnen von den gruseligen und wenig harmonischen Darstellungen erschreckt, bemüht sind, das Kind zu überreden, doch auch einmal »nette« Bilder zu malen z.B. mit Blumen und Häusern. Würden Sie gar hartnäckig auf solche freundlichen Bildthemen bestehen, ist nicht auszuschließen, dass das Kind sich auf die Vorgaben der Erwachsenen einließe und vordergründig könnten die Erzieherinnen einen Erfolg verbuchen. Damit hätten sie dem Kind aber auch signalisiert, dass sein Thema in der Kindertagesstätte tabu ist und als Gesprächsgegenstand unerwünscht. Zugleich hätten sie das Kind der Möglichkeit beraubt, sich – im Austausch mit anderen – mit seiner Furcht auseinanderzusetzen und sie zu bearbeiten. Paul wäre gezwungen, seine Ängste zu einem heimlichen Thema werden zu lassen.

Fragt man, was das Verhalten des Jungen zu einer sinnvollen Handlung macht, könnte eine mögliche Antwort lauten: Indem ich abschreckende Bilder zeichne, werde ich selbst ein wenig furchterregend und damit stark gegenüber den anderen. Ich schütze mich damit vor einer

Umgebung, die mir Angst einflösst. Ich signalisiere aber auch, dass ich genauso stark bin wie die anderen und mit ihnen auf gleicher Ebene stehe, biete mich also als möglicher Spielpartner an.

Dem Team der »Villa Zuckerberg« schien es, als ob Paul »sich mit diesen Wesen, die anderen eher Angst machen, versucht zu stärken« (Juhasz 2006, S. 33). Die Erzieherinnen haben seine Ausdrucksformen zugelassen und seinem (verborgenen) Wunsch nach gemeinsamer Aktion rund um diese »unheimlichen« Inhalte entsprochen. Eine gemeinsame Schminkaktion, bei der Paul selbst zum gefährlichen Piraten wurde, ist Ausdruck des gewachsenen Vertrauens zwischen der Erzieherin und Paul. Paul kann mit seinen Erzieherinnen über seine Ängste kommunizieren, auch wenn er diese noch nicht verbal äußert. Unbekanntes und Ängstigendes ist »*mit* Hilfe vertrauter und kluger Erwachsener besser zu überwinden ... als ohne sie«, so Grossmann & Grossmann (2004). Und weiter: »Sie können mutig sein, wenn sie ihre starke und kluge Bindungsperson ›hinter sich‹ haben, die ihnen ›den Rücken stärkt‹. Ohne dies würde sich das Kind vielleicht erst gar nicht mit dem Neuen beschäftigen und es bliebe dem Kind fremd, un-›vertraut‹, vielleicht sogar un-›heimlich‹. Nicht nur sehr jungen Kindern, sondern auch ältere Jungen und Mädchen, die den Kindergarten besuchen, hilft die Interaktion mit feinfühligen Erwachsenen, konstruktiv mit ihren negativen Gefühlen umzugehen. »Eine Integration negativer Gefühle durch Feinfühligkeit (der Bindungsperson) ... führt (beim Kind) ... zu der Erwartung, dass sich negative Gefühle durch offene Kommunikation mit Hilfe der Bindungsperson überwinden lassen. Am überzeugendsten gelingt das, wenn man gemeinsam wirkungsvolle Lösungen finde.« (ebd. S. 264). Im Gegenschluss lässt sich sagen, dass mangelnde Feinfühligkeit der Bindungspersonen oder vertrauten Erwachsenen das Lernen und die Bildungsprozesse der Kinder behindern und ihre Möglichkeiten des Weltverstehens und Weltgestaltens einschränkt.

Die Erzieherinnen begeben sich mit Paul in einen Prozess des Deutens und Verhandelns. Der Junge macht die Erfahrung, dass die Erwachsenen bemüht sind, ihn zu verstehen, er also wirksam ist mit seinen symbolischen Darstellungen, mit seiner Sprache des Zeichnens. Zugleich bringen die Erwachsenen in Gesprächen über gefährliche oder ängstigende Szenarien kulturelle Deutungen zum Ausdruck, die dem Jungen erleichtern, in die neue Gesellschaft hineinzufinden und seine subjektiven Interpretationen mit denen der sozialen Umgebung abzustimmen. So wie Bruner (2002) es für den Kontext des Sprechenlernens beschreibt, kombinieren das Kind und seine Bezugspersonen »ständig Elemente, um Bedeutungen zu gewinnen, Interpretationen zuzuordnen und Absichten zu erschließen« (ebd. S. 22).

Ein Chance mit Paul gemeinsam wirkungsvolle Lösungen im Umgang mit negativen Gefühlen zu finden, bietet sich den Erzieherinnen morgens, wenn der Junge in der Kindertagesstätte ankommt. Obgleich Paul schon eine ganze Weile den Kindergarten besucht, fühlt er sich offenbar noch nicht wirklich sicher. Regelmäßig fragt er nach der Begrüßung, wo sich die einzelnen Erzieherinnen und Erzieher aufhalten. Er versichert sich der Möglichkeit, die ihm wichtigen Personen in der Kindertagesstätte, in der nach einem offenen Konzept gearbeitet wird, jederzeit auffinden zu können. Paul macht deutlich, dass er in dem nicht leicht zu überblickenden Haus als neues Mitglied in der Gemeinschaft Unterstützung bei der sozialen und räumlichen Orientierung braucht. Die Erzieherin bietet ihm an, gemeinsam mit ihm durch die Räume der Kindertagesstätte zu gehen. So kann er sehen, wer sich wo aufhält und sich einen Überblick verschaffen. Indem die Erzieherin sein Bedürfnis ernst nimmt und ihm eine erste Lösung anbietet, gibt sie ihm die Sicherheit, dass er sich auf sie verlassen kann, wenn er Hilfe braucht. Er überprüft die Tragfähigkeit der Beziehung, indem er das Ritual jeden Morgen wiederholt und nachfragt, wer sich wo aufhält.

Dass Paul auch in anderen Situationen des Tages mit dem Thema »Ängste überwinden – Sicherheit gewinnen« umgeht, schließen seine Erzieherinnen, als sie zur Erstellung eines ersten individuellen Curriculums, die in Pauls Portfolio zusammengetragenen Dokumentationen sichten und in der Gesamtschau reflektieren. Für das Team zeigten sich Zusammenhänge zwischen den bereits genannten Beobachtungen und folgenden dokumentierten Situationen:

- »Paul ist gern im Bewegungsraum, nimmt dort Klettermöglichkeiten wahr, sein Mut steigt täglich.« (Juhasz 2006, S. 33). Nachdem er erst einmal beobachtet, was die anderen Kinder im Raum tun, klettert er selbst – zunächst in gebückter Haltung – über ein Brett das zwischen zwei Leitern liegt. Nach und nach legt er das Brett auf immer höhere Sprossen. Er wiederholt die Bewegungsabläufe mehrfach.
- Während einer Exkursion ins Krankenhaus stellt sich Paul auf der Intensivstation »freiwillig als »Patient« zur Verfügung und lässt sich verkabeln« (ebd.) nachdem er sich versichert hat, dass es nicht weh tut.

Das Verhalten von Paul im Bewegungsraum und im Krankenhaus deuten die Erzieherinnen als sein Bemühen, Wege zu finden, mit den eigenen Ängsten umzugehen und sie zu überwinden. Auch die Vorliebe Pauls für Kartenspiele sehen die Erzieherinnen in diesem Zusammenhang. Die festen Regeln scheinen ihm innere Sicherheit zu geben.

Abb. 2

Neben diesen Beobachtungen, die auf Pauls Thema »Ängste überwinden – Sicherheit gewinnen« verweisen, haben die Erzieherinnen ein großes Interesse für Buchstaben in Pauls Portfolio dokumentiert (Abb. 2). Dem infans-Konzept entsprechend greifen sie dieses Interesse in ihrer pädagogischen Planung auf und verknüpfen es im individuellen Curriculum mit dem Thema des Jungen und ausgewählten Erziehungszielen der Kindertagesstätte. Dabei klären sie, welche der in der Kita entwickelten Ziele geeignet sind, Paul bei der weiterführenden Bearbeitung seines Themas zu unterstützen, ihn herauszufordern seine Kenntnisse und Fähigkeiten zu vertiefen, aber auch neue Kompetenzen zu erwerben.

Eines der Erziehungsziele, die das Team auswählten ist die »Auseinandersetzung mit der Welt der Zeichen und Zahlen« und der kompetente schriftliche Ausdruck. Damit können die Erzieherinnen gut an Pauls Interesse für Buchstaben anknüpfen. Sie entschließen sich, ihm zu helfen, seine Kompetenzen beim Schreiben und im bildlichen Ausdruck zu erweitern. Daneben entscheiden sie sich für die folgenden drei Erziehungsziele, auf deren Basis sie Paul herausfordern wollen, neue Wege in der Bearbeitung seines Themas zu gehen:

- Grenzen des eigenen Körpers kennenlernen und austesten,
- Leistungsgrenzen des Körpers erfahren und steigern,
- innere Bilder ins Gestalterische übertragen (zeichnen, schreiben).

In der konkreten Umsetzung des individuellen Curriculums schlagen die Erzieherinnen eine Brücke zwischen Interessen und Thema des Jungen und ihren eigenen pädagogischen Zielen. Folgende Handlungsschritte wurden geplant:

- »Mutproben mit Steigerungen«: Die Erzieherin im Bewegungsraum wird an Pauls selbst gewählten, zunehmend mutigeren Bewegungsaktionen anknüpfen und ihm vorschlagen, im Verlauf von vier Wochen verschiedene Kunststücke auf der Bewegungsbaustelle und der Sprossenwand zu bewältigen. Sie wird ihm vorschlagen, seine Aktivitäten und Erfolge auf einem Plakat im Bewegungsraum und in einem persönlichen Heft zu dokumentieren.
- Beim Ankommen am Morgen: Die Frage »Wer ist wo?« soll aufgegriffen und gemeinsam mit Paul ein Tagesplan erstellt werden, in dem festgehalten ist, welche Personen an welchen Orten zu finden sind. Der Junge wird ermuntert, die wechselnden Pläne in seinem Heft aufzuzeichnen. Die Erzieherinnen gehen davon aus, dass er so mehr Sicherheit im Tagesgeschehen der Einrichtung erlangt (vgl. Juhasz 2006). Sie entscheiden, dass Pauls Eingewöhnungserzieherin die richtige Person ist, um diese Herausforderung gemeinsam mit Paul anzugehen. Zu ihrer ersten Bezugsperson in der Kita haben die Kinder in der Regel eine besondere Beziehung, zumindest dann, wenn sie in dieser Zeit positive Erfahrungen mit ihr gemacht haben. So ist es für Paul sicher hilfreich, auch diese Phase des noch schwierigen morgendlichen Übergangs mit seiner Eingewöhnungserzieherin zu gestalten.
- In der Wasserwerkstatt: Paul wird eingeladen, in die Wasserwerkstatt zu kommen und sich dort nach seinen eigenen Motiven dem Schminken und der Körperbemalung zu widmen. Er soll so unterstützt werden, seine Kompetenzen im Malen zu erweitern, mit denen er selbst in der Vergangenheit häufig unzufrieden war.

In diesem Punkt wird der Zusammenhang von Erziehung und Bildung im infans-Konzept deutlich. Wir gehen davon aus, dass ein Kind hinter seinen individuellen Möglichkeiten zurück bleibt, wenn die Erwachsenen entweder gleichgültig sind gegenüber den Vorlieben und Themen der einzelnen Jungen oder Mädchen, also nicht auf das reagieren, was sie zeigen und einbringen oder aber ihre eigenen Ziele und Planungen gegen die Interessen des Kindes durchsetzen. In beiden Fällen wird das Kind als Gegenüber nicht ernst genommen. Im Sinne der methodischen Grundstruktur »einer nicht affirmativen pädagogischen Praxis« (Benner 1991, S. 120) können wir nicht davon ausgehen, dass das Kind dem von den Erwachsenen vorgegebenen Lerngegenstand immer vorbehaltlos zustimmt. Entsprechend ist die Reaktion des Kindes auf von den Erwachsenen formulierte Aufgaben anzuerkennen, auch wenn sie ablehnend ist.

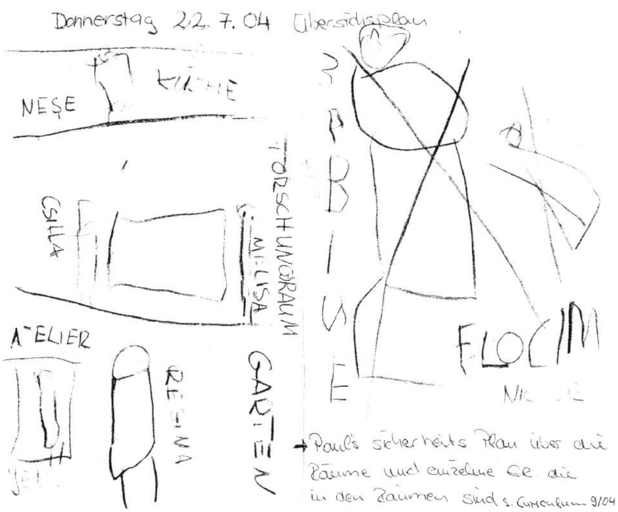

Abb. 3

Pauls »Antworten« auf die Herausforderungen und zugemuteten Themen der Erzieherinnen bestätigen die fachliche Deutung der im Portfolio zusammenführten Bildungsdokumentationen. Offensichtlich fühlt er sich verstanden. Mit Begeisterung und viel Spaß lässt er sich auf die gemeinsame Arbeit an seinem Thema ein. Nur die Dokumentation seiner »Mutproben« auf einem öffentlich sichtbaren Poster trifft bei ihm nicht auf Zustimmung.

Bei der Auswertung des ersten individuellen Curriculums von Paul konnte das Team der »Villa Zuckerberg« feststellen, dass der Junge an Sicherheit gewann und nun die Zusammenhänge im Tagesablauf der Kindertagesstätte besser verstand. Bezogen auf seine körperlichen Fertigkeiten hat er seine Grenzen erweitert. Auch ohne Ermunterung durch eine Erzieherin ist er weiterhin oft im Bewegungsraum aktiv. Nachdem er erfahren hat, welchen Nutzen er aus dem Einsatz von Schriftzeichen und der Dokumentation von Informationen ziehen kann, widmet er sich mit Leidenschaft dem Schreiben und Aufzeichnen (Abb. 3), sicherlich auch beflügelt durch die positive Resonanz seiner Erzieherinnen. Insgesamt beteiligt er sich nun mit mehr Spaß am Geschehen in der Kindertagesstätte und macht er den Eindruck »angekommen zu sein«.

Das bildnerische Gestalten bleibt für Paul ein Medium, um seine inneren Szenarien und Gefühle zum Ausdruck zu bringen. Seine Zeichnungen sind auch im weiteren Verlauf seiner Kindergartenzeit Ausgangspunkt von Gesprächen und Gegenstand der Verständigung mit den Erzieherinnen. Dabei bleiben die Symbole seiner (überwundenen) Ängste in vielen seiner Zeichnungen präsent, auch wenn er sich darin neuen Interessensgebieten widmet und nun auch in der Lage ist, über seinen Umgang mit der Angst zu sprechen und sie biographisch einzuordnen: »Als ich noch klein war, da musste ich weinen, jetzt bin ich groß und habe keine Angst mehr.« (Juhasz 2006, S. 34).

Abb. 4

Die Bildungsdokumentationen von Paul belegen eindrucksvoll, dass der Dialog mit dem Kind dann gelingt, wenn der Erwachsene

- sich feinfühlig zeigt gegenüber den Belangen des Kindes und als Bindungsperson zugänglich ist,
- sich mit anderen über kulturell bedeutsame Erziehungsziele verständigt hat, er also weiß, was er erreichen will, und er diese Ziele einbringt in den Dialog mit dem Kind,
- aufmerksam ist gegenüber den Interessen des Kindes, sie wahrnimmt und anerkennt und
- er in seinen eigenen Beiträgen an den Interessen und Themen des Kindes anknüpft und auf die Bedürfnisse des Kindes eingeht.

Literatur

Benner, D. (1991): Allgemeine Pädagogik – Eine systematisch-problemgeschichtliche Einführung in die Grundstruktur pädagogischen Denkens und Handelns. Weinheim, München

Bruner, J. (2002): Wie das Kind sprechen lernt. 2. ergänzte Auflage. Bern, Göttingen, Toronto, Seattle

Juhasz, C.: Vom Beobachten zum Individuellen Curriculum, In: Theorie und Praxis der Sozialpädagogik, Heft 4/2006, S. 32-34

Grossmann, K.; Grossmann, K. E. (2004): Das Gefüge psychischer Sicherheit. Stuttgart

2.2 Entdeckendes Lernen im Dialog

Sibylle Haas

Lernwerkstätten als Orte der Selbstbildung

Ein sinnlicher Einstieg

Lernwerkstätten leben von der sinnlich wahrnehmbaren Vielfalt des Materialangebots, von der praktischen Auseinandersetzung mit Dingen, von Aha-Erlebnissen und Irritationen. Deshalb ist es nicht einfach, über die Arbeit in Lernwerkstätten zu schreiben. Ein wenig Anschauung mag der – hier virtuelle – Blick in die kleine, mobile Lernwerkstatt im Köfferchen beisteuern: es gibt rosarote und andersfarbige Brillen, verschiedene Spiegel, Löffel, die die Welt gespiegelt auf den Kopf stellen, eine Weihnachtsbaumkugel für den Fischaugen-Blick, Zahnarztspiegel als Eckengucker, Lupen, ein Fernglas, kleine Passepartouts und schwarze Karten mit Stecknadel großen Löchern…

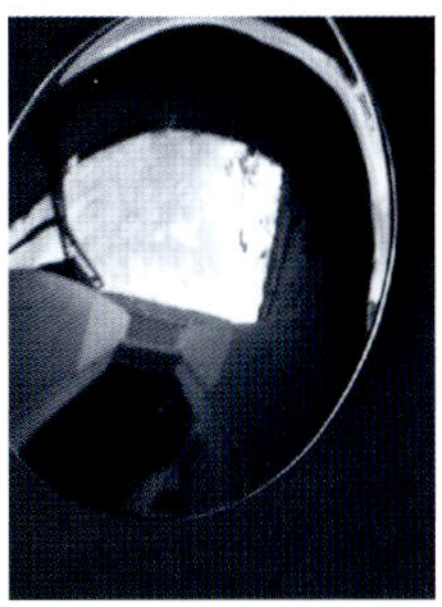

Die Welt mit anderen Augen sehen, mit Dingen und Menschen ins Gespräch kommen, sich erinnern, Fragen stellen… So kann die Arbeit in einer Lernwerkstatt beginnen. Wir begeben uns in einen Lernprozess, der von Phänomenen und Fragen ausgeht, dokumentieren und reflektieren unser Vorgehen. Wir erfahren, was hilfreich ist, um weiterzuforschen und was uns daran hindert.

Eine Orientierung

Bevor wir Lernprozesse von Erwachsenen in Lernwerkstätten weiter verfolgen, möchte ich Ihnen gern meine Ausgangsthesen vorstellen. Damit wird auch die Verbindung zum Thema Lernen zwischen Anleitung und Selbstbildung deutlich:

- Kinder haben ein Recht auf die Fülle des Lebens, auf Herausforderungen, Spannung, Abenteuer. Als Materialangebot brauchen Kinder also mehr als Kinderspielzeug.
- Kinder begreifen die Welt mit den Händen, sie lernen im Dialog mit Menschen und Dingen.
- Das sich bildende Kind braucht die sich bildende Erzieherin, das forschende, schöpferische Kind braucht neugierige, entdeckungslustige Erwachsene.
- Der Gebrauch von Werkzeug unterscheidet den Menschen vom Tier – kleine Kinder brauchen Werkzeug (es gibt auch ungefährliches!) und Werkstätten.
- Lernwerkstätten können überall sein: im Stapel Zeitungspapier, im Wald, in der Stadt, im Idealfall zusätzlich

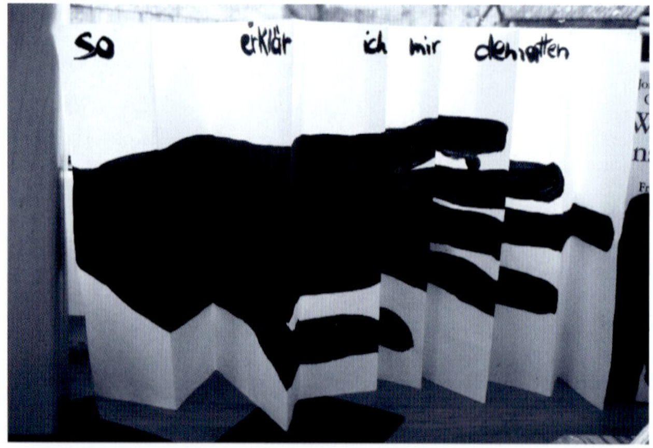

in anregenden Lernräumen mit vielseitig verwendbaren Materialien, Alltagsgegenständen und Werkzeug. Jede Kita sollte als Lernwerkstatt Ort zum Forschen und Entdecken sein.

- Lernwerkstätten arbeiten nach dem Prinzip des »entdeckenden Lernens«. Dieses traut den Menschen – Erwachsenen wie Kindern – offene Lernprozesse zu und offene Fragen: Was wäre wenn…?
- Die Reflexion von Lernprozessen ist wichtiger als das Ergebnis.
- Selbstbildung fördern heißt Kreativität fördern. Das Bemühen um abfragbare Lernergebnisse verdrängt häufig das Erfinden eigener Lösungswege.
- Veränderte Haltungen können wir uns nicht anlesen, wir können sie nur erproben, üben und reflektieren:

In Lernwerkstätten als Fortbildungsstätten für Erzieherinnen wird an der Diskrepanz zwischen beruflichen Anforderungen und der persönlichen Lernbiographie gearbeitet. Lernprozesse Erwachsener werden dort modellhaft begleitet und der Transfer in den Berufsalltag reflektiert.

Themenbeispiele:

Workshops in Lernwerkstätten sind zu vielen Themen denkbar und auch erprobt: Wasser und Luft, Steine und Sand, Kreisel, Schwerkraft, Balance, Hand und Fuß, Auge und Ohr, Licht und Schatten, Türme und Brücken, Zahlen und Landkarten, Schrift und Sprache, Farben und Formen.

Für Erwachsene eröffnen sich selbstverständlich andere, komplexere, auch theoretische Herangehensweisen als für Kinder. Gemeinsam sind jedoch die elementaren Erfahrungen mit Material und Werkzeug, die Freude am Staunen, Forschen und Fragen.

Lernprozesse Erwachsener begleiten:

Grundsätzlich brauchen Erwachsene für selbst bestimmte Lernprozesse dieselben Bedingungen wie Kinder bzw. andersherum betrachtet: Erwachsene werden als hilfreich erlebte Grundhaltungen auf die Arbeit mit Kindern übertragen.

Kinder wie Erwachsene brauchen anregende Materialien und Freiräume, Ruhe und Aufmerksamkeit, etwas für alle Sinne, Erfahrungen mit den Elementen, ein Blick über den

Tellerrand hinaus und vor allem eine achtsame Begleitung, die dabei hilft, dranzubleiben und mögliche Hindernisse und Enttäuschungen zu bearbeiten. Sie brauchen aufmerksame Beobachter, die dabei helfen, Lerngeschichten festzuhalten.

Achtsam begleiten heißt:

- beobachten, spüren wann Unterstützung hilfreich ist,
- auf geschützten Raum und Material achten,
- sich in die Situation der Lernenden einfühlen, Freude teilen, Enttäuschung mit aushalten, zuhören, teilnehmen ohne zu bewerten, Anstrengungen würdigen,
- für angenehme Lernatmosphäre sorgen, mit Ermutigung, spielerischer Distanz, Humor, Pausen »Lockerungsübungen« bei Bedarf,
- Zeit einplanen für neue Wege und Versuche, für Dokumentation und Reflektion,
- die Würdigung von Lernwegen, Lerngeschichten – wo immer sie auch hinführen.

Ab und an kann es wichtig sein, Impulse zu geben, Handlungsmöglichkeiten zu erweitern, evt. mit anderem Material, mit einer Frage. Vorsichtig können eigene Lösungsvorschläge eingebracht werden, aber auch loslassen, wenn sie nicht angenommen werden. Manchmal eröffnet eine »Was-wäre-wenn-Frage« Gedanken in neue Richtungen.

Lernen heißt auch sich selbst erfahren:

- Wie gehe ich um mit Überraschungen und ungewohnten Ergebnissen?
- Kann ich mich lösen von fest gefügten Vorstellungen?
- Wie gehe ich zu auf unbekanntes Werkzeug und scheinbar alt bekanntes Material?
- Wie erlebe ich Mut zu Neuem und Rückzug auf Vertrautes?
- Wo entdecke ich in meiner Lernbiographie Hemmschuhe und Ermutigung?
- Wann macht Wiederholung Freude und wo ermüdet sie?

Die Lernbegleiterin hat die Aufgabe, im Dialog Bedürfnisse zu erkennen und ein persönliches Motiv herauszufinden, Widerstände zu akzeptieren, individuelle Lernwege zu würdigen, Umwege zu begleiten, unterschiedliche Arbeitsformen zu koordinieren.

Besonders überzeugend ist es, wenn ihre eigene Haltung als achtsame Begleiterin von Lernprozessen als Modell reflektiert wird.

Wie Erzieherinnen die Arbeit in der Lernwerkstatt erlebt haben:

- Es war gut, Zeit und Ruhe zu haben für eigene Versuche. Begleitung war kaum zu merken, aber im entscheidenden Moment sehr hilfreich.
- Hat man erst einmal angefangen, möchte man gar nicht mehr aufhören mit dem Probieren und Experimentieren.
- Durch meine eigene Erfahrung habe ich gründlicher, tiefer, genauer gelernt, was es mit der Sache auf sich hat.
- Es ist gar nicht so einfach, sich von vorgegebenen Wegen zu lösen, was Eigenes zu finden.
- Ich habe schon lange nicht mehr das Gefühl gehabt, kreativ sein zu dürfen.
- Der Schritt, Fachleute zu fragen, war aufregend, wichtig, besonders auch deren positive Reaktionen.
- Die freie Themenwahl zeigte eine riesige, anregende Vielfalt in der Gruppe.
- Es war gut zu erleben, dass der Prozess für mich wichtig war, nicht das Ergebnis.
- Ich habe entdeckt, wie viele Fragen man zu einer Sache stellen kann.

Kurz gesagt, wir haben etwas erfahren über die Balance zwischen Selbstbildung und Anleitung.

Mit welchen Plänen und Absichten gehen die Teilnehmerinnen zurück in die Praxis?

- Genauer beobachten, was die Kinder interessiert und fasziniert,
- mehr auf eigene Verhaltensweisen achten, z.B.: Wo greife ich zu schnell ein?,
- den Kindern mehr zutrauen, ihnen dazu Freiräume einräumen,
- sich selbst an neue Themen, Fragen, Materialien heranwagen,
- den Blick auf den Zauber der kleinen Dinge schärfen,
- Eltern und andere Fachleute einbeziehen,
- Materialien überprüfen, ergänzen, austauschen, öfter wechseln,
- offene Regale nutzen, sichtbare Anregungen zum selbstständigen Tun,
- Regeln aufstellen, die etwas ermöglichen, anstatt zu verhindern.

Dranbleiben und gutes Gelingen!

Vordenker und Grundprinzipien von Lernwerkstätten

Erzähle mir und ich vergesse, zeige mir und ich erinnere, lass es mich tun und ich verstehe!

Konfuzius

Der Aufbau von Denk- und Handlungsstrukturen beim Kind vollzieht sich im Wesentlichen in der aktiven Auseinandersetzung mit der Welt.

Jean Piaget

Wissen ohne Beziehung zu verständigem Handeln ist toter Ballast.

John Dewey

Hilf mir, es selbst zu tun.

Maria Montessori

Nicht für alle das gleiche, sondern jedem seinen eigenen Rhythmus und Entwicklungsgang. Nicht sagen, was Kinder sollen, sondern herausfinden, was sie wollen.

Celestin und Elise Freinet

Kinder malen nicht was sie sehen, sondern das, was sie wissen und empfinden.

Bettina Egger

Kinder tauchen komplett in die Erfahrungswelt ein, sie denken mit den Händen und gewinnen dadurch Wissen.

Elena Giacopini

Worauf Lernwerkstätten bauen

Was reformpädagogische Ansätze zur aktuellen Bildungsdebatte beitragen können[1]

Die Diskussion um den Bildungsauftrag von Kindertagesstätten bringt alt bekannte und nun zum Teil neu bewiesene Erkenntnisse wieder in Erinnerung: Menschen, ob große oder kleine, können nicht belehrt werden, sie lernen von selbst. Sie tun das in der Regel gern, wenn sie gelassen werden, wenn man sie ermutigt und unterstützt und nicht behindert.

Menschen, ob große oder kleine, lernen durch die Begegnung mit den Dingen, durch den Einsatz all ihrer Sinne, durch Handeln und Erfahrung.

Menschen sind soziale Wesen, sie brauchen ein Gegenüber, um Erfahrungen mitzuteilen und einzuordnen, um Strukturen und Begriffe zu finden, um Ermutigung und Bestätigung zu erfahren.

Wenn das so ist, dann gilt es die Alltagspraxis in den Kindertagesstätten unter diesen Fragestellungen zu betrachten:

Welche Haltung muss ich als Erwachsener einnehmen, um Lernprozesse zu begleiten und zu strukturieren, ohne sie vorweg zu nehmen?

Durch unsere eigene Lerngeschichte liegt es uns doch so viel näher zu sagen: »Komm her, ich zeige dir wie das geht!«, als Kinder zu ermutigen, ihren eigenen Weg zu gehen, ohne sie dabei allein zu lassen.

Welches Materialangebot ist geeignet, in den Kindertagesstätten den Umgang mit den Dingen, die die Welt

bedeuten, zu ermöglichen und Lernprozesse anzuregen?

Geht das ausschließlich mit mehr oder weniger bewusst ausgewähltem, sicherheitsgeprüftem Kinderspielzeug oder braucht es dazu nicht noch mehr?

Wie müssen Räume eingerichtet und strukturiert sein, so dass sie Erfahrungen ermöglichen zur freien Entfaltung verschiedener Fähigkeiten und dennoch so banale Dinge wie Übersichtlichkeit, Ordnung und Sicherheit gewährleisten?

Das Thema »Ordnung halten« ist ein pädagogischer Dauerbrenner. Auch hier gilt der weise Satz ›der Weg ist das Ziel‹.

Zum Glück müssen wir das Rad nicht neu erfinden. In reformpädagogischen Ansätzen, die in vergangenen Jahren entstanden sind und erprobt und weiterentwickelt wurden, zeigen sich viele Hinweise zur Beantwortung dieser Fragen. Wenn wir sie vergleichen, gibt es etliche Parallelen und Übereinstimmungen, obwohl der geografische, histo-

1 Zuerst veröffentlicht im Blickpunkt Berliner Kitas 1/2003, Senatsverwaltung für Bildung, Jugend und Sport, Landesjugendamt Berlin, leicht geänderte und ergänzte Fassung

rische und pädagogische Kontext, in dem sie entstanden sind, unterschiedlich ist. Manche dieser Reformpädagogen wussten natürlich auch voneinander und bezogen sich aufeinander:

Maria Montessori, die italienische Ärztin und Pädagogin (1870-1952) und der französische Grundschullehrer Celestin Freinet (1896-1966) und seine Frau Elise, Begründer des entdeckenden Lernens wie John Dewey (1859-1952), Arno Stern (*1926) und Bettina Egger (*1943), die Vertreter des freien und begleiteten Malens als Mittel zur Persönlichkeitsentfaltung in Frankreich und in der Schweiz, Elfriede Hengstenberg und Emmi Pikler als Verfechterinnen der freien Entwicklung von Bewegung und Körpergefühl aus Deutschland und Ungarn, Loris Malaguzzi, der Urvater der Pädagogik, die in den Kindergärten in Reggio Emilia, Italien, entstand, Ute Andresen, die wichtige Beiträge zum lebendigen Lernen in deutschen Grundschulen liefert.

Ich benutze hier den Begriff Reformpädagogen, obwohl die erwähnten Personen sich vielleicht selbst nicht so bezeichnen würden. Der »Sammelbegriff« steht für mich für eine Kind-zentrierte Pädagogik in Abgrenzung zu einer Pädagogik, die ein traditionelles, hierarchisches Lehrer-Schüler-, Erzieher-Kind-Verhältnis mit vorgegebenen Lernschritten und Lob und Tadel durch den Erwachsenen als normal ansieht.

Es würde den Rahmen dieses Artikels völlig sprengen, genauer auf die einzelnen Ansätze eingehen zu wollen und ihnen auch damit gerecht zu werden. Stattdessen stelle ich pragmatisch und assoziativ zu den drei Aspekten Raumgestaltung, Materialangebot und Haltung des Erwachsenen Antworten der reformpädagogischen Richtungen für die Praxis aus der vorhandenen Literatur zusammen.

Die Gestaltung des Raumes und das Materialangebot

Je übersichtlicher und strukturierter der Raum gestaltet ist, desto selbständiger und freier können die Kinder ihn nutzen.

Montessori-Pädagogen ordnen das Material für einzelne Aufgaben und Übungen jeweils auf einem Tablett an, das zusammen mit vielen anderen in offenen Regalen steht. Nachdem die Kinder neues Material kennengelernt haben, können sie es sich selbstständig nehmen, sich daran erproben und es danach wieder – möglichst aufgeräumt – an seinen Platz stellen. Das nennt Montessori »die vorbereitete Umgebung«. Manche Materialien sind so entwickelt, dass die Kinder selbst ihren Lernerfolg erkennen können. Das macht sie unabhängiger von den Erwachsenen.

Kindergärten, die nach Freinet arbeiten, richten möglichst viele Werkstätten ein (z.B. zum Malen und Gestalten, für Ton- und Holzarbeiten, zum Nähen und Erfinden). Manche Werkstätten sind so aufgebaut, dass die Regale eine übersichtliche Ordnung haben und mit roten, gelben und grünen Schildern versehen sind. Die grünen Dinge sind für alle Kinder verfügbar, bei gelben sollen sie fragen und rote sind nur für Erwachsene oder in deren Begleitung nutzbar. Andere entwickeln mit Kindern weitere Ordnungssysteme. Allen gemeinsam sind Nutzer-Regeln, die auch für die Erwachsenen gelten. Was in den Werkstätten hergestellt wird, ist nicht vorgegeben, es gibt aber anregende Materialien und Ordner zum Blättern und Erwachsene, die – im Idealfall – selbst dort arbeiten.

Malateliers nach Arno Stern und Bettina Egger haben ebenfalls eine klare Struktur und Regeln, »die etwas ermöglichen sollen, nicht verhindern«, wie Arno Stern sagt. Gemalt wird stehend an der Wand auf großen Blättern. In der Mitte steht ein Palettentisch mit 14 bis 21 Farben, dazu jeweils Pinsel und Wasser. Alle Themen sind erlaubt, es dürfen auch wütende und »hässliche« Bilder gemalt werden, es wird nicht über die Bilder der anderen gesprochen. Auf diese Weise wird ein Freiraum geschaffen, in dem frei gemalten Bildern als nonverbaler oder präverbaler Verbindung zwischen Innenleben und Außenwelt eine bedeutungsvolle Rolle bei der Entwicklung der Persönlichkeit beigemessen wird.

Bewegungsbaustellen nach Elfriede Hengstenberg bieten ebenfalls viel Freiraum zur Entfaltung der individuellen Fähigkeiten in einem strukturierten Rahmen bei größtmöglicher Zurückhaltung der Erwachsenen. Bewegungsanreiz bieten hier unterschiedlich angeordnete Geräte und Materialien. Der Erwachsene bereitet diese Umgebung mit Überlegung und dem Entwicklungsstand der Nutzer entsprechend vor und begleitet die Versuche, ohne Vorgaben zu machen.

Sowohl in den Freinet-Werkstätten als auch in den Malateliers und auf der Bewegungsbaustelle geschehen entdeckende Lernprozesse, die durch Raumgestaltung und Materialangebot aber auch durch die Haltung der Erwachsenen möglich werden.

»Wesentlich ist, dass das Kind möglichst viele Dinge selbst entdeckt. Wenn wir ihm bei der Lösung aller Aufgaben behilflich sind, berauben wir es gerade dessen, was für seine geistige Entwicklung das Wichtigste ist. Ein Kind, das durch selbständige Experimente etwas erreicht, erwirbt ein ganz andersartiges Wissen als eines, dem die Lösung fertig geboten wird.« (Emmi Pikler)

Reggio-Pädagogen bezeichnen den Raum als dritten Erzieher (neben den Eltern und den Pädagogen) und als Orte der Provokation. Die Räume dort bieten eine Fülle von Dingen, die die Wahrnehmung der Kinder fördern und ihre Aktivität anregen: Spiegel und Labyrinth, Flüstertelefon und Stufenpodest, das sind nur einige Beispiele. Ateliers und Werkstätten, in denen die Wahrnehmung der Umgebung in schöpferischen Prozessen festgehalten wird, sind hier das Zentrum des Geschehens. Die Werke, die hier entstehen, sind Zeichen für die Lernprozesse der Kinder. Für Erwachsene sind sie Schlüssel, mit deren Hilfe sie verstehen lernen, welche Wege zum Wissen ihre Kinder gehen. (s. auch B. Sommer 1999)

Lernwerkstätten arbeiten nach den Prinzipien des entdeckenden Lernens. Dort werden zu einem Themenkomplex (wie zum Beispiel Wasser, Steine, Papier, Buchstaben und Zahlen, Hände, Farben, Häuser, Brücken...) alle möglichen Materialien und Anregungen bereitgestellt. Je nach Alter der Lernenden entwickelt sich aus einer Probier- und Hantier-Phase eine Frage oder eine Aufgabenstellung. Diese wird dann weiter verfolgt und im Gespräch mit anderen strukturiert. Das Dokumentieren der Lernschritte ist dabei ein wichtiger Bestandteil des Lernprozesses. Verschiedene Formen und Überlegungen zur ästhetischen Bildung spielen hier eine Rolle. Die Ergebnisse können sich nicht nur sehen lassen, sie machen Freude, reizen zum Mitmachen und ermöglichen einen Einblick in die Gedanken- und Erfahrungswelt des Lernenden.

Das Materialangebot im Besonderen

Vielfalt macht das Leben aus

Im Umgang mit Dingen sich die Welt erobern: dazu gehören ganz elementare Stoffe wie Wasser, Stein, Sand und Ton – »wer Formen schafft, formt sich selbst!« Solche und andere frei gestaltbare Materialien wie Stoffe und Folien, Bretter und Zweige, Schnur und Wolle sind vielseitig verwendbar.

Gestalten mit Papier und Pappe, Farbe und Kleister, Holz und anderen Dingen, dabei den Umgang mit Werkzeug üben und mit den Ergebnissen wachsen.

Was noch dazu gehört: sich anregen lassen von Kunstwerken, Musik und Malerei, bewusst eine Variationsbreite anbieten von guten, edlen Materialien (Farben und Stoffen, Werkzeug und »Zubehör«) und solchen, die gar nichts kosten, aber dennoch eine hohen Gebrauchswert haben wie z.B. Zeitungspapier und Pappkartons, Verpackungsmaterial und »Fundsachen«. Qualität soll dabei erkannt und ihr Wert geschätzt werden. Gleichzeitig wird Improvisationsgeist gefördert und der Blick auf das Vorhandene, Machbare geschult.

Alltagsmaterialien und Werkzeug aus der Erwachsenenwelt sollen zur Verfügung gestellt werden, aus Küche und Büro, Handwerk und Technik. So gefährlich muss das ja nicht sein, z.B. Eierschneider, Locher, Webrahmen, Magnet, Kompass, Waagen und Lupen, Schaufel und Besen...

»Wirkliche« Aufgaben lösen, je nach Alter gesteigert, z.B. backen und kochen, andere bewirten, einkaufen, Geld einteilen, Wege durch die Stadt finden, sich orientieren lernen, Landkarten, Schrift und Zeichen in ihrer Funktion kennenlernen und selbst entwickeln. Das Buch über das »Weltwissen der Siebenjährigen« von Donata Elschenbroich zeigt eine Fülle von Richtungen auf, in die das Interesse von Kindern – und hoffentlich auch von Erwachsenen – gehen kann; es ist kein Aufgabenkatalog zum »Abarbeiten« sondern Anstoß, die Kinder mit der Fülle des Lebens in Kontakt zu bringen.

Die Haltung des Erwachsenen

Vertrauen haben in die Lernbereitschaft und Neugier der Kinder.

Allen erwähnten reformpädagogischen Ansätzen gemeinsam ist ein Bild vom Kind, das Lern- und Entwicklungspotentiale hat, die es ohne Druck und Zwang zu fördern gilt:

- Kindern etwas zutrauen, Vertrauen haben in ihre Offenheit für neue Dinge, in ihre »sensiblen Phasen« wie Montessori sie nennt, in denen sie besonders aufnahmebereit für bestimmte Lernschritte sind.
- Lernende unterstützen und ermutigen und nicht klein machen durch Kritik und noch höhere Ansprüche. Zeit dafür lassen, dass die Lernenden selbst den nächsten Schritt tun wollen.
- Die Einschätzung dessen, was und wie erfolgreich gelernt wurde, ihnen selbst zumuten, um damit die Verantwortung für den eigenen Lernprozess und selbstständiges Handeln zu fördern.
- Die Wanderung auf dem schmalen Grat zwischen Zutrauen und Bestätigung einerseits und Zumutung und Anforderung andererseits bewältigen, jeweils individuell bezogen auf das einzelne Kind und seine Situation und seine Möglichkeiten.

Der Erwachsene beobachtet und unterstützt, dient mit

Material und Struktur. Manchmal ist tatsächlich von dienen und bedienen die Rede. Die Bedeutung der praktischen Tätigkeit und der Auseinandersetzung mit Materialien wird damit betont.

Zu gegebener Zeit wird die Erzieherin als Lernbegleiterin auch aktiv mit Fragen und Anregungen, als Spiegel und Gegenüber. Das Kind setzt sich mit einer Aufgabe auseinander, der Erwachsene beobachtet, strukturiert die Beobachtung mit einer Frage, ermutigt zu weiterem Tun.

Aus der Projektarbeit der Reggio-Pädagogen sind sehr differenzierte Dialoge festgehalten, die deutlich machen, welcher Ideenreichtum sich schon bei sehr kleinen Kindern zeigen kann: »Schatten gehört zur Nacht aber auch zum Tag, da ist etwas, aber man kann es nicht festhalten...« (Sommer S. 36)

Literatur

Albert, Christine (2000): Lernwerkstatt Kindergarten. Weinheim

Andresen, Ute (2000): Ausflüge in die Wirklichkeit. Grundschulkinder lernen im dreifachen Dialog. Weinheim

Bruce, Tina: Cultivating Creativity (2004): In: Babies, Toddlers and Young children. London

Deutscher Verein (Hrsg.) (o.J.): Die Lernwerkstatt. Eine lebendige Verbindung von Kreativität und Lernen, MSP 28. Frankfurt

Dieken, van C. (2004): Lernwerkstätten und Forscherräume in Kita und Kindergarten. Freiburg

Egger, Bettina (2002): Faszination Malen (über die Einrichtung von und die Arbeit in Malateliers). Bern

Egger, Bettina (2002): Malen als Lernhilfe (spezielle Förderung mit verschiedenen Methoden). Bern

Egger, Bettina (2006): Bilder verstehen (die Bedeutung spontaner Kinderbilder besser verstehen). Bern

Haas, Sibylle (2005): Auf den Spuren kindlicher Verhaltensmuster. Über den Zusammenhang von Körperwahrnehmung, physikalischen Grunderfahrungen und künstlerischem Ausdruck. Weimar, Berlin

Klein, Lothar; Vogt, Herbert (1998): Freinet-Pädagogik in Kindertageseinrichtungen. Entdeckendes Lernen oder »vom Hunger nach Leben«. Freiburg

Kramer, Rita (1997): Maria Montessori – Leben und Werk einer großen Frau. Frankfurt

Krieg, Elsbeth (2002): Lernen von Reggio. Lage

Pikler, Emmi (1988): Laß mir Zeit. München

Reggio Children (2002): Alles hat einen Schatten außer den Ameisen. Weinheim

Sommer, Brigitte (1999): Kinder mit erhobenem Kopf, Kindergärten und Krippen in Reggio Emilia. Neuwied

Stern, Arno (1996): Die natürliche Spur. Wenn die Mallust nicht zu Werken führt. Bocholt

Strub, Ute (Hrsg.) (1997): Elfriede Hengstenberg: Entfaltungen. Lübeck

2.3 Eine lernfreudige Kita zwischen Wahlmöglichkeit und Verbindlichkeit

Friderike Pankoke · Bettina Schwab

Südlich von Berlin, an die Stadt angrenzend, liegt die Gemeinde Blankenfelde-Mahlow mit ca. 23.000 Einwohnern in fünf Ortsteilen. Hier gibt es überwiegend Einfamilienhäuser, viele Familien mit Kindern wohnen in der Gemeinde und es besteht eine geringe Arbeitslosigkeit, begründet durch die Nähe zu Berlin und eigene Gewerbeansiedlungen. Die Gemeinde ist kommunaler Träger von 13 Kindertageseinrichtungen, von der Krippe bis zum Hort. Die Kindertageseinrichtungen sind unterschiedlich groß und ebenso unterschiedlich pädagogisch ausgerichtet – der Anspruch ist Konzeptvielfalt unter einem Träger – ein interessanter Ansatz, der mich vor vier Jahren bewogen hat, neben der Offensichtlichkeit der Herausforderung, mit den Kolleginnen eine Alternative zu der praktizierten sehr konservativen Krippenpädagogik zu entwickeln, die damalige Krippe von Blankenfelde als Leiterin zu übernehmen.

Wie die Situation damals dort war, beschreibt meine Kollegin Bettina Schwab folgendermaßen:

»Hier wurden Kinder im Alter von null bis drei Jahren bis zur Aufnahme in einen Kindergarten betreut. Dabei wurde besonders darauf geachtet, dass die Gruppen möglichst altershomogen waren, das heißt, dass die Geburtstage der Kinder möglichst dicht beieinander lagen. Die Einrichtung bestand aus zwei umfunktionierten Einfamilienhäusern. Die Gärten beider Häuser grenzten aneinander. Der eine Garten war den jüngeren Kindern, der andere den älteren vorbehalten. Begegnungen gab es nur am Zaun, denn auch Früh- und Spätdienste gab es in beiden Häusern.

Die Erzieherin begleitete ihre Gruppe bis zum Übergang in den Kindergarten. Mit der Wende wurde es erforderlich, eine Betriebserlaubnis zu erlangen und bestimmte Betreuungsstandards zu erfüllen. Die mehrmaligen Begehungen durch das Landesjugendamt, zur Prüfung der Betriebserlaubnis, erlebte ich jedes Mal als großes Desaster, als Infragestellung unserer gesamten bisherigen Arbeit. Plötzlich wurde die Ruhe im Haus (geschlossene Türen…) »gespenstisch« genannt, der Zaun sperrt ein (und schützt nicht, wie ich dachte…) und natürlich gab es auch Topfbänke, wie soll man sonst im Waschraum Ordnung halten??

Heute habe ich das Gefühl, wir haben damals unter einer Art Käseglocke gearbeitet, Kontakt und Erfahrungsaustausch mit anderen Einrichtungen gab es nicht, personelle sowie die Arbeit betreffende Probleme wurden von der Leiterin sehr autoritär gelöst und die Hierarchien waren festgelegt und unerschütterlich. Eine Regel in Frage zu stellen, hat nur Stress und Ärger gebracht und nie etwas bewegen können. Die vom Landesjugendamt forciert geforderte Öffnung der Gruppen haben wir damit abgetan, dass die Eltern solches nicht gut heißen (… nachdem wir ihnen unseren Stand dazu dargelegt hatten).

Für mich und meine Kolleginnen stand zu diesem Zeitpunkt offene Arbeit für Chaos, Unordnung und Gefahr (denn Große sind ja bekanntermaßen grundsätzlich rücksichtslos und aggressiv zu Kleinen, sechs bis neun Gleichaltrige hat man »im Blick« – ohne »Blickkontakt« arbeiten geht ja gar nicht!). Und dann ging unsere altgediente Leiterin in den Altersruhestand...«

Von Seiten des Trägers hatte ich den Auftrag, mit den Kolleginnen ein Profil für die Krippe – mit einer noch vagen Möglichkeit eines Umzugs oder Neubaus im Hintergrund – zu erarbeiten Mein eigener Anspruch war, mich mit ihnen auf den Weg hin zur offenen Arbeit zu machen. Nach wenigen Wochen Einarbeitung begannen einzelne Kollegen auf meine Nachfragen, warum sie bestimmte Dinge genau so und nicht anders machten, mit Interesse und einem vorsichtigen Einlassen auf kleine Veränderungen zu reagieren. Sie erlebten, dass sie Entscheidungsspielräume bekamen und diese nutzen konnten und nicht mehr nur auf Anweisung, und »weil es schon immer so war« zurückgreifen mussten. Ich machte ihnen auch von Anfang an Mut, ihre Gruppenerzieheremsamkeit zu verlassen und sich für manche Aktionen zusammenzutun.

Die Kinder nahmen die neuen Möglichkeiten, die sich aus den sich verändernden, sich öffnenden Situationen ergaben, begeistert auf und waren uns dann während des Öffnungsprozesses immer mindestens einen Schritt voraus. Aber Kinder sind ja bekanntlich sehr geduldig und warten darauf, dass wir Erwachsenen nun auch endlich verstehen, was sie brauchen und wollen.

Noch einmal meine Kollegin Bettina Schwab:

»Ich bin der Meinung, dass nur durch eine grundlegende Veränderung der Leitungsstrukturen eine Öffnung hin zu neuen Ideen möglich geworden ist. Unsere neue Sozialamtsleiterin hatte die Idee einer Konzeptvielfalt unter einem (kommunalen) Träger und unsere neue Kita-Leiterin genug Erfahrung, Ideen und das Vertrauen, dass die Optionen der offenen Arbeit überzeugen, wenn man sie erst einmal kennt. Es bestand und besteht für uns die Möglichkeit, die Einrichtung innerhalb des Trägers zu wechseln und so wieder – wie gewohnt – in Gruppen zu arbeiten. Für uns alle war es aber damals sehr verlockend, in einem Neubau mit ansprechenden Arbeitsbedingungen zu arbeiten. Und da haben wir uns auf die offene Arbeit eingelassen – dass das nur mit »Haut und Haaren« geht, ist uns erst so nach und nach klar geworden. Profitiert haben wir eindeutig vom Erfahrungsschatz unserer neuen Leiterin und das Schlüsselerlebnis war für uns fast alle das Erleben von guter offener Arbeit in einer anderen Einrichtung. So bekamen wir zum ersten Mal das Gefühl, das kann funktionieren!«

Die Entscheidung, dass wir einen Neubau bekommen sollten und dass sich damit auch die Zahl der Plätze und die Altersgruppe verändern würden, brachte ziemlich Dynamik in die Geschichte. Ich bekam die Chance, die ich natürlich nutzte, mich an der Planung und Gestaltung des Hauses – als zweiter Bauleiter sozusagen – zu beteiligen. Innerhalb von einem Jahr entstand so eine neue Kita für 95 Kinder mit räumlichen Bedingungen, die für offene Arbeit geeignet sind. Parallel dazu beschäftigten wir uns, unterstützt von einer Fortbildnerin, mit den theoretischen Grundlagen der offenen Arbeit, mit Fragen der eigenen Haltung in erster Linie, und begannen unter den sehr schwierigen Bedingungen in den alten Häusern manche Veränderung zu probieren.

Dazu Bettina Schwab:

»In unserem (alten) Haus setzte sich langsam durch: privates Material bleibt zu Hause, was da ist, gehört uns und kann von allen genutzt werden (... mein Schrank, mein Gruppenraum, meine Stifte, meine Kinder – das ist ab jetzt vorbei). Die vier älteren Gruppen bekamen das Haus und die vier Erzieherinnen eine Menge miteinander abzustimmen und zu klären – das geht am Anfang nicht problemlos und oft überzeugen wirklich erst die Resultate. Aber wenn man den Mut hat, etwas zu probieren, wird man eigentlich immer belohnt. Ein gemeinsamer Morgenkreis entwickelte sich schnell zum festen Bestandteil des Tages – der Ablauf wurde entwickelt und immer wieder verändert. Gutes, wie eine Stilleübung und ein Lied am Beginn, führen wir weiter, am Anfang stehen wir im Kreis – jetzt sitzen wir alle und sind somit alle auf einer Ebene...

Die Kinder nutzten allmählich den zur Verfügung stehenden Platz und wir konnten unterschiedlich gut damit umgehen... es gab aber tatsächlich keine Massenstürze auf der Treppe. Es war sehr anstrengend, die Kinder der ehemaligen eigenen Gruppe im Auge zu behalten, wenn sie auf das gesamte (wenn auch kleine) Haus verteilt sind. Diesen Anspruch haben wir erst im neuen Haus fallen gelassen – er war wirklich nicht zu halten. Allmählich wurden den Räumen Funktionen zugeordnet – oben das Schlafen, Platz für Bewegung, unten das Essen und Dinge, für die man einen Tisch braucht. Veränderungen wurden von unserer Leiterin immer so vorbereitet: »Warum ist eigentlich...« oder: »Was haltet ihr von...«, und manchmal haben wir ihre Geduld ganz schön strapaziert – man hängt eben an über eine lange Zeit eingelaufenen Vorgehensweisen. Aber aufgefallen ist es uns doch: die Kinder sind eigentlich die Wegweiser, wenn man aufmerksam ist, kann man erkennen, was ihnen gerade entspricht.«

Im Oktober wird die neue Kita bezogen und eingeweiht. Die Kita besteht aus drei Bereichen: Wirtschaftsbereich – Büro, Personalraum, Lager, Küche mit Vorratsräumen mit Köchin und zwei Reinigungskräften. Krippenbereich – bis zu 22 Säuglinge und Kleinkinder bis ca. eineinhalb/zwei Jahren mit drei Kolleginnen in zwei Spielräumen, Sanitärbereich, Schlafraum, Garderobe – alle Räume sind miteinander verbunden und mit einer Glastür zur übrigen Kita geschlossen. Kindergartenbereich – bis zu 73 Kinder ab etwa zwei Jahren mit fünf Erzieherinnen in fünf Funktionsräumen, Waschraum und Garderobe im Flur. Außerdem stehen allen ein großer Aktionsraum und der Garten zur Verfügung. Alles ist ebenerdig.

Und noch einmal meine Kollegin Bettina Schwab:

»Der Umzug war generalstabsmäßig vorbereitet (auch eine Erfahrung, die unsere Leiterin uns allen voraus hatte), und dank der schon vorangeschrittenen Öffnung für alle zwar anstrengend und aufregend, aber keineswegs chaotisch. So nach und nach entstanden Regeln und Strukturen, die wir auch nach drei Jahren immer noch bearbeiten, anpassen, verändern müssen. Und wie die Kleinen lernen auch die Großen jeden Tag etwas dazu: der Begriff »offene Arbeit« steht keinesfalls nur für geöffnete Türen, sondern für ein besonderes Verhältnis zum Kind! Kinder wissen wirklich genau, was ihnen gut tut, und was nicht – wann sie Hunger haben, frieren, müde sind. Wir müssen ihnen nur erlauben, das zu entscheiden – und immer gelingt uns das nicht. Sinnvolle Regeln werden ganz leicht eingehalten – unnötige nicht, haben wir gemerkt. Wenn ich sehe, wie problemlos und selbstverständlich die ganz Kleinen den Wechsel von der Krippe in den Kindergarten absolvieren, bin ich überzeugt, dass wir auf dem richtigen Weg sind. Das sehe ich auch, wenn Felix (5) ins Atelier kommt und mich auffordert (wie Egon Olsen: »Ich habe einen Plan!«): »Ich brauch jetzt Pappe, vier längliche Teile,

Klebstoff, Klebestreifen, einen kleinen Karton und einen größeren – ich will ein Hochhaus bauen!« Als wir alles gefunden haben, baut er mit Ferdinand über eine Stunde lang und sie kommunizieren dabei unentwegt. Sie probieren allerhand aus, bis sie zum für sie bestmöglichen Resultat kommen, es wird eine Tür ein- und eine Garage angebaut und zuletzt ein Schild entworfen, bei dem noch Paul (6) beratend mitwirkt: »Polizei« soll an dem Haus stehen und das schaffen die drei. Anschließend tragen sie gemeinsam das Papphochhaus ins Bauzimmer und sie spielen damit, bauen einen Parkplatz für die Autos an ... bis sie schließlich zum Mittagskreis und zum Essen gerufen werden. Ich bin überzeugt, dass alle ihre Kompetenzen in dieser Tätigkeit gefördert wurden ... und obendrein haben sie einer Erzieherin sehr glückliche Momente verschafft!«

Hier einige Beispiele, die zeigen, wie sich die Arbeit im Spannungsfeld zwischen Wahlmöglichkeiten und Verbindlichkeit gestaltet und welche Sichtweisen, Verunsicherungen und Entwicklungen der Erzieherinnen, der Kinder und der Eltern sie mit sich bringen:

Das Frühstück

Von 8.00 bis 9.00 Uhr kann man in der Cafeteria frühstükken. Gemeinsam mit der Köchin wurde es von einer Kollegin vorbereitet und mit Kindern, die sich beteiligen wollten, hergerichtet. Jedes Kind entscheidet jeden Tag, ob, wann und mit wem und was aus dem Angebot es frühstückt – innerhalb des materiellen und zeitlichen Rahmens.

Erzieherinnen – haben festgelegt, was es in welcher Kombination geben soll, dass immer Rohkost oder Obst dabei ist, dass es nicht jeden Tag Wurst und auch nicht jeden Tag Süßes gibt. Sie begleiten das Frühstück, sorgen dafür, dass die Kinder wahrnehmen, dass jetzt Frühstückszeit ist, erinnern sie ohne zu nötigen und zu drängen, doch übersehen sie die Kinder auch nicht und akzeptieren, dass diese ihr Frühstück selbst gestalten. Sie sind mit ihren eigenen Gewohnheiten und Vorlieben Anschauungsobjekt für die Kinder, lernen, ungewöhnliche Bedürfnisse der Kinder (Salami mit Marmelade und saurer Gurke obendrauf) auszuhalten.

Kinder – testen immer wieder die Verlässlichkeit unseres Angebotes, lassen sich gern bitten, vergessen es, finden es überflüssig, sind mit anderen Dingen beschäftigt, nutzen die Chance, ihre eigenen Frühstücksbedürfnisse herauszufinden und auch immer wieder zu verändern.

Eltern – trauen ihrem Kind nicht zu, selbst zu spüren und zu entscheiden, was sie wollen. Sie wollen die Kontrolle und so selbständig soll ihr Kind auch noch nicht sein, sie befürchten, dass das Verhalten und die Freiheit im Kindergarten auf zu Hause abfärbt. Sie sind in erster Linie besorgt, dass das Kind zu wenig isst, zweifeln, dass Erzieherinnen den Überblick haben und überhaupt, welche Mutter lässt ihr Kind am Morgen ohne Frühstück aus dem Haus? Die Beobachtung und Reflektion der Situationen und der Austausch darüber mit den Kolleginnen und den Eltern ist eine ständige Herausforderung. Dabei spielt besonders eine Rolle:

- unsere eigenen Erfahrungen und Gewohnheiten mit allen Facetten,
- ein Vertrauensvorschuss der Eltern an uns, besonders wenn das Thema Essen sehr belastet ist. Dabei hilft sehr, dass die Kolleginnen sich früher ja auch nicht vorstellen konnten, dass es tatsächlich auch anders geht,

- Verlässlichkeit und klare Haltungen gegenüber dem einzelnen Kind, und trotzdem gibt es immer auch Ausnahmen von der Regel.

Der Morgenkreis

Zum Morgenkreis treffen sich alle Kinder und Erzieherinnen jeden Tag im Aktionsraum. Die Erzieherinnen wechseln sich bei der Leitung des Kreises ab. Das Glockenläuten ruft zum Morgenkreis und alle Kinder strömen in den Aktionsraum. Wir bitten die Eltern bis 9.15 Uhr in der Kita zu sein. Wer später kommt, wird noch reingelassen. Der Morgenkreis beginnt mit einer Stilleübung und wechselnden Morgen- und Begrüßungsliedern. Alle wichtigen Informationen für den Tag, wie das geplante Angebot und die Freispielmöglichkeiten, aber auch Themen wie Jahreszeiten, Monate und Ihre Besonderheiten, neue und alte Lieder und Gedichte, Regeln und Geburtstage werden vorgestellt und besprochen und auch Gäste willkommen geheißen.

Da wir die Bedeutung für die Kinder und Erzieherinnen sehr hoch einschätzen – wer ist eigentlich da, was kann man heute tun, wer will uns was mitteilen – ist der Morgenkreis bei uns verpflichtend. Wir unterbrechen, wenn nötig, das Spiel der Kinder und verweisen auf die Zeit nach dem Morgenkreis. Allerdings hat er ein so hohes Selbstverständnis, dass die Kinder in aller Regel ihre Teilnahme nicht in Frage stellen. Schon vor dem Morgenkreis, während der Frühstückszeit, können sich die Kinder in eine Rednerliste eintragen oder eintragen lassen, um den anderen Kindern etwas mitzuteilen. Wenn wir merken, dass der Morgenkreis unruhig und belastend wird, verkürzen wir ihn oder bringen andere Elemente hinein, um möglichst wenig zu disziplinieren. Gelernt haben wir durch Eigenreflektion, dass die Kinder auch unruhig werden, wenn die Erwachsenen unruhig sind. Und manchmal kann man ein bisschen Unruhe auch einfach aushalten.

Erzieherinnen – haben gelernt, nicht alles persönlich zu nehmen, gemeinsam mit den Kolleginnen die verschiedenen Situationen und Varianten zu diskutieren und alte Macht- und Bestimmermuster zu überwinden. Wenn man zu mehreren ist, geht das auch wirklich einfacher.

Kinder – schätzen den Morgenkreis als Ort des Zusammenseins, nutzen sehr die Möglichkeit, ihre kleinen und großen Beiträge allen zukommen zu lassen. Wie bei allen Situationen, die von uns bestimmt werden, testen die Kinder unsere Flexibilität, Verlässlichkeit und Belastbarkeit.

Eltern – unterstützen diese Anforderung an ihre Kinder, hospitieren und sind begeistert, wie angenehm und stimmig der Kreis abläuft.

Spielmöglichkeiten

Hinsichtlich der Spielmöglichkeiten in den verschiedenen Funktionsräumen gibt es wenige, aber klare Regeln – wie z.B., wenn die Tür vom Flur in den Raum geöffnet ist – kann man den Raum benutzen. Wenn sie zu ist, steht er gerade nicht zur Verfügung, man kann aber durch den Fensterausschnitt sehen, was darin los ist. Voraussetzung dafür ist, dass verschiedene Spielmöglichkeiten auch für die Kinder als solche erkennbar zur Verfügung gestellt werden. Deswegen spielt die Zugängigkeit und Präsentation der Materialien eine wichtige Rolle und ist ziemlich entscheidend dafür, den Kindern die Möglichkeit zu geben, die verschiedenen Bereiche in ihrem Tempo zu erarbeiten. Nur wenn z.B. das Atelier mit all seinen Möglichkeiten verlässlich zur Verfügung steht, haben die Kinder eine Chance, den Zeitpunkt, um zu tuschen, zu kneten, zu kleben, zu schneiden, zu malen selbst zu wählen. Jede Kollegin ist bei uns für einen Raum zuständig (hält sich aber nicht täglich darin auf), sichtet und ergänzt Materialien, greift neue Ideen für den Raum von Kindern oder den anderen Erzieherinnen auf, diskutiert es und sorgt für die Umsetzung. Wir diskutieren regelmäßig, was die Kinder gerade besonders bewegt, welche Themen, welches Material besonders angenommen wird oder fehlt und entsprechend verändern wir die Räume gemeinsam mit den Kindern.

Erzieherinnen – haben eigene Schwerpunkte gefunden in ihrer Arbeit, sind zunehmend in der Lage, die Entwicklung der Kinder zu beobachten und zu dokumentieren und die entsprechenden Schlüsse hinsichtlich der Gestaltung der Räume und Angebote zu ziehen. Zur eigenen Sicherheit und dem Bedürfnis der Eltern entsprechend, gibt es ein immer wieder zu überprüfendes Informationssystem zwischen Eltern und Erzieherinnen.

Kinder – nutzen die vielfältigen Möglichkeiten entsprechend ihrem Entwicklungsstand. Auch neue Kinder oder Gastkinder orientieren sich sehr schnell und finden sich zurecht. Sie leben ihre Neigungen und Vorlieben aus und es gibt immer wieder unterschiedlichste Motivationen, sich auch Dingen anzunähern, die neu oder bisher nicht so bevorzugt waren. Es entstehen Interessengruppen und Freundschaften, auch Beziehungen über den Kita-Alltag hinaus und die Zugehörigkeit zu der Kita: Ich bin ein Tabaluga-Kind.

Eltern – Manche vermissen noch immer den Tagesrapport der Gruppenerzieherin, sie wollen jeden Tag möglichst genau wissen, was ihr Kind mit wem gemacht hat. Viele allerdings akzeptieren, dass die Kinder einen eigenen Bereich haben und darüber meist keine Rechenschaft ablegen können oder wollen (ist ja schon Lichtjahre her, der Vormittag). Eltern holen sich Informationen von den Erzieherinnen und nutzen das Angebot von Entwicklungsgesprächen mit ihrer Bezugserzieherin.

Angebote

Von der Erzieherin geplantes und vorbereitetes thematisches Angebot:

- regelmäßig – z.B. Märchenstunde, Singkreis,
- im Rahmen von Projekten – z.B. Kinderberatung, Ausstellung,
- Ausflüge – Theaterbesuche, Waldschule

Im Kindergartenbereich bieten wir täglich ein thematisches, geplantes, vorbereitetes Angebot an und immer Spiele in allen Räumen, im Bewegungsraum oder Garten. Bereits im Morgenkreis entscheiden sich die Kinder hinsichtlich des Angebotes. Die Erzieherin stellt in geeigneter Weise das geplante Angebot vor – Was, wo, für wen und wie viele Kinder, oft mit Hilfsmitteln (z.B. Karten oder Gegenstände). Hier einige Beispiele:

Heute macht Gabi Märchenstunde im Leseraum und jedes Kind, welches Lust dazu hat, geht nach dem Morgenkreis in den Leseraum. Heute können alle Kinder, die unter drei Jahren sind, im Atelier mit Farbe Sand und Kleister arbeiten – welche Kinder sind das? Jedes einzelne dieser Kinder wird gefragt und bekommt Pinsel oder Mal-

Shirt in die Hand. Heute kann man mit Barbara auf der Terrasse mit Holz arbeiten. Barbara hat sechs Karten und verteilt diese mit dem Hinweis, dass immer, wenn ein Kind fertig ist, ein neues nachkommen kann. Kinder, von denen wir annehmen oder wissen, dass sie sich dafür interessieren, sprechen wir manchmal extra an, achten darauf, dass auch sehr schüchterne Kinder zum Zuge kommen, muten Kindern zu, auch mal zu warten oder auszuhalten, dass sie heute nicht dran kommen. Im Einzelfall, wenn wir festgelegt haben, dass das Thema für eine bestimmte Gruppe von Kindern besondere Bedeutung haben soll, laden wir eine vorher festgelegte Gruppe von Kindern dazu ein (Bsp. Kinderberatung). Einen Tag in der Woche haben wir einen »Wald-und-Wiese-Tag« – ein Tag, an dem alle Kinder auf Wanderschaft gehen. Je nach Belastbarkeit und ob Schlafkind oder nicht, entstehen verschiedene Gruppen, die unterschiedliche Ziele haben. Da können die Kinder nicht wählen, alle gehen los. Also auch solche verpflichtende und feste Angebote sind Bestandteil.

Dokumentation und Beobachtung

Voraussetzung für die Begleitung der Kinder in der offenen Arbeit mit ihren Wahl- und Entscheidungsmöglichkeiten ist, dass die Erzieherinnen ein fundiertes Fachwissen über kindliche Entwicklung haben, dass sie in der Lage sind, in einem Team zu arbeiten und das Vertrauen und die Akzeptanz der Eltern zu gewinnen. Um diesen Anforderungen gerecht zu werden, braucht es ein Beobachtungs- und Dokumentationssystem. Wir haben vor zwei Jahren begonnen, für unser Haus ein solches zu entwickeln und zu installieren. Neben der Bereitschaft der Kolleginnen, sich auf die unterschiedlichen Bedürfnisse der Kinder einzulassen und mit den Kolleginnen gemeinsam im Team zu arbeiten, ist die Beobachtung und Dokumentation eine sehr große Herausforderung für viele Kolleginnen. Unser Beobachtungs- und Dokumentationssystem besteht aus vier Teilen:

- Die Eingewöhnungsdokumentation – darin wird die Eingewöhnungsphase für jedes Kind detailliert dokumentiert.
- Die Situationsbeobachtung – sie zeigt, welches Thema das einzelne Kind zur Zeit beschäftigt. Durch den Austausch im Team ergeben sich wichtige Erkenntnisse über die aktuelle Entwicklung des Kindes.
- Die Entwicklungseinschätzung – wir erstellen im Team ein Entwicklungsprofil nach Kuno Beller, und zwar jährlich und für jedes Kind.
- Der Entwicklungsordner – in dem wichtige Entwicklungsschritte in Bild und Text dokumentiert werden.

Bei aller Anstrengung und dem zeitlichen Aufwand, die diese System fordert, hilft es uns, für individuelle Besonderheiten der einzelnen Kinder aufmerksam zu sein, die Vielfalt kindlicher Entwicklung zu sehen, den Eltern professionell zu begegnen und uns selbst immer weiterzuentwickeln. (www.kiga-tabaluga.de)

2.4 Moralische Werte vermitteln und Bildungsprozesse unterstützen – ein Widerspruch?

Vorurteilsbewusst intervenieren in der Kita

Petra Wagner

Um gut lernen zu können, so wissen wir aus der Hirnforschung, sind Sicherheit und Orientierung gebende Bindungsbeziehungen von entscheidender Bedeutung (Hüther 2001, 2004). Eine Sicherheit gebende Bindung steht für Schutz, für Interesse an dem, was das Kind bewegt, für positive Resonanz auf seine Bedürfnisse, Gefühle und Gedanken, für Ermutigung beim Explorieren und bei der Ausweitung des Autonomieradius, für verlässliche Fürsorge, Pflege, Trost. Eine Orientierung gebende Bindung steht darüber hinaus für Klarheit in Bezug auf wertebezogene Botschaften, für Informationen von richtig und falsch, angemessen oder unangemessen, möglich oder unmöglich, »anständig« oder »unanständig«. Sie übermitteln Kindern die moralischen Grundwerte einer Gesellschaft und auch die Konventionen, also die Vereinbarungen, die bestimmten Gepflogenheiten und Sitten unterliegen.

Diese Informationen geben Kindern wichtige Hinweise auf die Beschaffenheit und Qualität von Phänomenen in dieser Welt, die zu erkunden sie sich auf den Weg machen. Das krabbelnde Kleinkind, das beim Erforschen der Wiese auch Hundekot in den Mund stecken will, entnimmt dem angewiderten und entsetzten Gesichtsausdruck seiner Bezugspersonen, dass damit etwas nicht in Ordnung ist. Die Reaktion der Bezugspersonen gibt dem Hundekot eine negative Bedeutung: »Bäää, scheußlich! Nicht essen! Raus aus dem Mund! Iss das nicht!« Diese Reaktion unterscheidet sich sehr von der, wenn sie dem Kleinkind Nahrungsmittel geben oder Gegenstände, die extra dazu da sind, dass es sie in den Mund stecken kann. Während das Kleinkind beim Erforschen der Dinge feststellt, dass sie sich nach Konsistenz und Geschmack unterscheiden, macht es also auch die Erfahrung, dass seine Bezugspersonen es manches gar nicht untersuchen bzw. in den Mund stecken lassen wollen. Es sind erste Erfahrungen mit Verboten, mit Tabus, mit den vielen »Neins« aus der Erwachsenenwelt. Zu der eigenen Erfahrung »Das schmeckt nicht!« oder auch »Das schmeckt anders!« kommt die Botschaft der Erwachsenen »Das isst man nicht!« und »Das ist eklig!«[1]

Das »Nein« der Erwachsenen gibt Kindern also Orientierung beim zunächst unbefangenen Zugehen auf die Welt. Und ebenso das »Ja«, die Zustimmung zu bestimmten Handlungsweisen. Das gilt auch für die Regeln des Umgangs unter Menschen, für das, was in moralischer Hinsicht erwünscht und was unerwünscht ist.

Vorurteile, Stereotype, Stigmatisierung und Diskriminierung kennzeichnen einen unerwünschten Umgang mit den

1 »Welten prallen aufeinander« überschreibt Daniel N. Stern einen ähnlichen Vorgang in seinem »Tagebuch eines Babys« (2004, S. 127-133)

Unterschieden zwischen Menschen, der nicht respektvoll oder wertschätzend, sondern abwertend und ausgrenzend ist. Weil ein solcher Umgang schädlich ist für die Entwicklung der Einzelnen in einem Gemeinwesen und in der Folge ein Schaden für die ganze Gesellschaft, ist Diskriminierung geächtet und verboten.[2] Dennoch gibt es sie, als diskriminierendes Handeln von Individuen gegen andere und als strukturelle Ungleichbehandlung, die bestimmte Menschen bzw. Gruppen beim Zugang zu wichtigen Ressourcen benachteiligt. Die strukturelle Diskriminierung ist eingebaut in die Funktionsweise einer Gesellschaft und ihrer Institutionen und funktioniert unabhängig von diskriminierenden Absichten Einzelner. Anti-Diskriminierungs-Maßnahmen fordern Individuen und Organisationen dazu auf, unmittelbare und strukturelle Diskriminierung zu bekämpfen und dafür Verantwortung zu übernehmen, dass ein Leben ohne Diskriminierung möglich ist.

Auch Kitas müssen sich dieser Aufgabe stellen, als erste öffentliche Institution, die ein Kind besucht und als ein Lernort, der junge Kinder zusammen bringt, die ja eben erst dabei sind, zu begreifen, nach welchen Gesetzen und Regeln die Gesellschaft funktioniert. Vorurteilsbewusste Bildung und Erziehung setzt hier an. Dieser pädagogische Ansatz wurde in Kalifornien für Kinder ab 2 Jahren entwickelt und im Rahmen des Projekts KINDERWELTEN auf der Grundlage des Situationsansatzes für Deutschland adaptiert (Preissing, Wagner 2003). Der »Anti-Bias Approach«[3] von Louise Derman-Sparks und ihren KollegInnen (1989) setzt auf die bewusste Auseinandersetzung mit Unterschieden und Gemeinsamkeiten und gleichzeitig auf eine deutliche Positionierung gegen Vorurteile, Diskriminierung und Einseitigkeiten.

Im Projekt KINDERWELTEN wird mit ErzieherInnen und LeiterInnen eine vorurteilsbewusste Praxis entwickelt, die sich insbesondere in der Gestaltung der Lernumgebung und in der Gestaltung der Interaktion mit Kindern zeigt[4]. Es ist eine Praxis, die sich »zwischen Anleitung und Selbstbildung« positionieren muss: Es geht darum, Kinder in ihren Bildungsprozessen zu unterstützen und dabei wechselseitigen Respekt und eine klare Absage an Herabwürdigung und Ausgrenzung als moralische Orientierung zu vermitteln. Geht das überhaupt zusammen? Bedeutet eine klare moralische Orientierung, die ja von den Erwachsenen ausgeht, nicht zwangsläufig Gängelung oder Manipulation von Kindern und steht damit im Widerspruch zu unserem Verständnis von Bildungsprozessen als subjektiven Aneignungstätigkeiten, in denen sich Kinder aktiv und eigentätig ein Bild von der Welt machen?

Um diese Frage beantworten zu können, soll im Folgenden ausgeführt werden, wie Kinder mit Vorurteilen und Diskriminierung in Berührung kommen und worauf es bei der vorurteilsbewussten Bildung und Erziehung ankommt. Auf dieser Grundlage wird dargestellt, was dies von den Fachkräften als Bezugspersonen der Kinder in der Kita verlangt.

2 Vgl. Antidiskriminierungsgesetze in der EU, Allgemeines Gleichstellungsgesetz in Deutschland 2006
3 Anti = gegen, bias = Einseitigkeiten, ein Ansatz gegen Einseitigkeiten und Diskriminierung
4 Zur Praxis siehe diverse Artikel in Betrifft Kinder in 2007 und Beispiele unter www.kinderwelten.net

Vorurteilsbewusste Bildung und kindliche Moralentwicklung

Kinder nehmen früh Unterschiede zwischen Menschen wahr und unterscheiden vertraute von unvertrauten Personen. Etwa im dritten Lebensjahr zeigen sie Unbehagen gegenüber äußeren Merkmalen und Besonderheiten von Menschen. Und sie verweisen auf solche Merkmale bei Aushandlungen um Spielpartner und Spielideen: Sie wollen nicht neben bestimmten Kindern sitzen, sie nicht an der Hand halten oder schließen sie von ihrem Spiel aus, weil sie dick sind, »komisch reden«, »komisch aussehen«, ein Junge/ein Mädchen sind usw.

Kinder bauen die Bezugnahme auf äußere Merkmale in die Durchsetzung ihrer Spielinteressen ein. Sie übernehmen dabei nicht 1:1, was Erwachsene sagen, sondern experimentieren mit einem Argumentationsmuster, das Vorurteile kennzeichnet: Ein Merkmal wird bewertet, für die ganze Person genommen und »begründet« ihre Sonderbehandlung oder ihren Ausschluss. Zeigen Kinder solche Vor-Vorurteile, so sind Erwachsene einerseits aufgefordert, vorurteilsbewusst einzugreifen. Andererseits sollen sie über das akute Eingreifen hinaus eine Alltagskultur gestalten, die von Respekt, Wertschätzung und dem Streben nach Gerechtigkeit geprägt ist.

Das Praxiskonzept vorurteilsbewusster Bildung und Erziehung für Kindertageseinrichtungen orientiert auf 4 Ziele, die aufeinander aufbauen:

- Im ersten Ziel geht es darum, alle Kinder in ihrer Identität zu stärken, wozu die Anerkennung ihrer Vorerfahrungen und Familienkulturen gehört.
- Das zweite Ziel ist, allen Kindern Erfahrungen mit Vielfalt zu ermöglichen, indem sie sie aktiv und bewusst erleben.
- Das dritte Ziel ist, kritisches Denken über Vorurteile, Einseitigkeiten und Diskriminierung anzuregen.
- Im vierten Ziel geht es darum, Kinder darin zu unterstützen, sich gegen Einseitigkeiten und Diskriminierung zu wehren.

Alle Kinder in ihrer Identität stärken: Das Recht aller Kinder auf Schutz und Sicherheit ist glaubhaft einzulösen, denn Wohlbefinden ist grundlegend, damit Kinder lernen können. Kinder fühlen sich wohl im Kindergarten, wenn sie hier Sicherheit und Schutz erleben. Zu ihrer Sicherheit und zu ihrem Wohlbefinden trägt bei, wenn sie eine positive Resonanz auf ihre Vorerfahrungen, ihre Fähigkeiten, ihre Interessen, auf ihre Herkunft und Familie bekommen. Vorurteilsbewusste Bildung und Erziehung zielt daher auf die Stärkung jedes Kindes in seiner Identität, ein Vorgang, der ohne Anerkennung der Familienkultur(en) eines Kindes nicht gelingen kann.

Allen Kindern Erfahrungen mit Vielfalt ermöglichen: Auf der Grundlage von Respekt und Wertschätzung für die eigenen Besonderheiten und einem sich vertiefenden Wissen darum, was die eigenen Besonderheiten ausmacht und wie sie zu erklären sind, erleben Kinder aktiv die soziale Vielfalt in ihrem Nahraum: Sie begegnen Menschen, die anders sind als sie selbst, anders aussehen, sich anders kleiden, sich anders verhalten usw. Indem die Unterschiede aktiv thematisiert und benannt werden, erweitern Kinder ihre Empathie und ihr Weltwissen. Kindergärten sind Orte für Kinder, die viele unterschiedliche Familienkulturen zusammenbringen. Damit hieraus ein wirklicher Dialog und ein Kennenlernen wird, sind bewusste Schritte seitens der Fachkräfte notwendig, denn alleine aus der heterogenen Zusammensetzung von Gruppen ergibt sich noch kein kompetenter Umgang mit den Unterschieden.

Kritisches Denken über Gerechtigkeit und Fairness anregen: Kinder sollen im Kindergarten erfahren, dass es gerecht und fair zugeht: Alle Kinder haben ihren Platz, alle können spielen und lernen, keines wird drangsaliert, gehänselt, verletzt, beschimpft oder ausgegrenzt. Für die Verdeutlichung dieser Werte sind die Erwachsenen zuständig. Normen und Werte übermitteln sich Kindern über das, was ihre Bezugspersonen sagen und machen, und auch darüber, was sie nicht sagen und nicht machen. Mit etwa 4 Jahren unterscheiden Kinder unmoralisches Handeln und Verstöße gegen soziale Konventionen. Unmoralisches Handeln wird für schlecht befunden, dazu zählen: etwas wegnehmen, schlagen, kaputt machen, beschimpfen, auslachen, etwas ungerecht verteilen. Verstöße gegen Konventionen (wie z.B. Tischmanieren, Begrüßungen, Anrede von Erwachsenen) werden akzeptiert, wenn Autoritäten dies erlauben oder wenn veränderte Umstände es nahelegen oder wenn andere Konventionen gelten. Im fünften Lebensjahr ist das moralische Wissen der Kinder so weit, dass sie die Regeln kennen. Was nicht heißt, dass sie sich sozial erwünscht verhalten. Dies tun sie mit der Entwicklung ihres »Moralischen Selbst«: Mit wachsender Fähigkeit zur Perspektivenübernahme verstehen Kinder, dass ihre Handlungen negative Auswirkungen auf andere haben können. Sie sehen ihre Handlungen aus der Sicht der anderen. Und verstehen, dass sie von ihnen bewertet werden. Weil sie möchten, dass ihr Verhalten positiv bewertet wird, sind sie zunehmend bereit, sich in Übereinstimmung mit den Wünschen ihrer Bezugspersonen zu verhalten – wenn diese ihre Regeln klar machen und bei ihrer Einhaltung Hilfestellung geben.

Aktiv werden gegen Unrecht und Diskriminierung: Kommt es zu diskriminierenden Äußerungen und Handlungen im Kindergarten, so müssen die Erwachsenen eingreifen. Sie sagen »Stopp« und signalisieren damit, dass sie mit solchen Formen nicht einverstanden sind. Dann wenden sie sich beiden Seiten zu. Die eine Seite braucht Trost, die andere braucht die Erinnerung an gemeinsame Normen und die Zusicherung, weiterhin dazu zu gehören. Das ist wichtig, damit sie für weiteres Nachdenken über Fairness offen sein können.

ErzieherInnen fragen sich: Was war geschehen, was daran war unfair? Spielten stereotype Vorstellungen über bestimmte Gruppen eine Rolle? Oder war es ein Missverständnis? Oder etwas anderes? Das kann man so schnell nicht beurteilen und schon gar nicht, wenn man aufgeregt ist. Besser als eine eilige Reaktion ist dann eine wohlüberlegte, nachdem man sich den Vorgang vergegenwärtigt hat. Wichtig ist, überhaupt zu reagieren und mit der Intervention für Klarheit zu sorgen. Manchmal ist es weniger die unmittelbare Intervention der ErzieherInnen, sondern die längerfristige Beschäftigung mit dem Thema, bei der es viel zu lernen gibt. Es geht um Sachwissen, Moral, Kommunikation. Erleben Kinder hingegen, dass Einseitigkeiten und Diskriminierungen ignoriert und das Sprechen darüber vermieden wird, so können sie nicht lernen, Konflikte und Kontroversen konstruktiv auszutragen.

Ein Kindergarten, in dem Kinder aufgrund eines bestimmten Merkmals ihrer Identität Abwertung und Ausgrenzung erfahren, ohne dass Erwachsene eingreifen und ihnen beistehen, ist kein guter Ort des Aufwachsens. Er ist es weder für die ausgegrenzten Kinder noch für die anderen. Hier zu sein ist für die einen mit einer unmittelbaren Beeinträchtigung ihres Wohlbefindens und damit ihrer Lernmotivation verbunden. Und alle Kinder verstehen: Hier wird man nicht geschützt, von den Erwachsenen ist keine Hilfe zu erwarten. Kinder brauchen aber Hilfe bei Übergriffen, bei verbalen wie körperlichen Aggressionen oder anderen Einschränkungen ihres Wohlbefindens. Es ist falsch, ihre Beschwerden als »Petzen« zurückzuweisen. Ausgrenzung und Diskriminierung sind schwerwiegende Probleme, die Kinder nicht unter sich lösen können.

Vorurteilsbewusste Bildung und Erziehung hat eine klare Wertorientierung: Unterschiede sind gut, diskriminierende Vorstellungen und Handlungsweisen sind es nicht. Respekt für die Vielfalt findet eine Grenze, wo unfaire Äußerungen und Handlungen im Spiel sind. Es gehe darum, so Louise Derman-Sparks (1989), die Spannung zwischen dem »Respektieren von Unterschieden« und dem »Nicht-Akzeptieren von Vorstellungen und Handlungen, die unfair sind«, jeweils kreativ auszutragen (Louise Derman-Sparks, 1989). Es muss also in jedem Einzelfall überprüft und untersucht werden: Ist das fair? Ist das gerecht? Entspricht das der Wahrheit oder ist es eine Verzerrung, um sich über Menschen lustig zu machen? Die Lernumgebung wird entsprechend verändert: Stereotype und einseitige Darstellungen von Menschen haben hier keinen Platz, die Ausstattung wird um fehlende Aspekte von Vielfalt ergänzt. Einseitigkeiten und Diskriminierung werden mit den Kindern thematisiert.

Das alles verlangt viel von den Fachkräften. Die folgenden Ausführungen sind zu lesen als »Werkstattberichte« aus den Fortbildungen mit ErzieherInnen und LeiterInnen in KINDERWELTEN.

Unterschiede respektieren

Fachkräfte sind aufgefordert, immer wieder kritisch zu überprüfen, wie weit sie in der Lage sind, Menschen eine Lebensgestaltung zuzugestehen, die sich von ihrer eigenen unterscheidet. Es ist ein Vorgang der »Dezentrierung«: Man versucht, seine eigenen Norm- und Wertvorstellungen nicht absolut zu setzen, sie nicht als die einzig wahren Grundlagen sinnvoller Lebensgestaltung zu behaupten. Das heißt: Respekt zu entwickeln für unterschiedliche Antworten auf die Grundfragen menschlichen Daseins.

Dazu gehört die Reflexion des eigenen Umgangs mit Unterschieden: Wie steht man zu bestimmten Unterschieden? Wie findet man es, dass in einer Familie nicht gemeinsam gegessen wird – ist es kein »richtiges« Familienleben? Diese Mutter mit Gehbehinderung – will man ihr ein zweites Kind ausreden? Der Vater, der nicht arbeitet – meint man, er bemühe sich nicht wirklich? Die allein erziehende Mutter, tut sie einem leid? Findet man, die katholische Mutter übertreibe es mit ihrer Religiosität? Und dass dem Sohn des lesbischen Elternpaars letztendlich doch der Vater fehle?

Die eigenen Irritationen sind wichtig: Sie geben wertvolle Hinweise auf das eigene Normen- und Wertegefüge und können der Anlass sein, sich dieses zu vergegenwärtigen. Wie bin ich zu dieser Überzeugung gekommen? Und warum denke ich, dass sie wichtig ist, wie begründe ich sie? Das eigene Wertesystem gehört in der Regel zu den nicht weiter hinterfragten Selbstverständlichkeiten, die man in seinem »kulturellen Gepäck« mit sich herumträgt. Unter »Seinesgleichen« besteht auch kein Anlass, es auszupacken und zu erklären. Man tut dies nur, wenn andere es nicht verstehen oder dadurch in Frage stellen, dass sie etwas ganz anderes richtig finden.

Um Licht in die eigenen blinden Flecken zu bringen, muss diese Gelegenheit des In-Frage-Stellens geschaffen und gesucht werden. Es geht darum, Raum zu geben für andere Erfahrungen von Menschen, sie anzuhören, wissensuchende Fragen an sie zu stellen, sie kennenlernen zu wollen. Günstig ist, eine Fragestellung zu wählen, zu der alle Beteiligten etwas sagen können. Was und wie sie es sagen, wird unterschiedlich sein. Es entspricht einem Prinzip der vorurteilsbewussten Bildung und Erziehung: An Gemeinsamkeiten ansetzen und von da aus Unterschiede beschreiben.

Beispiel: Kindergeburtstag

Kindergeburtstage sind zwar in einem bestimmten sozialkulturellen Kontext entstanden[5], heute aber weit verbreitet. In einem Workshop tauschen sich ErzieherInnen und Eltern über folgende Fragen aus:

- Wurden in Ihrer Kindheit Geburtstage begangen?
- Begehen Sie den Geburtstag Ihres Kindes auf die gleiche Weise?

Die Berichte zeigen eine große Palette, je nachdem, wo und wann jemand aufgewachsen ist. Jüngere TeilnehmerInnen erinnern sich an den Schwimmbadbesuch oder den Besuch bei MacDonalds oder an thematische Feste (»Gespenster«, »Zirkus«) mit Freundinnen und Freunden, die Eltern viel abverlangt haben an zeitlichen und materiellen Ressourcen. Ältere TeilnehmerInnen berichten eher von Familienfesten: Verwandte sind gekommen, es gab Geschenke, man aß den Geburtstagskuchen, irgendwann unterhielten sich die Erwachsenen und die Kinder spielten. Bei manchen wurde niemand eingeladen, weil es zuhause zu eng war oder weil die Mittel fehlten, mehrere Gäste zu bewirten. Bei manchen hatte dies den Hintergrund, dass es zu teuer geworden wäre, im Gegenzug die Geburtstage der anderen zu besuchen und jeweils ein Geschenk mitzubringen. Einige TeilnehmerInnen, die in Russland aufgewachsen sind, berichten davon, dass in ihrer Kindheit nicht der Geburtstag, sondern der Namenstag gefeiert wurde. In einigen Fällen war das genaue Geburtsdatum gar nicht so klar, beim Amt wurde irgendein Datum eingetragen, weswegen es zu einer Häufung von Geburtstagen am ersten Januar kam. Oder dass es solche Feiern für eine einzelne Person nicht gab, weil es sich nicht schickte, sich individuell zu exponieren. Eine Teilnehmerin, die in Kasachstan aufgewachsen ist, erinnert sich daran, dass ihre Großmutter ihr aber dennoch an ihrem Geburtstag einen frischen Wiesenblumenstrauß neben das Bett zu stellten pflegte, wodurch der Tag für sie doch etwas Besonderes war.

Die Geburtstage der eigenen Kinder, nun alle in Deutschland, werden in keinem Fall ignoriert. Es ist hier Brauch und es gibt Trends, wie Geburtstage begangen werden. Das setzt Eltern unter Druck. Üblich sei inzwischen, mehrere Feiern auszurichten: eine im Familienkreis, eine im Kindergarten, schließlich die große Geburtstagsfeier zuhause, zu der das Kind Freundinnen und Freunde einlädt. »Ein Stress!« sagen manche. »Ich bin jedes Mal

5 Im 18. Jahrhundert waren »Kinderkränzchen« im Adel üblich und wurden im 19. Jahrhundert von der bürgerlichen Oberschicht, eher in protestantischen und städtischen Regionen übernommen. In katholischen Regionen feierte man eher den Namenstag. In Deutschland hat sich der Kindergeburtstag erst nach dem Zweiten Weltkrieg in allen gesellschaftlichen Schichten verbreitet. (Zusammenstellung: Infomaterial von KINDERWELTEN 2007)

froh, wenn es vorbei ist und einigermaßen gut lief!« Es gibt eine längere Diskussion über die neue Sitte, jedem eingeladenen Kind eine Tüte mit Süßigkeiten und teilweise auch Spielsachen mitzugeben. Eine Mutter berichtet, wie schwierig es für sie war, sich gegen diese Gepflogenheit zu stellen, aus Kostengründen und weil sie den Sinn nicht einsehen wollte. Inzwischen sei klar, dass es die Tütchen bei ihr nicht gebe – und man trotzdem Geburtstag feiern könnte. Es ist ein Beispiel dafür, wie Eltern in den Arrangements, die sie treffen, die allgemeinen Erwartungen, die Wünsche ihrer Kinder, ihre eigenen Vorstellungen und ihre Ressourcen zu berücksichtigen versuchen. Diese Abwägungen sind anstrengend – und dennoch gibt es keine Garantie dafür, dass die Geburtstagsfeier allen gefällt. Die TeilnehmerInnen berichten von belastenden Erfahrungen rund um den Kindergeburtstag: Wen will man einladen, wen nicht? Wie verkraften die Nicht-Eingeladenen das? Ungute Erinnerungen daran, selbst nicht eingeladen worden zu sein, kommen hoch. Also will man als Eltern Einfluss darauf nehmen, wer eingeladen wird, z.B. indem man festlegt, wie viele Kinder es sein dürfen. Andererseits soll an diesem einen Tag das Geburtstagskind bestimmen dürfen, wer kommt und wer nicht. Was ist wichtiger? Dieses Privileg des Geburtstagskindes oder der Versuch, Ausgrenzung zu vermeiden? Eine heiße Diskussion beginnt…

Farbenblinde oder touristische Vorgehensweisen sind kontraproduktive Wege des Umgangs mit Unterschieden[6]: Weder das Leugnen von Unterschieden noch das Zuschreiben von »typischen« Merkmalen und Gepflogenheiten an bestimmte Gruppen hilft, die vorhandenen Unterschiede und die Gemeinsamkeiten in den Familienkulturen zu verstehen und kompetent mit ihnen umzugehen.

Für pädagogische Fachkräfte besteht eine zentrale Herausforderung darin, Perspektivenvielfalt anzuerkennen und gleichzeitig Stellung zu beziehen, d.h. seine moralische Orientierung darüber einzubringen, was für ein gutes Zusammenleben der Menschen akzeptabel oder inakzeptabel ist. Gelingt es ihnen, Perspektivenvielfalt nicht als Bedrohung, sondern als Tatsache zu sehen und von blinden Flecken in ihrer eigenen Wahrnehmung auszugehen, so begeben sie sich in einen dialogischen Prozess des Nachfragens, Klärens, Zur-Kenntnis-Nehmens und erneuern ihre Wert- und Normvorstellungen auf einer weiterentwickelten Grundlage. Als solche vermitteln sie idealerweise allen Kindern glaubwürdig Schutz und Zugehörigkeit – was diese für ihre Bildungsbewegungen unbedingt brauchen.

Ungerechtigkeit nicht akzeptieren

ErzieherInnen sind aufgefordert, Vorstellungen und Handlungen, die unfair sind, zurückzuweisen. Gefragt ist also eine klare »Positionierung« in dem Sinne, dass Äußerungen, Ideen und Verhaltensweisen aktiv entgegengetreten wird, die menschliche Würde verletzen. Um dieses tun zu können, brauchen Erwachsene eine klare Vorstellung von Gerechtigkeit. Die kritische Auseinandersetzung mit Einseitigkeiten, Vorurteilen und Diskriminierung fordert zu einer Klärung des eigenen moralischen »Navigationssystems« auf: Welche Werte sind mir aus welchen Gründen

6 Siehe Erläuterungen am Ende des Texts

wichtig – und wodurch werden sie verletzt? Wo greife ich zu Rechtfertigungen und Abwiegelungen, mit denen ich die Folgen von Diskriminierung und Unrecht abschwächen möchte – und warum tue ich das? Will ich mir das Eingreifen ersparen? Weil es mühsam ist?

Interessant ist es, sich Diskriminierungssituationen aus den unterschiedlichen Perspektiven der Beteiligten zu betrachten und dabei zu erkennen, wie stark diese von der jeweiligen gesellschaftliche Position geprägt sind: Die Wahrnehmung von Diskriminierung aus der Sicht der gesellschaftlich dominanten Gruppe ist eine ganz andere als die der gesellschaftlich marginalisierten oder unterdrückten Gruppen. Aufschlussreich ist auch hierzu die Reflexion eigener Erinnerungen.

Nach einer Übung zur Reflexion von Diskriminierungserfahrungen im Projekt KINDERWELTEN resümieren die TeilnehmerInnen:

- Als Diskriminierte waren wir uns sehr sicher, von anderen diskriminiert oder schlecht behandelt worden zu sein. Wir fühlten manchmal gleich wieder den Schmerz oder die Schmach von damals, auch die Ohnmacht, die uns häufig in der Situation oder auch danach nichts sagen ließ.
- Als Diskriminierende waren wir häufig unsicher, ob das denn wirklich diskriminierend war, was wir gemacht haben. Zum Teil haben wir damit unser Handeln gerechtfertigt und »schön geredet«. Das war auch möglich, weil die »Opfer« nichts gesagt haben.

Vorurteilsbewusste pädagogische Fachkräfte reflektieren ihre Position in der Gesellschaft und stoßen dabei auch auf Mechanismen verinnerlichter Dominanz und Unterdrükkung, jenen subtilen Arrangements mit bestehenden Machtverhältnissen. Die Arbeit mit Fallbeispielen kann helfen, seine Vorstellungen von Gerechtigkeit zu überprüfen und zu schärfen.

Zum Beispiel: »Du darfst nicht mitspielen!«

Ein häufiges Beispiel unter Kindern ist die Bevorzugung von bestimmten Spielpartnern und der Ausschluss anderer: »Du darfst nicht mitspielen!« heißt es dann oder Kinder werden gemieden oder ignoriert. Es sind häufig die Kinder, die ein bestimmtes Merkmal haben: dick sind, dunkle Haut haben, eine Behinderung haben, erst damit beginnen, Deutsch zu lernen... Manchmal nehmen die ausschließenden Kinder Bezug darauf, manchmal nicht. Was tun? Die folgende Fallstudie ist eine der wenigen, in der eine Erzieherin den Vorgängen von Ausschluss in ihrer Gruppe genauer nachgeht und dem etwas entgegen setzt: Das Verbot, zu anderen Kindern zu sagen: »Du darfst nicht mitspielen«.

Die amerikanische Pädagogin Vivian Paley beobachtete in ihrer Vorschulgruppe, dass es immer dieselben Kinder waren, die Abweisung und Ausschluss erlebten und dass sie diese Erfahrung jedes Mal verletzt und traurig zurückließ. Vivian Paley wollte nicht, dass sie bereits im Kindergarten lernen, »sich auf den Schmerz der Zurückweisung einzustellen«. Genau so wenig sollten bestimmte Kinder lernen, das »Recht zu haben, die sozialen Erfahrungen ihrer Mitschüler zu begrenzen« (1994, S. 13). Daher schlug sie den Kindern vor, eine neue Regel einzuführen: »Mitspielen verbieten ist verboten!« In ihrem so betitelten Buch schildert sie die Dynamik und den Meinungsbildungsprozess in ihrer Gruppe[7] sowie Überlegungen von Schulkindern, mit denen sie über diese Regel sprach. Letztere waren einhellig der Meinung, dass eine solche Regel zwar gerecht sei, sich aber niemals einführen ließe. In ihrer Vorschulgruppe fanden nur vier von fünfundzwanzig Kindern die Regel gut, genau die Kinder, die am meisten zurückgewiesen werden (1994, S. 14).

Nachdem sie in der Gruppe beginnen, über die Regel zu sprechen, artikulieren diese Kinder sehr deutlich, wie schmerzlich sie die Zurückweisung jeweils wahrnehmen. »Kinder, die alleine sind, haben Wasser in den Augen«, sagt Angelo, ein Junge, der häufig ausgeschlossen wird. Die Lehrerin stellt die Frage: »Wer ist trauriger, das Kind, das nicht mitspielen darf, oder das Kind, das mit einem Kind spielen muss, das es nicht mag?« Ausgeschlossen werden macht trauriger, das sagen die Kinder, die ausgeschlossen werden. »Wozu soll Spielen dann noch gut sein?« sagen die anderen Kinder. Die Lehrerin ist sich sicher, dass Spiel sowohl aus Freundschaft erwächst als auch im Spiel entsteht. Aber die Kinder scheinen das nicht recht zu glauben, und immer weniger, je älter sie werden. Spielen scheint den Sinn und Zweck zu haben, eine beste Freundin oder einen besten Freund zu haben und zu halten. Das bedeutet, dass einige Kinder beim freien Spiel nicht den freien Zugang zu jedem Spiel haben und mit der Last der Zurückweisung leben müssen. Die meisten LehrerInnen und Kinder finden, im freien Spiel komme Freundschaft vor Gerechtigkeit, man dürfe in die Freundschaften nicht eingreifen, man könne Freundlichkeit und Gerechtigkeit nicht erzwingen. Vivian Paley teilt dies nicht und will den Ausschluss einiger nicht länger hinnehmen: »In unserem demokratischen Klassenzimmer stimmen wir nahezu über alles ab, erlauben aber andererseits den Kindern, Anführern die Macht zu geben und andere aus der Klasse auszuschließen.« (ebd. S. 34) Ihre Idee: Nicht dem Außenseiter helfen, Eigenschaften zu entwickeln, die ihn oder sie bei den anderen akzeptabler machen – eine Strategie, die sonst üblich ist. Und unterstellt, dass die Außenseiter »anders« seien. Aber die Lehrerin ist überzeugt: »Sie sind Außenseiter einfach aus dem Grund, weil sie als solche behandelt werden.« (ebd. S. 86) Wer nicht mitspielen darf, ist traurig und einsam. Wer traurig und einsam ist, kann nicht gut lernen und sich nicht so gut benehmen. Das sehen die Kinder auch so: Wer keine Freunde hat, ist sauer oder traurig und kann nicht so nett sein.

Das Neue: Die Gruppe übernimmt Verantwortung für diejenigen, die bisher aus welchem Grund auch immer noch nicht dazu gehören. Mitspielen verbieten wird verboten. Alle Kinder dürfen hier mitspielen. Die Umfrage unter den älteren Kindern in der Schule ergibt, dass sie diesen neuen Regeln gute Chancen einräumen, wenn man sie bei kleinen Kindern einführt. Weil die noch »lieb« seien, auf Erwachsene hörten und sich an Regeln hielten. Und weil die Kleinen sehr litten, wenn sie ausgeschlossen werden – hier erinnern sich die Größeren an frühere Erfahrungen und sehen ihre jüngeren Geschwister. Es wäre gut, sich frühzeitig an so eine Regel zu gewöhnen, meinen die Kinder. Wie man einen Sicherheitsgurt im Auto festmacht ohne darüber nachzudenken. Die neue Regel wird eingeführt. Sie fällt den Kindern schwer, auch nach Monaten noch. Sie regt intensiv den Gerechtigkeitssinn und die Konfliktfähigkeiten der Kinder an, die ständig am

7 Diese Schilderungen sind übrigens ein überaus lesenswertes Beispiel einer Situationsanalyse, in der es der Erzieherin darum geht, die Perspektiven aller Beteiligten zu ermitteln.

Aushandeln und Diskutieren sind, was denn nun gerecht sei. In ihren Besprechungen schildern sie viele Vorkommnisse von Ausschluss und suchen Lösungen. Wenn jemand sich ganz blöd verhält und andere haut, darf der trotzdem mitspielen? Wenn jemand nicht aufräumt, darf der was anderes spielen? Was ist mit dem Auszeit-Stuhl, auf den sich in manchen Klassen Kinder setzen müssen, wenn sie die LehrerInnen geärgert haben? Auch das geht nicht mehr. Und sogar die Kinder, die sich nicht an die Regel halten, dürfen nicht einfach ausgeschlossen werden, wie also mit ihnen umgehen? Die Regel verändert insbesondere die Gewohnheit, andere auszuschließen. Es ist eine Regel, die niemanden bestraft, sondern dazu da ist, jemanden zu beschützen und genau dieses stellen die Kinder, die eher andere ausschließen, immer wieder in Frage. Die neue Regel erfordert viel mehr Einsatz und Aushandlung als das üblichere »Du darfst nicht mitspielen«. Aufgewogen wird dies dadurch, dass weniger Kinder den Schmerz von Zurückweisung und Ausschluss erleiden und sich die meisten Kinder angewöhnen, dafür auch mit Sorge zu tragen.

Die Studie macht deutlich, welche Anforderungen es an die pädagogischen Fachkräfte stellt, wenn sie Mechanismen von Dominanz und Unterdrückung in ihren Gruppen nicht einfach dulden wollen: Mit Kindern in den Dialog gehen; mit »Wissen-Suchendem« Interesse an ihren Gedanken und Erfahrungen die Fragen mit ihnen erörtern; das eigene Unbehagen über Ausgrenzungsprozesse ausdrücken; den eigenen Standpunkt von Gerechtigkeit und die moralischen Grundwerte klären, auf denen die Gruppenregeln beruhen sollen; diese wieder zur Diskussion stellen – aber nicht zur Disposition; sich in die neue Regel einschließen und nicht subtil die Macht als Erwachsene missbrauchen; dennoch als Erwachsene agieren, die Verantwortung für das Wohlergehen und für günstige Lernbedingungen aller Kinder tragen; daran festhalten und sein Anliegen verteidigen, auch wenn die Kolleginnen nicht zustimmen…

Kompetent eingreifen

Wer seine Vorstellungen von Gerechtigkeit und Fairness für sich geklärt hat, weiß noch lange nicht, wie man sinnvoll und effektiv intervenieren kann. Worauf kommt es an, gerade gegenüber jungen Kindern, die eben dabei sind, ihr »moralisches Selbst« zu entwickeln?

In Fortbildungen setzen sich ErzieherInnen und LeiterInnen mit Fallbeispielen auseinander und beantworten die Frage, wie sie die geschilderte Intervention beurteilen. Das folgende Beispiel fordert die Beteiligten auf, sich grundsätzlich die Fragen zu stellen, die auch Vivian Paley beschäftigt haben: Was wiegt mehr, den Ausschluss einiger Kinder verhindern oder das freie Auswählen von Spielpartnern?

Fallbeispiel:

Der Erzieherin fällt auf, dass einige Kinder schon eine ganze Weile nicht mit Laurie spielen, einem Mädchen mit einer leichten zerebralen Lähmung, das im Rollstuhl sitzt. Die Kinder äußern sich nicht diskriminierend, sie sagen: »Wir wollen nicht, dass noch jemand mitspielt.« Nach einigen Wochen beschließt die Erzieherin, das Thema anzugehen. Sie liest den Kindern ein Buch vor, indem es um Feindseligkeit und Ängstlichkeit gegenüber einem Kind geht, das eine Behinderung hat. Am anderen Tag erzählt die Erzieherin eine Geschichte von Julie, der Persona Doll, die im Rollstuhl sitzt. Zuerst spricht sie Laurie an: »Als Julie neu war, wollte niemand mit ihr spielen. Wie das war, davon würde ich euch allen gerne erzählen. Ist das eine gute Idee, was meinst du? Laurie nickt und lächelt. Nachdem die Erzieherin Julies Erfahrungen und Gefühle geschildert hat, fragt sie die Kinder: Wie könnten die Kinder Julie helfen, damit sie gerne zum Kindergarten kommt?« Die Antworten geben Hinweise auf Irrtümer und Fehlinformationen der Kinder, wie z.B.: »Julie ist ein Baby, weil sie nicht laufen kann, deswegen wollen die Kinder nicht mit ihr spielen.« »Vielleicht kann sie ja gar nicht spielen.« Nachdem die Erzieherin darüber gesprochen hat, finden die Kinder Lösungen: »Sag ihr, das nächste Mal kann sie mitspielen!« »Ich wäre ihr Freund.« »Die anderen sollten sagen, dass es ihnen leid tut.«

Die Erzieherin teilt den Kindern ihre Beobachtungen mit: »Ich sehe, dass es dasselbe auch in unserer Gruppe gibt. Viele von euch lassen Laurie nicht mitspielen. Das macht sie traurig, so traurig wie Julie. Ich möchte, dass ihr ab jetzt dafür sorgt, dass Laurie mitspielen kann, wenn sie möchte. Nach dem Morgenkreis möchte ich mit Laurie ein Rechenspiel machen und ich hätte gerne, dass ihr (sie ruft Kinder auf, die mit Laurie spielen und einige, die es nicht tun) mitspielt!« (Beispiel in Louise Derman-Sparks 1989, S. 70[8])

In einem Workshop befinden die TeilnehmerInnen, dass die Erzieherin im geschilderten Fall gut daran tut, ihre Beobachtung nicht auf sich beruhen zu lassen, sondern ein Buch zur Thematik vorliest, eine Persona Doll[9] mit Rollstuhl einführt. So erfährt sie etwas über die Fehlinformationen, die Kinder über Menschen im Rollstuhl haben: dass sie Babys seien, nicht verstehen, nicht spielen könnten. So weiß sie, welche Informationen und Erfahrungen den Kindern helfen könnten, um ihre Annahmen zu korrigieren. Gut finden die TeilnehmerInnen auch, dass sie an die Kinder appelliert, mit darauf zu achten, dass Laurie mitspielen kann. So fordert sie offensiv die Mitverantwortung aller ein, damit zu sorgen, dass es auch Laurie gut geht. Die Aufforderung, dass nun bestimmte Kinder mit der Erzieherin und Laurie spielen müssen, stößt hingegen auf starke Ablehnung: Erzwungene Freundschaften seien fragwürdig, auch für Laurie, die es ja merken würde, dass andere sich ihr aus Mitleid widmen. Eine Information gibt zu denken: Man weiß von Untersuchungen, dass Kinder mit Behinderungen teilweise massive Ablehnung und Ausgrenzung erleben, an die sie sich auch später gut erinnern. Erwachsene mit Behinderungen sagen aus heutiger Sicht, sie hätten immer Erwachsene gebraucht, die sie unterstützen, gerade beim »Stiften« von Freundschaften, denn spontan hätten andere Kinder eher nichts mit ihnen zu tun haben wollen. Appelle an die anderen Kinder, nett zu ihnen zu sein, reichten nicht aus, um Distanz und Ablehnung (auch Abscheu und Angst) zu überwinden und wirklich in Kontakt zu kommen. Die TeilnehmerInnen bemerken, dass es ihnen schwer fällt, eine Intervention zu ersinnen, die tatsächlich angemessen die Perspektive des Kindes im Rollstuhl berücksichtigt.

8 Louise Derman-Sparks ist die Mitbegründerin des Anti-Bias Approach, des Ansatzes gegen Einseitigkeiten und Diskriminierung, der im Projekt KINDERWELTEN auf die Verhältnisse in Deutschland übertragen wurde. Ein Meilenstein für die Diskussion zum Umgang mit Vorurteilen und Diskriminierung in Kindertageseinrichtungen ist ihr Buch von 1989, zusammen mit der Anti Bias Task Force: »Anti Bias Curriculum – Tools for empowering young children« (NAEYC: Washington, D.C). Auszüge in deutscher Übersetzung können bei KINDERWELTEN angefordert werden.

9 Persona Dolls sind Puppen, denen man eine Biographie gibt, die Merkmale bündelt, mit denen sich Kinder aus der Gruppe identifizieren können, in Bezug auf Aussehen, Familienkultur, Vorlieben, Abneigungen, Fähigkeiten. Sie besuchen die Kindergruppe, sitzen auf dem Schoß der Erzieherin und »berichten« von Erlebnissen, die mal schön, mal weniger schön sind. Die Arbeit mit Persona Dolls unterstützt sehr wirksam vorurteilsbewusste Bildung und Erziehung. (s. Texte auf www.kinderwelten.net)

Sie stoßen auf das Phänomen »blinder Flecken« in der eigenen Wahrnehmung: Dass man zunächst nur das sehen kann, was man kennt. Umso wichtiger ist es, sich bekannt zu machen mit Erfahrungen von Menschen, die sich von den eigenen unterscheiden. Also offensiv Gelegenheiten zu schaffen und zu nutzen, um von Menschen zu erfahren, was das Besondere an ihrer Perspektive ist. So erweitert man Verständnis dafür, wie dieselbe Situation aus dem Blickwinkel anderer aussehen kann. Vorurteilsbewusstes Intervenieren heißt dann, hierbei nicht stehen zu bleiben, nach der Maxime. »Du siehst es so, ich sehe es eben so.« Nicht jedes Interesse ist gleichwertig. Erwachsene sind dafür da, Kinder vor Abwertung und Geringschätzung zu schützen. ErzieherInnen müssen dafür sorgen, dass alle Kinder ihr Recht auf Bildung einlösen können, und hierzu gehört, dass sie sich wohl fühlen und zugehörig sind. Die Perspektiven der Beteiligten zu erkennen ist die Grundlage für eine parteiliche Intervention, die ein geschärftes Sensorium für Abwertung und Ausgrenzung erfordert und geklärte Standpunkte, worauf es auch in moralischer Hinsicht im Kindergarten ankommt.

Schlussfolgerung

Kinder bei ihren Bildungsprozessen unterstützen und dabei moralische Werte deutlich machen ist kein Widerspruch. Schwierig für Kinder ist wahrscheinlich, wenn Erwachsene so tun, als könnten sie beides voneinander trennen. In einem kurzschlüssigen Verständnis von »Bildung als Selbstbildung« verschleiern oder leugnen Erwachsene, dass ihr Erziehungshandeln immer gewissen moralischen Leitlinien folgt – auch wenn sie inkonsistent oder ihnen nicht recht bewusst sind. Kinder konstruieren ihre Bildungsprozesse eigensinnig, aber nicht in einem luftleeren Raum. Sie bauen auch die impliziten Botschaften ihrer Bezugspersonen über gut und böse, richtig und falsch in ihr soziales Wissen über die Menschen und über die Regeln ihres Zusammenlebens ein. Zurückhaltung der Erwachsenen ist gefragt bei der Rücknahme von Belehrungsaktivitäten auf Grund der realistischen Einschätzung, dass Kinder nicht einfach das lernen, was sie ihnen beizubringen versuchen. Zurückhaltung in dem Sinne, dass Erwachsene sich weigern, explizit Werte zu vertreten und für sie einzustehen, überlässt Kinder der Willkür der Erwachsenen oder auch sich selbst.

Christa Preissing problematisiert in diesem Zusammenhang ein Paradigma, das in der gegenwärtigen Debatte um Bildungsprozesse erkennbar sei: »Alles, was Kinder von sich aus tun, ist gut.« (2005, S. 10) Sie kritisiert, dass Fachkräfte ihre Autorität zu verstecken versuchen, indem sie sagen: Wir folgen den Kindern auf ihrem Weg. Stattdessen müssten sie ihre Überzeugungen deutlich machen, sich Kindern zeigen als Personen, die begründet zu bestimmten Leitlinien gelangt sind und Kinder an einem Gedankenaustausch darüber beteiligen.

In vorurteilsbewusster Perspektive ist hinzuzufügen: ErzieherInnen in der Kita dürfen sich in moralischer Hinsicht nicht »raushalten«, denn damit bestätigen sie herrschende Mechanismen von Ungleichbehandlung und Ausgrenzung. Sie müssen explizit Stellung dagegen beziehen. Gleichzeitig sind sie verantwortlich für die Gestaltung der Lernumgebung: Eine Lernumgebung, die allen Kindern Schutz und Zugehörigkeit zusichert, in der respektvoll mit Unterschieden umgegangen wird und in der Kinder lernen, sich gegen Hänseleien, Ausschluss und Ungerechtigkeit zu wehren. Bildungsprozesse unterstützt man nicht mit moralischer Abstinenz, sondern mit Klarheit und Dialogbereitschaft.

Achtung Pseudovielfalt: Der touristische Ansatz

Der touristische Ansatz ist dadurch gekennzeichnet, dass er einen Ausflug in die Welt der »Anderen« unternimmt, gleich einer touristischen Reise. Man lernt das kennen, was »typisch« ist und findet es besonders interessant, wenn es exotisch, farbenfroh und ungewöhnlich ist. »Bereichert« um diese Reiseerfahrung, und vielleicht um ein prächtiges Souvenir, kehrt man zurück »nach Hause«, wo alles so ist wie vorher...

Beispiele touristischen Vorgehens gibt es viele, auch in der Kita. Zum Beispiel dieses Mobile mit der dekorativen Weltkugel und den bunten, lustigen Figürchen dran. Möglicherweise hat sie jemand angebracht, um Kindern eine Vorstellung von den »Kindern einer Erde« zu vermitteln?

Wenn man sie genauer betrachtet und sich dabei fragt, ob sie Kindern Identifikationsangebote geben können, muss man wohl verneinen. Kein Kind in der Gruppe, das eine dunkle Hautfarbe hat, wird sich mit der Darstellung der »Afrikanerin« identifizieren können: Mit dem riesigen, unförmigen Mund, dem obligatorischen Wasserkrug auf dem Kopf. Kein Kind mit Familienwurzeln in Asien wird sich identifizieren können mit dem gelbhäutigen Jungen, der sogar im Stehen mit Stäbchen Reis isst. Der englische Gentleman mit Schirm und Melone, die Flamenco tanzende Spanierin, der Dudelsack spielende Schotte, natürlich im Schottenrock und das holländische Mädchen mit Holzschuhen, Häubchen und Tulpe – sie alle sind derart reduziert auf ein bestimmtes Stereotyp, dass sie hellhäutige Kinder in Europa kaum zur Identifikation einladen.

Sind sie eine Anregung zum Thema Vielfalt? Das Mobile ist von seinem Informationsgehalt her flach: Jede Figur ist ungefähr gleich groß, es gibt jeweils nur eine Figur, Mann oder Frau, es gibt die Beschränkung auf einige wenige äußere Attribute (Hautfarbe, Bekleidung, Gegenstände), man erfährt nicht, was sie machen und wie andere Menschen in dem Land aussehen. In den Fehlinformationen liegen Botschaften, die sich den BetrachterInnen übermitteln:

- Manche Länder tauchen nicht auf. Sind sie bedeutungslos? Sind sie so unwichtig, dass es über sie nicht einmal ein Stereotyp gibt?
- Das Land der »Autoren« taucht in der Regel nicht auf. Im Mobile gibt es keine Deutsche/keinen Deutschen. Die Botschaft: Es geht hier um »die Kultur der Anderen«, über sie gibt es etwas zu lernen, denn wir selbst sind »normal«.
- Die anderen sind homogene Gruppen – und ganz anders als wir!

Wenn sich die Figuren auch nicht zur Widerspiegelung oder Repräsentation dessen eignen, was die Kinder in der

Kindergruppe ausmacht, so übermitteln sie dennoch Bilder. Stereotype Bilder davon, wie Menschen sind, prägen ganz stark die Vorstellungen über sie, man kann sich ihrer kaum erwehren. Dies beginnt früh: Die Fülle an Bildern in ihrer Lernumgebung vermittelt Kindern wichtige Botschaften über Menschen und geht ein in ihr »Wissen«, auch ohne dass sie jemals Kontakt zu ihnen gehabt haben müssen. Die Bilder sind der Stoff, aus dem Vorurteile auch gemacht sind.

Achtung Pseudogleichheit: Der farbenblinde Ansatz

Der farbenblinde Ansatz ist gekennzeichnet von einem häufig positiv gemeinten Anliegen: »Alle Kinder sind gleich, ich mache keine Unterschiede!« Man möchte nicht, dass Ungleichheit und Unterschiede thematisiert werden und dadurch erst recht in die Aufmerksamkeit der Kinder gerät. Die vielleicht ohne diese Thematisierung, so ist die Hoffnung, die Unterschiede gar nicht bemerkt hätten. Das zugrunde liegende Bild vom Kind ist das eines vorurteilsfreien, grundsätzlich für seine Umgebung und für andere Menschen offenen Jungen oder Mädchen, dem das gemeinsame Spiel wichtiger ist als äußere Unterschiede. Es korrespondiert mit einem Bild vom Kindergarten als Schonraum, der von der rauen Wirklichkeit »draußen in der Gesellschaft« abgeschirmt bleiben soll, damit Kinder unbeeinflusst davon ihre Kindheitsjahre genießen können. In einem solchen Kindergarten gibt es keine Konflikte, hier wird unbeschwert Kindergeburtstag gefeiert: Alle Kinder freuen sich, alle lachen, alle sind süß und nett. (s. Bild aus: Conny kommt in den Kindergarten. Cornelsen). Wer wen einlädt und wen nicht, ist hier kein Thema…

Der farbenblinde Ansatz spart etwas aus, was zu den Erfahrungen von Kindern gehört. Und nimmt sie nicht ernst in ihrer wachsenden Wahrnehmung der vorhandenen Unterschiede zwischen Menschen. Im farbenblinden Ansatz wird ignoriert, dass Kinder früh Botschaften darüber auswerten, wie bestimmte Merkmale von Menschen bewertet werden und dass sie diese Botschaften von überall herbekommen und sich ihren Reim darauf machen. Sie bekommen sie auch von »farbenblinden« Erwachsenen – und lernen von ihnen, dass Unterschiede

heikel sind, denn man darf darüber nicht sprechen… So lassen sich Kompetenzen kaum erwerben, die für soziales Handeln grundlegend sind: Sich in die Perspektiven anderer hineinversetzen, Empathie entwickeln, seine Bedürfnisse, Gedanken und Gefühle äußern, erkennen, was fair und was unfair ist, Stellung beziehen und Konflikte austragen. Mit der Absicht, Kinder zu schonen, werden sie mit bestimmten Erfahrungen alleine gelassen und erhalten keine Unterstützung für einen kompetenten Umgang mit Unterschieden und Ungerechtigkeit.

Literatur

Derman-Sparks, Louise; A.B.C. Task Force (1989): Anti-Bias-Curriculum: Tools for empowering young children. Washington D.C.

Hüther, Gerald (2001): Die Bedeutung emotionaler Sicherheit für die Entwicklung des kindlichen Gehirns. In: Gebauer, Karl; Hüther, Gerald: Kinder brauchen Wurzeln. Düsseldorf

Hüther, Gerald (2004): Die Strukturierung des menschlichen Gehirns durch soziale Erfahrungen. In: Gebauer, Karl; Hüther, Gerald: Kinder brauchen Vertrauen. Düsseldorf

Paley, Vivian Gussin (1994): Mitspielen verbieten ist verboten. Gegenseitige Achtung und Akzeptanz unter Kindern. Weinheim

Preissing, Christa; Wagner, Petra (Hrsg.) (2003): Kleine Kinder, keine Vorurteile? Interkulturelle und vorurteilsbewusste Arbeit in Kindertageseinrichtungen. Freiburg

Preissing, Christa (2005): Typisch deutsch oder: Unhinterfragbare Selbstverständlichkeiten auf dem Prüfstand. In: Betrifft KINDER, Heft 10/11, S. 6-11

Stern, Daniel N. (2004): Tagebuch eines Babys. München und Zürich

Wagner, Petra; Hahn, Stefani; Enßlin, Ute (Hrsg.) (2006): Macker, Zicke, Trampeltier ... Vorurteilsbewusste Bildung und Erziehung in Kindertageseinrichtungen. Handbuch für die Fortbildung. Weimar und Berlin

3

Zwischen Anleitung und Selbstbildung:

Naturwissenschaften im Kindergarten

3.1 Einige Gedanken zur naturwissenschaftlichen Bildung in der Kindertagesstätte: Nicht die Antworten, die Fragen sind das Wichtigste!

Detlef Diskowski

Naturwissenschaft, Mathematik und Technik gehören in den Bildungsplänen aller Länder zu den wesentlichen Lernbereichen und Erfahrungsfeldern, die Kindern erschlossen werden müssen. Dabei soll und darf es nicht darum gehen, ihnen die Welt zu erklären – vielmehr ist es die unwiederbringliche Chance und daher Aufgabe der Kindertagesstätte, die Neugier der Kinder wach zu halten, ihrer Experimentierfreude Nahrung zu geben und ihr Bemühen zu unterstützen, die gegenständliche Welt zu verstehen. Insofern steht nicht die Ansammlung von Wissen, sondern forschendes Begreifen der Welt im Mittelpunkt naturwissenschaftlicher Bildung: ... beobachten ... Vermutungen anstellen ... sich über diese Vermutungen austauschen und sie diskutieren ... die Annahmen an bisherigen Erfahrungen und weiteren Experimenten überprüfen ... das ist der Bildungsprozess von Kindern. Ein solcher Bildungsprozess hat eher Ähnlichkeiten mit wissenschaftlicher Forschung, als dass er ein Ergebnis von Belehrung wäre.

Erwachsenen ist häufig das naturwissenschaftliche Erkenntnisinteresse verloren gegangen. Naturwissenschaft, Mathematik und Technik haben kein hohes Ansehen. Auch Menschen, die als gebildet gelten wollen, können sich als naturwissenschaftliche Analphabeten darstellen. Zum traditionellen Frauenbild gehört immer noch die Ferne zu Naturwissenschaft, Mathematik und Technik. Diese Bereiche gelten auch ohne Begründung, warum dem so sein soll, als Männerdomäne. Aber – Männer kommen in der Kleinkinderziehung und auch in den Kitas kaum vor.[1]

So gibt es mehrere und sich gegenseitig verstärkende Gründe dafür, warum dieser Bildungsbereich bislang eher ein Schattendasein in der Kindertagesstätte führte.

Gleichzeitig hängt von der naturwissenschaftlichen Kompetenz der Menschen zu einem erheblichen Teil das Wohlergehen und die Zukunftsfähigkeit der Gesellschaft ab. In einem rohstoffarmen Land wie Deutschland wird den Produktivkräften eine höhere Aufmerksamkeit zukommen müssen, wenn hier nicht in Zukunft hier nur noch die T-Shirts für China genäht werden sollen.[2]

Der kurze streifende Blick auf die Rahmenbedingungen hat hoffentlich deutlich gemacht, dass dieser Bildungsbereich aus mehreren Gründen eine besondere Herausforderung für die Fachkräfte in der Kindertagesstätte darstellt. Er ist nicht nur den Kindern zu erschließen, sondern

1 Dabei bin ich nicht von der kurzschlüssigen Annahme befallen, Männer könnten per se gut die naturwissenschaftliche Bildung befördern – auch wenn mehr Männer in der Kleinkindpädagogik aus vielen Gründen erforderlich wären.

2 Wie es Manfred Spitzer als Folge von Anregungsarmut und Fernsehkonsum krass, aber meines Erachtens zutreffend befürchtet. (Interview Stuttgarter Zeitung, 24.12.2005)

wohl zuerst den Erzieherinnen. Wenn sie Kinder dabei unterstützen sollen, die sie umgebende gegenständliche Welt zu verstehen, müssen sie ihre eigene Ferne, womöglich sogar ihre Abwertung überwinden; sie müssen ihre Neugierde und ihre eigenen Fragen wiederentdecken. Neugier kann nicht ermutigen und anregen, wer nicht selbst neugierig ist. Kinder merken sehr schnell, ob Erwachsene interessiert sind, wissen wollen oder ein Stückchen Programm abarbeiten.

Ich denke daher, es ist der falsche Weg, Erzieherinnen einen Katalog von Aufgaben, Experimenten, Lernzielen vorzulegen und dann auf deren Umsetzung zu hoffen. Der Markt der pädagogischen Fachliteratur und Ratgeber hält weit mehr als »365 Experimente für jeden Tag«[3] vorrätig und sicherlich sind »1000 Fragen + Antworten«[4] eher knapp geschätzt. Buchtitel wie »Leichte Experimente für Eltern und Kinder«[5] suggerieren eine einfache, problemlose naturwissenschaftliche Bildung für kleine Kinder.

Funktioniert das? Die Experimente erzielen vermutlich den Effekt, den mein Chemiebaukasten in meiner Schulzeit hatte: Es qualmt und funkt und stinkt ... ich konnte auch bei Freunden und bei Erwachsenen manches »Oh« und »Ah« hervorrufen, wenn aus zwei farblosen Flüssigkeiten eine rote wurde. Aber mein Interesse an Chemie hat er nicht geweckt und meine Chemiezensuren wurden auch nicht besser. Ich vermute, dies liegt daran, dass dieser Baukasten eigentlich ein verkappter Zauberkasten war, der das Ziel hatte, Verblüffung hervorzurufen.

Damit ist nichts gegen Experimente gesagt; sie bringen Leben in die Bude und manches Staunen wird sich zum Fragen entwickeln. Das Problem liegt eher im Missverständnis, worin der geistige Nährwert der vorgeschlagenen Experimente liegt.

In den Bildungsplänen der Länder, in den pädagogischen Konzeptionen und in der Literatur wird zwar immer wieder betont, dass Bildung eine Leistung des Kindes selbst ist, dass Bildungsförderung in der Unterstützung ihrer Aneignungstätigkeit liegt etc. – sobald es aber praktisch wird, versagen diese Einsichten – und besonders im Bildungsbereich »Naturwissenschaft« können wir uns offenbar vom Modell des Schulunterrichts nicht lösen. Es werden »Experimente vorbereitet«, »Fragen werden den Kindern nahegebracht« und es wird erklärt, erklärt, erklärt...

Ich bekomme inzwischen eine Ahnung davon, was (auch) die Besonderheit der Reggio-Pädagogik ausmacht und was uns in unserer Bildungsförderung fehlt: Es ist die Wertschätzung der Annahmen und Sichtweisen der Kinder! Nennen wir es »philosophieren«, wie die Reggianer, oder nennen wir es »Hypothesen bilden«, was uns zur (Natur-) Wissenschaft zurückführt. »Das Auge schläft, bis es der Geist mit einer Frage weckt«, heißt ein bekanntes Buch über die Reggio-Pädagogik. Unser Missverständnis ist, dass wir wohl glauben, hier seien die Fragen des Erwachsenen gemeint – der dann auch noch gleich die Antworten gibt.

Aber: Nicht die Antworten – die Fragen sind das Wesentliche!

Wohin käme der eingangs beschriebenen Erkenntnisprozess ohne Fragen? Vermutlich käme er nicht einmal in Gang.

3 Moses-Verlag, Freiburg i.B.
4 Arena Verlag, Würzburg
5 Herder Verlag; Freiburg i.B

Und helfen die Ratgeber den Erzieherinnen? Bei ihnen werden, befürchte ich, entgegen der guten Absicht die Vorbehalte und Widerstände eher wachsen und mit der Lektüre der vielen klugen Anregungsmaterialien wird die Befürchtung zunehmen, auf kindliche Fragen nach naturwissenschaftlichen Phänomenen keine Antwort zu wissen – und kluge Kinder fragen immer mehr und anderes als Erwachsene erwarten.

Solange also der Erfolg naturwissenschaftlicher Bildung darin gesehen wird, dass durch spannende Experimente das Interesse der Kinder hervorgerufen und dann ihre Fragen richtig beantworten werden müssen, stehen Pädagogen vor einer höchst schwierigen Aufgabe. Man könnte sich auf alle möglichen Fragen der Kinder vorbereiten, man könnte die naturwissenschaftliche Bildung den Experten in den Kinderlaboren und Experimentierstationen überlassen ... oder man kann es ganz sein lassen.

Die letzte Lösung kommt aber für engagierte Fachkräfte nicht in Frage, für die zweite gibt es zu wenig Angebote und Finanzen und die vorgelagerte, umfassende Vorbereitung in allen möglichen naturwissenschaftlichen, mathematischen und technischen Fragen ist wohl nicht zu schaffen.

Ich glaube, die Lösung ist viel einfacher und erschließt sich, wenn wir naturwissenschaftliche Bildung als einen gemeinsamen Prozess für Kinder und Erzieherinnen ansehen. In diesem Zusammenhang gewinnt dann der meines Erachtens für das Verhältnis zwischen förderndem Erwachsenen und sich bildenden Kind etwas schiefe Begriff »Ko-Konstruktion« eine zutreffende Bedeutung.[6] Die Aufgabe von Erzieherinnen wäre es dann vorrangig nicht, das Wissen zu haben und es den Kindern zu vermitteln – sondern den Kindern zu helfen, Fragen zu formulieren, sich über mögliche Antworten auszutauschen und die Antworten auf Fragen zu finden. Die erforderliche Kompetenz von Erzieherinnen in diesem Zusammenhang wäre eine lernmethodische Kompetenz:

- Wie formuliere ich Fragen, damit sie für mich klar und mit anderen klärbar werden?
- Was weiß ich schon zur Beantwortung der Frage und wie kann ich sie daher modifizieren (oder schon beantworten)?
- Wie kann ich das Gespräch in der Kindergruppe so moderieren, dass das vorhandene Wissen der Kinder und ihre unterschiedlichen Vermutungen (Hypothesen) zur Klärung beitragen?
- Wo können wir uns Informationen holen? Wen können wir fragen? Mit welchen Experimenten können wir der Lösung näher kommen?
- Wie können wir Ergebnisse von Beobachtungen und Experimenten festhalten, um die Lösung oder bessere Hypothesen zu finden?[7]

Bei einer so verstandenen Bildungsförderung werden auch die Bezüge zu den anderen Themen und den übrigen Bildungsbereichen deutlich:

- Messen, Wiegen, Schrift und Zahlen bekommen für die Suche nach der Antwort eine hohe Bedeutung. Kinder,

6 Der Begriff wurde als Abgrenzung zu vermeintlich dekontextualisierenden Selbstbildungskonzepten eingeführt und soll den sozialen Kontext von Bildungsprozessen verdeutlichen. Aber auch sehr dialogisch gestaltete soziale Beziehungen zwischen Erzieherinnen und Kindern dürften nur selten wirklich ko-konstruktiv zu sein, im Sinne einer gemeinsamen Konstruktion von Deutungen und Weltverstehen. »Ko-Konstruktion liegt dann vor, wenn die Partner sich intensiv hinsichtlich einer Aufgabe austauschen und dabei ihr individuelles Wissen so aufeinander beziehen (ko-konstruieren), dass sie dabei Wissen erwerben oder gemeinsame Aufgaben- oder Problemlösungen entwickeln.« Ewald Terhart; Eckhard Klieme: Kooperation im Lehrerberuf: Forschungsproblem und Gestaltungsaufgabe

die beobachtete Phänomene protokollieren, werden ohne besondere Motivierung durch die Erwachsenen Zahlen und Buchstaben erlernen und benutzen wollen.

- Die Sprache wird bei der Beschreibung von Beobachtungen, beim Austausch über Vermutungen und bei der gemeinsamen Diskussion herausgefordert, differenziert und weiterentwickelt. Wie viele Gelb-, Rot- und Brauntöne gilt es zu unterscheiden und zu beschreiben, wenn die Trocknung unterschiedlicher Laubblätter zum Experiment wird.
- Kinder, die mit ihren Beobachtungen und Vermutungen zu Wort kommen, erfahren die wirkungsvollste Sprachförderung, die denkbar ist. Sie haben etwas zu sagen. Die Erzieherin kann auch dem zurückhaltenden, dem stotternden Kind, dem Kind mit dem eingeschränkten Wortschatz Aufmerksamkeit entgegenbringen – während andere Kinder an ihren Experimenten arbeiten.
- Kooperation, eigene konzentrierte Arbeit, Austausch und auch Streit um den richtigen Weg sind unschätzbare Erfahrungen aus dem Bildungsbereich »Soziales Leben« ... und sind nebenbei die Arbeitsformen, die auch Erwachsenen zunehmend abverlangt werden.
- Wiederkehrende Versuchsabläufe mit tendenziell vorhersehbaren Ergebnissen als ein Merkmal naturwissenschaftlichen Forschens werden auch von Integrationspädagogen als unterstützende Bedingung für eine gelingende Förderung geschätzt.

Diese in den Bildungsplänen immer wieder geforderten und tatsächlich so wichtigen Bezüge zwischen den Bildungsbereichen ergeben sich, weil sie in der Sache selbst begründet sind. Die Kunst und das Handwerk der Pädagogen ist es, sie zu entdecken, in ihrem Wert zu verstehen und zu nutzen. Wenn der Erzieherin oder einem Kind nebenbei noch ein Lied zum Thema einfällt, so kann das sehr schön sein – es muss aber nicht jedes Thema gemalt, gesungen oder gebastelt werden.

Die Anforderung zur Verbesserung naturwissenschaftlicher Bildung an die Fachkräfte ist also die einfachste – und manchmal auch die schwierigste: Seid neugierig, dann gibt es kein Scheitern!

7 Englische Forscherinnen nennen dieses pädagogische Verhalten »sustained shared thinking« (etwa »anhaltendes gemeinsames Nachdenken«) und halten es für einen hervorragenden Qualitätsfaktor; vgl. den Aufsatz von Iram Siraj-Blatchford u.a. in Eva Hammes-Di Bernardo; Sabine Hebenstreit-Müller (Hrsg.) (2005): Innovationsprojekt Frühpädagogik. pfv-Jahrbuch 11. Baltmannsweiler

3.2 Geheimnissen auf den Grund gehen und darüber reden

Möglichkeiten der Sprachförderung durch naturwissenschaftliches Forschen mit Kindern

Eva Hammes-Di Bernardo

Naturwissenschaften in der Frühpädagogik: ein Reizthema?

Seit die Diskussion in den Kindertageseinrichtungen bezüglich der Bildungsinhalte im Vorschulbereich in Folge von PISA neue Dimensionen bekommen hat, tauchen Themenbereiche auf, die eigentlich eine lange Tradition haben. Die Konfrontation des Kindes mit Naturphänomenen, und zwar nicht nur biologischen, sondern auch aus der unbelebten Natur, d.h. Physik und Chemie, gehörte in vergangenen Zeiten zum selbstverständlichen Bildungskanon, auch von jüngeren Kindern[1]. Als Resultat der zahlreichen Entdeckungen in den Naturwissenschaften und Erfindungen des 18. und 19. Jahrhunderts, entwickelte sich im viktorianischen England eine »Naturwissenschafteuphorie«[2], die ab der Mitte des 19. Jahrhunderts rasant um sich griff. Bücher wie »Naturwissenschaften in unserem Haushalt« oder »Chemische Lustbarkeiten« fanden nicht nur reißenden Absatz bei einem breiten, nicht wissenschaftlichen Publikum, für das die Küchenchemie zu einem Zeitvertreib in der Familie wurde. Öffentliche Vorlesungen zur Thematik fanden großen Zuspruch, wurden auch von Kindern besucht. Vorläufer der »Kinder-Universitäten«, die in der heutigen Zeit neue Akzente in der Zusammenarbeit von Wissenschaftlern und neugierigen Kindern setzen wollen, entpuppten sich bereits am Vorabend des 20. Jahrhunderts als »Straßenfeger«[3].

Ein wissenschaftlicher Quantensprung in den siebziger Jahren brachte eine neue Welle der pädagogisch aufgearbeiteten Lehrpläne für Naturwissenschaften mit sich: der Sputnik-Schock. Konfrontiert mit den neuen Möglichkeiten, die sich aus der Weltraumforschung ergaben und der Erkenntnis, wie eingeschränkt unser Wissen im naturwissenschaftlichen Bereich ist, kamen schnell auch für kleinste Kinder Lernprogramme für Chemie und Physik zum Einsatz. Dass sie, trotz aller guten Absichten, durch zu hohe Ansprüche und unter Missachtung der kognitiven Möglichkeiten der Kinder am Ziel vorbeischossen, brachte unweigerlich nur ein Resultat mit sich: das kindliche Interesse an den Naturwissenschaften wurde erstickt, schlug in Desinteresse um bis hin zu Ressentiments, die auch heute noch die Haltung den naturwissenschaftlichen Lehrplänen gegenüber prägen[4].

Doch z.B. die Popularität altersgerechter Naturwissen-

1 Siehe: Gisela Lück (2003): Handbuch der naturwissenschaftlichen Bildung. Theorie und Praxis für die Arbeit in Kindertageseinrichtungen. Freiburg: S. 9

2 Lück, ebenda

3 Lück, ebenda, S. 10

4 Lück, ebenda

schaftsendungen lässt vermuten, dass Kinder bereits im Vorschulalter großes Interesse an allen Vorgängen in ihrer Umgebung haben, diese verfolgen und nach Antworten suchen, um die Zusammenhänge zu verstehen. Mit all seinen Sinnen erschließt selbst das kleine Kind sich bereits naturwissenschaftliche Erfahrungen, entwickelt eine weiterführende Fragestellung. »Ausgehend von den Erfahrungen mit konkreten Dingen und deren beobachtbaren Eigenschaften erkundet es die Beschaffenheit von Oberflächen, stellt Betrachtungen an zu Unterschieden und Gemeinsamkeiten, stellt sich und anderen Fragen zu tausend Wundern seiner Welt«[5].

Vor diesem Hintergrund der Erkenntnis über die Wissens-Bedürfnisse des Kindes und einer bildungspolitischen Diskussion, die neue Aspekte in der Frühpädagogik einfordert, erfahren die Naturwissenschaften eine Neubewertung. Um den gleichen Fehler nicht noch einmal zu machen, der vor 30 Jahren zu einer Resignation den Naturwissenschaften gegenüber geführt hat, gilt es, neue Wege zu finden und diese behutsam zu beschreiten.

Das heißt: keine einengenden Lehrpläne, Übungssequenzen, Trainingsbögen. Keine verallgemeinerte Definition von Lernzielen, kein ergebnisorientierter Aufbau von Experimenten. In der Auseinandersetzung mit den Naturwissenschaften und der kindlichen Neugier ist die Erkenntnis, dass »Das Spiel (...) seit der Pädagogik der Aufklärung als der Königsweg aller kindlichen Erkenntnis, aller kognitiven und sozialen Entwicklung in den Jahren vor der Schule (gilt).«[6] grundlegende Voraussetzung für die Arbeit der Erzieherinnen. Doch auch im Spiel ergeben sich Fragen. Vielleicht einfache Fragen, aber »um auf einfache Fragen Antworten geben zu können, muss man viel wissen, muss man sich seines eigenen Interesses und seines Wissens sicher sein«[7]. Soll die Neugier der Kinder befriedigt werden, sollen naturwissenschaftliche Prinzipien altersgerecht transparent gemacht werden und soll die Erzieherin gleichzeitig durch ihr Sprachverhalten vorbildhaft fördern, dann muss von ihr der Bereich der Sprachförderung als Querschnittsaufgabe verstanden werden, bei dem jedes Thema zum Einsatz kommen kann. Und möchte sie für die Naturwissenschaften sensibilisieren, für ein eigenständiges Forschen, Weiterdenken, dann muss sie bereit sein, mit den Kindern zusammen diesen Weg zu begehen. Eine nicht immer einfache Aufgabe, wenn die eigene Bildung auf einem sauber in Einzelbereiche aufgebauten Fächerkanon beruht.

Wissenschaftliches Verständnis – eine Grundlagenkompetenz auch für ErzieherInnen

WissenschaftlerInnen aus den verschiedensten Bereichen, aber vor allem aus den naturwissenschaftlichen Bereichen ,haben in den vergangenen Jahren den Brückenschlag versucht, haben sich dem Elementarbereich genähert, um die Inhalte ihres Denkens, Tuns und Forschens auch der kindlichen Neugierde zugänglich zu machen. Vor allem im Gespräch mit den Kindern hat sich gezeigt, dass es so gut wie kein Thema in den Naturwissenschaften gibt, das die Kinder nicht interessiert. Vielmehr gibt es Bereiche, die trotz intensiven Nachfragens und großer Neugier seitens der Kinder bei den ErzieherInnen keine große Attraktivität

5 Berliner Bildungsprogramm, S. 73: Naturwissenschaftliche Grunderfahrungen
6 Donata Elschenbroich (2001): Das Weltwissen der Siebenjährigen. Wie Kinder die Welt entdecken können. München: S. 81
7 Elschenbroich, ebenda

haben. Hierfür werden immer wieder die (wenigen) gleichen Gründe genannt: viel zu schwierig für Kinder, kann man ihnen doch gar nicht erklären (z.B. Astronomie, Mechanik, Bereiche der Physik); da kenne ich mich nicht mit aus, weiß nicht, wie ich es erklären soll (Astronomie, Meteorologie…); das interessiert die Kinder doch gar nicht.

Untersuchungen in Kindergärten, die es gewagt haben, solch »untypische« Themen mit den Kindern forschend aufzugreifen, haben gezeigt, dass oft eine größere Konzentrationsfähigkeit und Ausdauer bei den Kindern festgestellt werden konnte als bei Standardthemen. Ihre Fragehaltung war wesentlich intensiver und nachdrücklicher, ihr Bemühungen, Lösungen zu finden, Hypothesen zu formulieren, intensiver. Sie beachteten aufmerksamer das Sprachvorbild der Erwachsenen, griffen es häufiger auf als im normalen Sprachalltag.[8] Ein motivierender Grund, sich mit exotischen naturwissenschaftlichen Themen zu beschäftigen?

Ja und nein. Wie Georges Charpak, französischer Physiknobelpreisträger, zusammen mit seinen Kollegen Léna und Quéré in senem Werk »L'enfant et la science«[9] festhält, steht in allen Bildungsdiskussionen die Frage nach der Sprachkompetenz – berechtigerweise – immer an erster Stelle. Man fragt sich, wer was wann wie kann, doch stellt man sich nie die Frage, ob und wie Kinder motiviert sind, zu lesen, zu schreiben, korrekt zu sprechen und zu kommunizieren. Es ist kein Geheimnis, dass man, um lernen zu können, etwas mögen muss. Und um etwas zu mögen muss es Inhalte geben, die attraktiv sind. Deshalb sollte man die Themenbereiche nicht im Ungleichgewicht gegeneinander aufwiegen – der höhere Stellenwert für die Sprache und die Zweitrangigkeit der Naturwissenschaften (oder der Geschichte, der Geografie…) Vielmehr sollten diese Bereiche zusammengeführt werden, was seit vielen Jahren im Projekt »La main à la pâte – Wissenschaft zum Anfassen« erfolgreich durchgeführt wird[10].

Eine erste allgemeine Heranführung an die Naturwissenschaften

Die Ansätze dieses Projektes werden mittlerweile nicht nur in vielen Ländern der Welt aufgegriffen, auch in der deutschen Kindergartenpädagogik hat man erkannt, dass eine themenübergreifende Förderung meist nachhaltiger ist. Keiner der Bildungsbereiche, der in den Programmen der Bundesländer aufgeführt werden, kommt ohne Sprache aus. Und die Auseinandersetzung mit der Musik, mit der Bewegung, mit Naturwissenschaften oder bildenden Künsten bringt schon in sich durch gelenkte Angebote so viel Struktur mit sich, dass die Kinder auch für die sprachliche Aufarbeitung die für sie wichtige Systematik finden.[11] Mehrere Bildungsfacetten werden abgedeckt: die Beobachtung, die eigene experimentelle oder durchführende Erfahrung, die Geschicklichkeit wird gefordert, alle Sinne, vor allem der Tastsinn, der Gesichtssinn und der akustische Sinn werden gefordert. Weitere Schlüsselqualifikationen, wie sie auch für die frühkindliche Bildungsarbeit von der

8 Siehe hierzu: Mireille Hartmann (2006): »Astronomie – ein Kinderspiel«, Bd. 1: Sonne, Erde, Mond; und Bd. 2: Kometen, Planeten, Sterne; beide Weinheim; Charpak, Georges (2006): »La main à la pâte – Wissenschaft zum Anfassen«, Weinheim

9 Charpkak, Georges; léna, Pierre; Quéré, Yves (2005): «L'enfant et la science. L'aventure de La main à la pâte«

10 ebenda, S. 80-81

11 siehe: Jampert, Leuckefeld, Zehnbauer, Best (2006): »Sprachliche Förderung in der KiTa – Wie viel Sprache steckt in Musik, Bewegung, Naturwissenschaft und Medien?«, Weimar und Berlin

Bund-Länder-Kommission bereits 1998 gefordert worden sind: System- und Problemorientierung (Perspektivenwechsel, Verstehen komplexer Situationen, Urteilsfähigkeit, Phantasie, Kreativität...). Durch das Arbeiten in der Gruppe werden auch Anforderungen an das Sozialverhalten gestellt und eine klare Kommunikation ist die Basis eines guten Zusammenarbeitens: Situations-, Handlungs- und Partizipationsorientierung werden geschult und damit Entscheidungsfähigkeit, Handlungs- und Mitbestimmungskompetenz.

Für eine sinnvolle Zusammenführung naturwissenschaftlicher und sprachlicher Förderung unter Einbeziehung auch der Förderung des sozialen Verständnisses lassen sich unabhängig von nationalen Bildungsprogrammen für die frühkindliche Förderung mehrere Prinzipien festhalten. Sie bauen das Wissen in drei Schritten auf:

Pädagogische Vorgehensweise

- Die Kinder beobachten ein Objekt aus der reellen und nahen Umwelt und machen Experimente hierzu. Unter Objekt sind zu verstehen: das Wasser, der Himmel, Lebensrhythmen, der Nahrungskreislauf der Pflanzen usw.
- Während ihrer Untersuchungen stellen die Kinder Überlegungen an und argumentieren, sie arbeiten zusammen und diskutieren ihre Ideen und ihre Ergebnisse, bauen ihr Wissen aus. Eine Auseinandersetzung auf einer rein »tuenden«, das heißt experimentierenden Ebene reicht nicht aus. Ihre Überlegungen und Kommentare können von der Erzieherin festgehalten werden.
- Die ErzieherInnen und LehrerInnen bieten den Kindern Aktivitäten an, die sich durch einzelne Module aufbauen und mit dem Ziel eines Lernfortschritts organisiert sind. Ihnen liegen Programme zugrunde, die den Kindern eine größtmögliche Autonomie geben. Ein Angebot bedenkt immer das »Vorher« und das »Nachher«. Deshalb muss ein Angebot in den meisten Fällen in einer Reihenfolge erfolgen, die ein Ganzes ergibt.[12]
- Ein Zeitkontingent von mindestens zwei Wochenstunden widmet sich dem gleichen Thema über den Zeitraum von mehreren Wochen, um eine zu große Splitterung der behandelten Themen zu vermeiden. Sie sollen nicht nur schnell angesprochen werden, um dann schon zum nächsten zu wechseln. Vielmehr soll den Kindern die Möglichkeit gegeben werden, die Situation forschend entsprechend ihrem Rhythmus zu entdecken und sich ein entsprechendes Wissen aufzubauen. Noch sinnvoller ist ein tägliches Aufgreifen, vor allem vor dem Hintergrund der sprachlichen Förderung.
- Jedes Kind führt ein Experimentierheft, wo es sich im Rahmen seiner persönlichen Möglichkeiten ausdrücken kann. Das Experimentierheft bezeugt in schriftlicher Form (Wörter, Sätze, Bilder, Zeichnungen, usw.) die unterschiedlichen Momente der eigenen wissenschaftlichen Aktivitäten des Kindes. Es könnte sich aus zwei Teilen zusammensetzen: einem freien Teil, spontan und nicht pragmatisch organisiert, zumindest zu Beginn des

12 Siehe hierzu die Bücher von Mireille Hartmann »Astronomie ein Kinderspiel«: Frau Hartmann macht für die Erzieherinnen klare Angebotsanalysen unter Aufführung aller Arbeitsschritte sowohl für die Erzieherinnen als auch für die Kinder, um ein Einarbeiten in die neue Materie transparent zu machen. Siehe auch: Saarland, Ministerium für Bildung, Kultur und Wissenschaft: »Kinder als Naturforscher. Handreichungen für ein erstes naturwissenschaftliches Forschen mit Kindern«, Dokumentation der 1. und 2. internationalen Erzieherinnen-Akademie im Saarland, erscheint demnächst bei: Verlag das netz; Kontakt: Eva Hammes-Di Bernardo, e.hammes-di_bernardo@bildung.saarland.de

Projekts, einem organisierten Teil, Ergebnis der angestrebten Absprache mit ErzieherInnen oder LehrerInnen. Dieses Heft ist in mehrfacher Hinsicht wichtig für das Kind: Es ist eine Erinnerungsstütze, bezeugt die Projekte, die Weiterentwicklung im Laufe des Jahres. Es dient als Kommunikationshilfe im Gespräch mit den anderen (Kindern, Erwachsenen), ist aber auch eine direkte Hilfe, um die eigenen Überlegungen zu entwickeln und aufzubauen. Den betreuenden Erwachsenen ermöglicht es Rückschlüsse zur Arbeit des einzelnen Kindes, seinen Lernfortschritten.

- Hauptziel ist, dass die Kinder nach und nach Grundgedanken der Naturwissenschaften und der angewandten Technik verinnerlichen. Zeitgleich gefördert werden sollen die Sprechfertigkeit sowie die Schreib- und Lesekompetenz. Hier wird vor allem der sehr enge Zusammenhang zwischen wissenschaftlichem Lernen und dem Spracherwerb hervorgehoben.
- Die Familie und/oder das Wohnviertel sollen für die Arbeit in der Einrichtung sensibilisiert werden. Von Anfang an soll ein Bezug zur Welt außerhalb des Kindergartens oder der Schule hergestellt werden. Die Wertschätzung der Familien und ihrer Kompetenzen sieht vor, diese auch aktiv in den Lernprozess der Kinder in der Institution einzubinden, das heißt, sie zu informieren und zu animieren, die Neugier der Kinder zu fördern.
- Vor Ort können Fortbildungsinstitute, wissenschaftliche Partner (Universitäten, Hochschulen) oder Fachleute jeder Art die Projekte der Klassen und Kindergartengruppen begleiten, indem sie ihre Kompetenzen zur Verfügung stellen. Die wissenschaftlichen Partner sind eine wichtige Hilfe für die ErzieherInnen, auf die sie sich jederzeit stützen können. Doch dürfen sie die betreuenden Erwachsenen nie ersetzen, diese müssen immer die einzigen Verantwortlichen für die Projektumsetzung bleiben. Hingegen kann ein direkter Kontakt mit den Wissenschaftlern ein sehr motivierendes Element für die Kinder sein.

Präzise Angaben, wie das wissenschaftliche Arbeiten mit Kindern aussehen kann, finden ErzieherInnen, die auf diesem Gebiet Neulinge sind, in den Büchern von Prof. Gisela Lück, die seit Jahren darum kämpft, Naturwissenschaften auch in Deutschland »kindergartenfähig« zu machen.

Ein Beispiel:

Konzeption und Inhalt der Experimente für eine frühkindliche Heranführung an Themen unbelebter Natur

Neben den entwicklungspsychologischen Voraussetzungen und einer interessierten Grundhaltung der Kinder müssen auch seitens der naturwissenschaftlichen Experimente einige Kriterien erfüllt sein, die im Folgenden genannt werden:

- Der Umgang mit den erforderlichen Materialien muss völlig ungefährlich sein.
- Die Experimente sollten immer gelingen, um mit dem Phänomen vertraut zu machen. Beziehungsweise muss entsprechend viel Zeit eingeplant werden, um mit den Kindern darüber zu reden, warum das Ergebnis wohl nicht den Erwartungen entspricht.
- Sämtliche Versuche sollten einen Alltagsbezug aus dem Leben der Kinder haben.
- Die erforderlichen Materialien müssen preiswert zu erwerben oder sogar ohnehin in jeder Kindertagesstätte vorhanden sein, so z.B. Wasser, Salz, Zucker, Essig, Teelichter etc.
- Die naturwissenschaftlichen Hintergründe zu den Versuchen sollten für Kinder im Kindergarten- und

Vorschulalter verständlich vermittelbar sein, um den Eindruck von »Zauberei« zu vermeiden.
- Die Versuche müssen alle von den Kindern selbst durchgeführt werden können.
- Die Experimente müssen aus Gründen der Konzentrationsfähigkeit innerhalb von ca. 20 bis 25 Minuten abgeschlossen sein.

Eine solche Kriterienliste grenzt die Auswahl der Experimente deutlich ein; dennoch konnten inzwischen rund 25 Versuche zusammengestellt werden, die diese Voraussetzungen erfüllen.[13]

Neue Fortbildungskonzepte wegen neuer Querschnittsaufgaben? Oder doch nur Überzeugungsarbeit?

Ein wesentliches Element in der Umsetzung solch neuer pädagogischer Sichtweisen ist die Auseinandersetzung im Team, die Diskussion über Umsetzungsmöglichkeiten, Strategien im Umgang mit weniger überzeugten Kolleginnen, die Weitergabe des neu erworbenen Wissens an andere Erzieherinnen. Auch skeptische Kolleginnen können zu überzeugten »Forschern« werden, wenn man sie mit ihren Fragen und Zweifeln ernst nimmt. Die immer wiederkehrende Frage: »Wie überzeuge ich meine Kolleginnen davon, dass wir das Thema und die Vorgehensweise gemeinsam umsetzen müssen?« kann in Form von Rollenspielen und Schaubildern erarbeitet werden. Konzepte für Kleinprojekte in den Kindergärten, Ideen für Forscherwerkstätten, für Kindergartenlabore und Wissenschaftlerclubs können in fachlich begleiteten Fortbildungsseminaren entwickelt werden. Immer mehr Museen, Universitäten, Hochschulen, Sciences-Labore stellen sich auf einen neuen Bedarf durch eine immer jünger werdende Interessengemeinschaft ein. Und sie bieten nicht nur den ErzieherInnen die gewünschten Informationen, sie laden auch ein, mit den Kindern vor Ort zu forschen. Häufig kann gerade dieser Perspektivenwechsel, die sich ändernde Ansprechperson, deren unterschiedlicher Sprachstil wesentlich zur sprachlichen Förderung insbesondere auf der Kommunikationsebene beitragen.

Die Kinder gemeinsam mit den Eltern begleiten

Gleicherweise prägend für den Verlauf der Sprachentwicklung der Kinder, spielen Elternhaus und Kindergarten dennoch eine unterschiedliche Rolle. Während das Elternhaus und der familiäre Sprachkontakt eine emotional nachhaltige Rolle für die Kinder spielen, erweitert der Kindergarten diese ersten Erfahrungen durch die Förderung der Kommunikationsfähigkeit in anderen sozialen Strukturen. Doch zunehmend lässt sich auch bei Kindern, die nicht eindeutig den sog. Problemgruppen zugeordnet werden können, eine Stagnation im Spracherwerb feststellen. Durch ein gutes Zusammenwirken von emotionaler Bindung und gelenkter Bildungsarbeit kann diesem vorgegriffen werden bzw. kann diese Phase überwunden werden.

Zahlreiche Untersuchungen, u.a. von Prof. Gisela Lück, haben gezeigt, dass die Auseinandersetzung mit naturwis-

13 Lück, Gisela in: Saarland, Ministerium für Bildung, Kultur und Wissenschaft: »Kinder als Naturforscher. Handreichungen für ein erstes naturwissenschaftliches Forschen mit Kindern«, Dokumentation der 1. und 2. internationalen Erzieherinnen-Akademie im Saarland, erscheint demnächst bei: Verlag das netz; Kontakt: Eva Hammes-Di Bernardo, e.hammes-di_bernardo@bildung.saarland.de

senschaftlichen Themen und das Erforschen einzelner Phänomene bei Kindern mit Sprachauffälligkeiten oder Retardierungen eine ungeahnte positive Auswirkung auf ihr Sprachverhalten haben. Häufig reagieren diese Kinder, die bereits durch ihr Sprechen auffallen, mit noch größeren Sprachstörungen bis hin zum Mutismus, wenn man sie durch eindeutig sprachorientierte Übungen und Kontrollen mit ihrem Defizit konfrontiert. Sie kommen in eine sie lähmende Stresssituation. Die Beschäftigung mit naturwissenschaftlichen Phänomenen, die durch ihre immer gleich bleibende Regelmäßigkeit auch eine gewisse Regelmäßigkeit in der sprachlichen Beschreibung mit sich bringen, eine Systematik in der Fragestellung ebenso wie in der Formulierung von Hypothesen und Analysen, geben diesen Kindern Sicherheit. Und die Zweckhaftigkeit auf der sprachlichen Ebene bleibt für sie hinter dem Erleben im naturwissenschaftlichen Forschen zurück, sie ist nicht vordergründig und drängend. Doch schnell wird ihnen dennoch klar, dass sie sich sprachlich verbessern, auch wenn sie anfangs noch auf feste Muster zurückgreifen müssen. Als stärkstes Element für jedwede Motivation hat sich in diesem Bereich die befriedigte Neugier, die Freude am Tun, die Begeisterung über das Entdecken herausgestellt.

Möglichkeit einer Zusammenarbeit, die für die Kinder einen motivierenden Effekt hat, ist das Einbeziehen der Eltern in das naturwissenschaftliche Forschen. Und das bezieht sich nicht nur auf Eltern mit in diesem Bereich einschlägigen Berufen. Durch Forschungstagebücher, die auch mit nach Hause gegeben werden, kann nicht nur das Interesse der Eltern am Tun der Kinder geweckt werden, sie bieten auch Gesprächsstoff im familiären Kreis. Eltern können aufgefordert werden, mit Kindern zusammen Materialien zu sammeln, auch zu Hause Beobachtungen anzustellen und im Tagebuch festzuhalten, und vieles mehr. Durch eine intensivere Arbeit mit den Eltern haben die ErzieherInnen im Rückschluss die Möglichkeit, sich ein besseres Bild über die Sprech- und Kommunikationssituation des Kindes im familiären Umfeld zu machen bzw. über die Eltern bestimmte Vorlieben des Kindes zu erfahren. Auf diesen Beobachtungen können wiederum Einzelangebote basieren, die es dem Kind erleichtern, sich bestimmte Inhalte zugänglich, zu machen, sein Sprechverhalten zu schulen.

Naturwissenschaftliches Arbeiten im Kindergarten – eine ganzheitliche Chance?

Die Beschäftigung mit Themen aus der belebten und der unbelebten Natur bietet durch die Vielfalt der Möglichkeiten nicht nur einen Zugang zu grundlegenden Fragen unserer biologischen und physikalischen Existenz und Umwelt, sondern sie ist in besonderen Maße auch ein Katalysator für andere Lernerfahrungen und Bildungsangebote. An erster Stelle darf wohl unbezweifelt die Sprache genannt werden, doch auch Lernkompetenz und Sozialkompetenz werden durch das Fragen und Experimentieren in der Gruppe nachhaltig unterstützt. Musik und darstellende Kunst, selbst Bewegungserziehung und Gesundheitserziehung können bei naturwissenschaftlichen Angeboten zu flankierenden Themen und Aktivitäten werden.

Die Erzieherinnen haben durch ihr kind- und situationsorientiertes Verhalten im Rahmen der naturwissenschaftlichen Angebote die Möglichkeit, dessen stetig wachsendes Bewusstsein für die ganzheitlichen Zusammenhänge in Natur und Umwelt zu wecken und zu begleiten, die natürliche Neugier durch den Blick über den themenspezifischen Tellerrand zu ermutigen, eine fächerkanon-gebundene Aversion gegen naturwissenschaftliche Fächer vorzubeugen.

Literatur

Senatsverwaltung für Bildung Jugend und Sport, Berlin (2004): Berliner Bildungsprogramm. Weimar, Berlin

Charpak, Georges (2006): »La main à la pâte – Wissenschaft zum Anfassen«. Weinheim

Charpak, Georges; léna, Pierre; Quéré, Yves (2005): «L'enfant et la science. L'aventure de La main à la pâte». Paris

Elschenbroich, Donata (2001): Das Weltwissen der Siebenjährigen. Wie Kinder die Welt entdecken können. München

Hartmann, Mireille (2006): »Astronomie – ein Kinderspiel«, Bd. 1: Sonne, Erde, Mond; und Bd. 2: Kometen, Planeten, Sterne. Weinheim

Jampert, Karin; Leuckefeld, Kerstin; Zehnbauer, Anne; Best, Petra (2006): »Sprachliche Förderung in der KiTa – Wie viel Sprache steckt in Musik, Bewegung, Naturwissenschaft und Medien?« Weimar, Berlin

Lück, Gisela (2003): Handbuch der naturwissenschaftlichen Bildung. Theorie und Praxis für die Arbeit in Kindertageseinrichtungen. Freiburg

Saarland, Ministerium für Bildung, Kultur und Wissenschaft: »Kinder als Naturforscher. Handreichungen für ein erstes naturwissenschaftliches Forschen mit Kindern«, Dokumentation der 1. und 2. internationalen Erzieherinnen-Akademie im Saarland, erscheint demnächst bei: Verlag das netz; Kontakt: Eva Hammes-Di Bernardo, e.hammes-di_bernardo@bildung.saarland.de

3.3 Naturwissenschaften in der Kita zwischen Entdecken und Erklären

Regine Illner

Einleitung

Die Naturwissenschaften bilden einen festen Bestandteil der Bildungspläne aller Bundesländer. Der Begriff der Naturwissenschaften ist dabei unterschiedlich weit gefasst. So wird er z.B. in NRW sehr allgemein durch die Bereiche Natur und kulturelle Umwelt repräsentiert, in Schleswig-Holstein wird die Mathematik mit einbezogen, in Hessen kommt als dritter Bereich die Technik mit dazu und im Saarland nennt sich der Bildungsbereich »Naturwissenschaftliche und technische Grunderfahrungen«.

Durch frühe naturwissenschaftliche Förderung erhofft sich die Bildungspolitik, neben der Verbesserung späterer Schulleistungen, dem allgemeinen Desinteresse an Naturwissenschaften und dem damit verbundenen Fachkräftemangel entgegenzuwirken.

Im Gegensatz zu eher traditionellen Bildungsbereichen wie Musik und Bewegung ist die Beschäftigung mit Naturwissenschaften in der Elementarpädagogik in Deutschland noch relativ neu. Wissenschaftliche Untersuchungen und gesicherte Erkenntnisse über geeignete Inhalte und Methoden für die frühe naturwissenschaftliche Förderung liegen dem entsprechend noch nicht vor. Erste Studien sind allerdings in Arbeit. Trotzdem gibt es auf vielen Ebenen bereits Bemühungen, auch die jungen Kinder naturwissenschaftlich zu bilden. So wird in einigen Kitas die Umsetzung der Bildungspläne von engagierten Fachkräften erprobt. Darüber hinaus bieten auch Einrichtungen außerhalb von Kindertagesstätten, wie Kindermuseen, Kindergartenlabore und Wissenschaftsshows, naturwissenschaftliche Kurse und Aktivitäten an. Neben Fortbildungsveranstaltungen für Erzieherinnen gibt es auch neue Konzepte in der Erzieherausbildung an Fachhochschulen, die eine natur wissenschaftliche Grundbildung vorsehen, um die Fachkräfte auf die neuen Anforderungen vorzubereiten.

Gründe für frühe naturwissenschaftliche Förderung

Unabhängig von den bildungspolitischen Gründen, wie den mäßigen PISA-Ergebnissen und dem naturwissenschaftlich-technischen Fachkräftemangel, gibt es wissenschaftliche Erkenntnisse aus den Bereichen der Hirnforschung sowie der Entwicklungs- und Lernpsychologie, die für eine frühe naturwissenschaftliche Förderung sprechen.

Danach treten im dritten, vierten und fünften Lebensjahr besondere sensible Phasen auf, sog. kognitive Fenster. Sie sind optimale Zeiträume, so beispielsweise für das Lernen von Akzent und Basisgrammatik einer Zweitsprache, die Orientierung im Raum, elementares mathematisches

Denken und die Steigerung der Musikalität. Hirnphysiologisch bedeutet Lernen die Verknüpfung von Neuronen. Die während dieser sensiblen Lernphasen entstehenden neuronalen Verknüpfungsmuster im Gehirn sind gegenüber neuen äußeren Einflüssen besonders resistent. Auch die späteren Lernprozesse der Erwachsenen werden durch sie entscheidend mitbestimmt. Bleiben die externen Anregungen zum Lernen aus, wird das spätere Lernen erheblich erschwert. Das anatomische Korrelat besteht im Schrumpfen der Nervenzellen, und der Reduktion der Zahl der Synapsen zwischen ihnen.

Durch die moderne Medizintechnik, insbesondere der Computertomographie, ist es heute möglich, die Zusammenhänge zwischen dem Lernen und der Gehirnentwicklung zu belegen. Beispielsweise ist die Existenz sensibler Lernphasen während der Sprachentwicklung schon lange bekannt. Bleiben sprachliche Anregungen während des Zeitfensters, in dem das Gehirn auf Sprachenlernen angelegt ist, aus, gelingt später kein fehlerfreies Sprechen. Der Grund dafür ist, dass die Synapsen zwischen den Neuronen der für das Sprechen zuständigen Gehirnareale, dem Broca- und dem Wernicke-Areal, nicht ausgebildet werden konnten. Bekannte Fälle sind die unter Sprachentzug aufgewachsenen Menschen Kaspar Hauser oder die Wolfskinder (vgl. Küls 2003).

Die Existenz kognitiver Fenster bedeutet nicht, dass später überhaupt nicht mehr gelernt werden kann. Sensible Phasen sind bis zum Ende der Pubertät nachgewiesen, wenn die Entwicklung des Gehirns zum Abschluss kommt. Danach kann beim Lernen nur noch die Effizienz der bestehenden neuronalen Verknüpfungen gesteigert werden. Neue kommen nicht mehr dazu.

Das deutsche Bildungssystem ist bis heute durch die entwicklungspsychologische Theorie Piagets geprägt. Er vertrat ein bereichsübergreifendes Stufenmodell der kognitiven Entwicklung. Danach verläuft die kognitive Entwicklung altersabhängig und endogen gesteuert in vier aufeinander folgenden Stufen vom konkreten, handlungsnahen, egozentrischen Denken zum abstrakten, theoretischen, mehrperspektivischen Denken. »Bereichsübergreifend« bedeutet dabei, dass – wenn bei Erreichen eines bestimmten Entwicklungsniveaus die dazugehörenden Kompetenzen in allen Bereichen des Erkenntnisgewinns eingesetzt werden können. Ein Lernen, das die Fähigkeit zu logischen Schlussfolgerungen impliziert, ist nach Piaget erst auf der 4. Entwicklungsstufe, der formal-operativen Stufe, zwischen 12 und 15 Jahren möglich. Infolgedessen beginnt der Unterricht für die Fächer Physik und Chemie in Deutschland meist erst in der 7. Jahrgangsstufe.

Auf bereichsübergreifende Vorstellungen vom Lernen geht auch die inzwischen widerlegte Ansicht zurück, dass das Lernen möglichst abstrakter und komplexer Inhalte Lernen generell schult. Solche generalisierenden Qualitäten wurden und werden noch heute Fächern wie Mathematik und Latein zugeschrieben. Empirische Studien belegen allerdings, dass Latein- und Mathematiklernen keinerlei Effekte auf andere Lernbereiche hat (Stern 2004b).

Das Lernen spezifischer naturwissenschaftlicher Themen kann also nicht durch andere Inhalte ersetzt werden.

Ergebnisse der Kognitionsforschung (Sodian 1998, 2002, 2004) legen nämlich nahe, dass die kognitive Entwicklung nicht bereichsübergreifend, sondern bereichsspezifisch verläuft. Das heißt, dass nicht erst ein bestimmtes allgemeines Entwicklungsniveau erreicht werden muss, um Wissen über einen Bereich zu erwerben, z.B. naturwissenschaftliches

Wissen, sondern dass das Lernen selbst Teil der Entwicklung ist und diese fördert. Ferner haben empirische Studien erwiesen, dass bestimmte kognitive Leistungen von Kindern bereits viel früher erbracht werden können als von Piaget angenommen. So sind auch schon fünf- und sechsjährige Kinder zu logischen Denkoperationen fähig, wie sie für den naturwissenschaftlichen Erkenntnisprozess notwendig sind. Beispielsweise können bereits Vermutungen durch die Evidenz empirischer Daten evaluiert werden. Dabei dürfen die Phänomene allerdings nicht zu komplex sein, d.h., es dürfen nicht zu viele Variablen für ihre Erklärung nötig sein.

Für eine frühe Förderung sprechen ferner Ergebnisse der Längsschnittstudien »Logik« und »Scholastik«, die am Max-Planck-Institut für Psychologische Forschung durchgeführt wurden und die sich auch auf das Verständnis der Naturwissenschaften beziehen. Danach sind Kinder, die bessere Schulleistungen aufweisen, nicht grundsätzlich intelligenter, sondern verfügen von vornherein über mehr Vorwissen. Zwar haben intelligentere Kinder auch mehr Wissen, fehlendes Wissen lässt sich aber durch Intelligenz nicht kompensieren, während eine defizitäre Intelligenz durch Üben in gewisser Weise ausgeglichen werden kann. Für die Lernpsychologin Stern (2003a) ist folglich »... Wissen, nicht Intelligenz der Schlüssel zum Können...« und eine frühe Vermittlung von Wissen, auch für einen späteren Schulerfolg, damit sinnvoll.

Das bedeutet nicht, dass der Grundschulunterricht einfach vorverlegt werden sollte. Aber Kinder können bereits in der Vorschule bzw. im Kindergarten gezielt auf das Lernen in der Schule vorbereitet werden. Das gilt auch für den naturwissenschaftlichen Lernbereich:

Die besondere Lernfähigkeit von Vorschulkindern korrespondiert mit der ausgeprägten Neugier und Wissbegierde dieser Altersgruppe, die sich auch auf Phänomene der belebten und unbelebten Natur bezieht. »Leben ist elementare Biologie und Physik«, schreibt Elschenbroich (2001) zutreffend. Diese intrinsische Motivation für das Lernen von Naturwissenschaften kann und sollte also genutzt werden.

Umsetzung in der Praxis

Das Vorgehen, das im Folgenden beschrieben wird, ist an zwei Punkten orientiert, an der konstruktivistischen Auffassung vom Lernen und an der naturwissenschaftlichen Erkenntnismethode.

Nach der konstruktivistischen Sicht vom Lernen konstruiert jeder Mensch sein Wissen selbst und zwar auf der Basis dessen, was er bereits weiß. Lernen wird damit als ein individueller aktiver Prozess begriffen und ist dann am nachhaltigsten, wenn der Lerner seine Erkenntnisse selber, aus dem aktiven Tun ableiten kann. Dabei bestimmt der soziale Kontext die individuellen Konstruktionen mit. In der Kita sind das z.B. die Denkweise und die Sprache der Kinder untereinander und zwischen den Kindern und Fachkräften. Das Übermitteln von Wissen durch andere, z.B. Eltern, Erzieher und Lehrer, ist dagegen mit einem passiven Aufnehmen statt der aktiven Konstruktion verbunden und vergleichsweise wenig effizient. Aus der konstruktivistischen Sicht des Lernens sollte eine Lernumgebung folgende Merkmale aufweisen:

- an das Vorwissen anknüpfen,
- sinnvolle authentische Kontexte herstellen,
- aktive Lernerfahrungen ermöglichen,
- moderierende, den Lernprozess unterstützende Rolle der Fachkraft.

Der naturwissenschaftliche Erkenntnisprozess ist durch eine hypothetisch-deduktive Vorgehensweise gekennzeichnet. Dabei werden zu einer Fragestellung Vermutungen, also Hypothesen, aufgestellt, die dann mit Hilfe von Experimenten bestätigt oder verworfen werden. Deduktiv ist dabei die logische Ableitung von Aussagen aus anderen Aussagen, in diesem Fall den Hypothesen: »Ausgehend von der Annahme, dass meine Hypothese richtig ist, müssen sich im Experiment die folgenden Beobachtungen machen lassen.« Wissenschaftliche Erkenntnisse, die auf diese Weise aus Hypothesen abgeleitet werden, haben selber immer einen hypothetischen Charakter. Man muss davon ausgehen, dass ein anderes Experiment das Gegenteil zeigen könnte. In der Wissenschaftstheorie wird das nach Popper als Falsifikationsprinzip bezeichnet. Auch wenn wissenschaftliche Erkenntnisse mit Wahrheit assoziiert werden, bleiben sie dennoch vorläufige und keine absoluten Wahrheiten.

Sind die Phänomene nicht zu komplex, können auch Vorschüler bereits den beschriebenen naturwissenschaftlichen Erkenntnisweg beschreiten, der aus vier Schritten besteht:

1. Fragestellung,
2. Vermutung,
3. Experiment,
4. Schlussfolgerung.

Im Folgenden wird für jeden der naturwissenschaftlichen Arbeitsschritte erläutert, wie er gestaltet sein muss, damit den Kindern ihre eigene Lernerfahrung ermöglicht wird. Ein konkretes Beispiel aus der Arbeit mit Kindergartenkindern, die Erforschung des Verhaltens von Asseln, soll die Vorgehensweise veranschaulichen.

1. Eine Fragestellung formulieren

Damit die aufgeworfene Fragestellung auch zu einer Frage der Kinder wird, muss bei der Auswahl der Themen darauf geachtet werden, dass diese lebensnah sind und für die Kinder einen Alltagsbezug aufweisen. Das kann z.B. in Form kleiner Geschichten oder Fallbeispiele geschehen, in denen Kinder eine Rolle spielen. So können sie sich leichter in die Fragestellung hineindenken. Ideal ist es natürlich, wenn sich die Fragestellung aus dem Kindergartenalltag ergibt.

Die Kinder bemerken, dass beim Anheben eines Blumentopfes darunter befindliche Asseln aufgescheucht unter den nächsten Topf laufen und fragen sich, warum die Tiere das tun?

2. Vermutungen äußern

Ebenso wichtig ist es, die Kinder Vermutungen darüber äußern zu lassen, wie sie die Fragestellung vielleicht beantworten würden. Äußern sie unterschiedliche Vermutungen, kann das zu interessanten Diskussionen führen, die durch Nachfragen seitens der Betreuungsperson nach den jeweiligen Gründen noch vertieft werden können. Den Kindern wird dabei bewusst, was sie zu diesem Thema bereits alles wissen. Erst dann kann das neu zu Lernende damit in Beziehung gesetzt und die Wissensbasis somit erweitert werden. Die Betreuungsperson erhält dabei wichtige Informationen über den Wissensstand der Kinder und kann dadurch besser auf sie eingehen.

Die Kinder vermuten, dass die Asseln lieber im Dunkeln leben oder feuchte Plätze bevorzugen.

3. Experimente durchführen

Mit den Experimenten werden die Vermutungen überprüft. Damit steht die Frage am Anfang, woran sich denn zeigen würde, ob die jeweilige Vermutung stimmt.

Beim Experimentieren ist es wichtig, darauf zu achten, dass die Kinder die Experimente auch selber durchführen können und dass dafür ungefährliche Geräte und Materialien benutzt werden. Manchmal ist es notwendig, die Kinder dabei auf besondere Beobachtungsmöglichkeiten aufmerksam zu machen. Der wissenschaftlichen Arbeitsweise entspricht es besonders, wenn die Kinder die Experimente, mit denen sie die Vermutungen überprüfen wollen, selber entwerfen können. Das ist, abhängig von der Fragestellung, nicht immer praktikabel und manchmal zu schwierig. Durch das Zurückgreifen auf bereits ausgearbeitete Experimentieranordnungen erhalten sie dann ein Modell, das später vielleicht auch auf andere Fragestellungen übertragen werden kann.

Den Asseln kann ein Gefäß angeboten werden, wo sie zwischen einer hellen und dunklen bzw. zwischen einer trockenen und feuchten Seite wählen können.

4. Schlussfolgerungen ziehen

Die Schlussfolgerungen müssen sich aus den Beobachtungen beim Experimentieren ergeben. Sie sollten mit den Kindern gründlich diskutiert werden. Es hat wenig Sinn, den eigenen Erkenntnisgewinn der Kinder abzukürzen, indem man als Betreuerin das Experiment nur vormacht und anschließend selber erklärt, was man aus den Beobachtungen lernen kann. Auf diese Weise konstruiert man letztlich nur sein eigenes Wissen.

Beim Durchführen der beschriebenen Schrittfolge des naturwissenschaftlichen Erkenntnisgewinns sollten die Kinder zunächst einmal angeleitet werden. Dabei lernen sie das Vorgehen und das Material modellhaft kennen. Das darin enthaltene Element der Instruktion widerspricht meines Erachtens nicht den konstruktivistischen Vorstellungen vom Lernen, wenn die Themen und Fragestellungen an die Lebenswelt der Kinder anknüpfen. Letztlich sind alle gestalteten Lernumgebungen und Selbstlernmaterialien durch die in ihnen enthaltene pädagogische Absicht auch instruktiv. Diese angeleitete Lernphase bietet zudem durch das Aufstellen und Diskutieren der Hypothesen, das Artikulieren der Beobachtungen sowie die gemeinsame Formulierung der Schlussfolgerungen gute Gesprächsanlässe, die zur Sprachförderung genutzt werden können (vgl. Illner 2006, Jampert 2006).

Im Anschluss an diese angeleitete Lernphase können die Materialien dann thematisch geordnet in Kisten oder auf Tabletts den Kindern zur freien Verfügung zugänglich gemacht werden. Ist das Thema für sie relevant und hinreichend interessant, werden sie nun vollkommen selbstbestimmt die Naturphänomene erkunden und erforschen.

Das oben beschriebene strukturierte Vorgehen, das den naturwissenschaftlichen Erkenntnisprozess kennzeichnet, ist vor allem für die Gruppe der Fünf- und Sechsjährigen geeignet. In dieser Phase ihrer kognitiven Entwicklung sind die Kinder bereits am Erkennen von Regelhaftigkeiten und an diesbezüglich zielgerichtetem Handeln interessiert. Die zu diesen Prozessen gehörige Form des expliziten Lernens entwickelt sich erst ab ca. vier Jahren. Erfahrungen und Fähigkeiten können nun bewusst reflektiert und mitgeteilt, das heißt explizit gemacht werden (vgl. List 2006).

Aber auch bereits jüngere Kinder können an das naturwissenschaftliche Lernen herangeführt werden. Ihr Lernen ist primär auf Handlungen und Situationen ausgerichtet und führt zur Entwicklung der Sensomotorik. Folglich stehen für sie folgende, für die Naturwissenschaften typische Tätigkeiten im Vordergrund:

- Beobachten mit allen Sinnen, durch Sehen, Hören, Fühlen, Schmecken und Riechen,
- Kommunizieren mittels Sprache, Schrift bzw. Zeichen und Bilder,
- Vergleichen von Sinneseindrücken, Formen, Gewicht, Volumen und Mengen und
- Sortieren bzw. Klassifizieren, wie Gruppieren, Aneinanderreihen und Sammeln von Daten (vgl. Ritz 2003).

Bezogen auf das Thema »Asseln«, würde man es beim Lernen mit Dreijährigen, beim Beobachten der Tiere und der Betrachtung des Körperbaus durch eine Becherlupe und vielleicht dem Zeichnen von Asseln bewenden lassen.

Sinnlose Experimente

Es gibt inzwischen eine Menge Bücher, in denen Experimente auch für den Kindergartenbereich zusammengestellt sind. Aus vielen lassen sich wertvolle Anregungen entnehmen. Viele enthalten aber auch leider jede Menge sinnloser Experimentiervorschläge, so dass man die einschlägige Literatur äußerst kritisch sichten muss.

Experimente können in zweierlei Hinsicht sinnlos sein, zum einen inhaltlich und zum anderen methodisch.

Inhaltlich sinnlos sind sie beispielsweise, wenn sie nicht an die Lebenswelt der Kinder anknüpfen oder wenn die Erklärung des Phänomens noch zu komplex ist. Methodisch sind Experimente immer dann sinnlos, wenn die Kinder nicht die Chance bekommen, ihr Wissen selber zu konstruieren. Nach den Anleitungen in den Büchern können die Experimente zwar noch von den Kindern selber durchgeführt werden, die mitgelieferten Erklärungen der zu beobachtenden Phänomene sind aber meist an die Eltern oder die Erzieherinnen gerichtet, die sie dann an die Kinder weitergeben sollen. Geeignete kindgerechte Erklärungen werden dabei nicht einmal mitgeliefert. Das Experimentieren dient dann lediglich der Veranschaulichung von Phänomenen und nicht der Überprüfung von Vermutungen, wie beim wissenschaftlichen Erkenntnisprozess.

Beispielsweise ist das häufig in Büchern auftauchende Experiment »Eine Münze trocken legen« sowohl inhaltlich als auch methodisch nicht sinnvoll. Die damit verknüpfte Ausgangsfrage: »Wie kann ich eine Münze von einem mit Wasser gefüllten Teller nehmen, ohne mir die Finger nass zu machen?« hat wohl eher die Qualität einer Trickfrage aus dem Micky-Maus-Heft, als dass sie relevante erfahrungsbedingte Fragen der Kinder an die Natur aufgreift. Der Trick besteht darin, dass man eine Kerze auf den Teller in das Wasser stellt, diese anzündet und anschließend ein leeres Glas darüber stülpt. Als Erklärung wird angeführt, dass die Kerze den Sauerstoff der Luft im Glas verbraucht, wodurch ein Unterdruck entsteht, der das Wasser vom Teller weg im Glas hoch saugt. Um die Frage zu beantworten, müssen die Kinder also bereits wissen, dass eine Kerze Luft, bzw. Sauerstoff zum Brennen benötigt, dass man dies mit einem übergestülpten Glas zeigen kann und dass ein Unterdruck im Glas zum Wassereinstrom führt. Dieses Wissen muss die Erzieherin den Kindern mitteilen, damit sie die Vorgänge verstehen. Sie haben nicht die Möglichkeit, ihre eigenen Erkenntnisse aus den Beobachtungen des Experimentes abzuleiten und so ihr Wissen selbst zu konstruieren. Das so genannte Experiment dient hier also nur der Veranschaulichung oder der Überprüfung von bereits vorhandenem Wissen. Insofern ist es auch methodisch sinnlos.

Aus eigener Erfahrung weiß ich, dass Vorschüler begeistert Gläser über Kerzenflammen stülpen, und dabei lernen, dass diese beim Brennen Luft brauchen. Für die aufgesaugte Wassermenge interessieren sich dann aber nur noch die Erzieherinnen und das Phänomen Unterdruck ist den Kindern zumindest auf diese Weise nicht näherzubringen. Die gesamte Anordnung ist inhaltlich für Vorschüler viel zu komplex und gehört frühestens in die Grundschule.

Das Tückische an diesem Experiment ist ferner, dass der Unterdruck im Glas mehr auf die Verdrängung der erwärmten Luft und die anschließende Abkühlung zurückzuführen ist. Das Volumen des bei der Verbrennung verbrauchten Sauerstoffs wird nämlich nahezu vom entstehenden Kohlendioxid kompensiert.

Auch Erklärungen in Büchern können also manchmal falsch sein. Das ist eigentlich auch eine entlastende Botschaft, denn wenn die Bücher schon nicht perfekt sind, müssen auch Erzieherinnen nicht immer die perfekten Antworten auf Kinderfragen parat haben.

Allerdings merkt man auch sehr schnell im Nachhinein, durch Ausprobieren, ob Experimente kindgerecht und interessant sind. Kinder bleiben nicht höflich sitzen und warten, bis die Experimentierstunde vorbei ist. Deshalb kann ich nur anraten, interessant scheinende Vorschläge aus Büchern einfach auszuprobieren. Denn die eigenen Erfahrungen sind doch am wertvollsten. Auch die Erzieherin konstruiert schließlich ihr Wissen selbst und kann am besten beurteilen, was zu ihren Kindern passt.

Literatur

Elschenbroich, D. (2001): Weltwissen der Siebenjährigen. München

Illner, R. (2006): Naturwissenschaften und Sprache. Erarbeitung eines Konzepts zur Verknüpfung des Bildungsbereichs Naturwissenschaften mit der sprachlichen Förderung in Kindertagesstätten http://www.dji.de/bibs/384_Expertise_Naturwissenschaften_Illner.pdf (letzter Abruf 27.11.2006)

Jampert, K. et al. (2006): Sprachliche Förderung in der Kita. Wie viel Sprache steckt in Musik, Bewegung, Naturwissenschaften und Medien? Weimar, Berlin

Küls, H. (2003): Gehirnforschung, Lernen und Spracherwerb. In: Textor, M. R. (Hrsg.): Kindergartenpädagogik-Online-Handbuch. www.kindergartenpädagogik.de/1024.html (letzter Abruf 25.6.2007)

List, G. (2006): Die Funktion von Sprache und Spracherwerb für die kognitive und sozial-kommunikative Entwicklung. In: Jampert, K. et al.: Sprachförderung in der Kita. Wie viel Sprache steckt in Musik, Bewegung, Naturwissenschaften und Medien? Weimar, Berlin

Ritz, W. C. (2003): A Head Start on Science. Encouraging a Sense of Wonder. Department of Science Education, California State University

Sodian, B. (1998): Entwicklung bereichsspezifischen Wissens. In: Oerter, R.; Montada, L. (Hrsg.): Entwicklungspsychologie. Weinheim

Sodian, B. et al. (2002): Vermittlung von Wissenschaftsverständnis in der Grundschule. Zeitschrift für Pädagogik, 45. Beiheft, S. 192

Sodian, B. et al. (2004): Naturwissenschaftliches Denken im Vorschulalter. Bildungsziele und Lernvoraussetzungen. In: Hansel, T. (Hrsg.): Frühe Bildungsprozesse und schulische Anschlussfähigkeit. Herbolzheim

Stern, E. (2003 a): Wissen ist der Schlüssel zum Können. Psychologie heute 30 (7), S. 30-35

Stern, E. (2003 b): Lernen – der wichtigste Hebel der geistigen Entwicklung. Universitas 58 (5), S. 454 ff.

3.4 Naturwissenschaftliche Frühförderung im Kindergarten mit interaktiven Experimentierstationen

Fritz Schließmann

Voraussetzungen

Warum naturwissenschaftliche Frühförderung?

»Kinder zeigen großes Interesse an Alltagsphänomenen der belebten und unbelebten Natur und an Technik. Sie sind begierig nachzuforschen und herauszufinden »warum das so ist«, »wie etwas funktioniert«. Sie stellen dazu viele Fragen, die ihre Wissbegier und Motivation zeigen, die für sie noch unerklärlichen Dinge zu verstehen. Kindertagesstätten sind aufgerufen, den Forscherdrang und die Neugier der Kinder aufzugreifen und durch attraktive Lernangebote zu fördern.«

So wie hier in den »Leitlinien zum Bildungsauftrag der Kitas« in Schleswig-Holstein[1] werden Forderungen an die Kitas herangetragen, naturwissenschaftliche Frühförderung zu betreiben. – Wie kann ein solches Angebot aussehen?

Erfahrungen mit interaktiven Experimentierstationen

Eine Möglichkeit, den Kindern eine unmittelbare Begegnung mit Phänomenen der Umwelt zu ermöglichen, ist die Arbeit an interaktiven Experimentierstationen. Sie haben sich in Science Centern wie der »Phänomenta« in Flensburg bewährt und können auch in Schulen als methodisches Prinzip zum interessegeleiteten Lernen genutzt werden.

Die Universität Flensburg hat im Rahmen des Projekts »Versuch macht klug« eine Evaluation von Experimentierstationen an Hamburger Kitas durchgeführt. Die »Vereinigung Hamburger Kindertagesstätten gGmbH« hatte sich zum Ziel gesetzt, Materialien-, Lern- und Experimentiergelegenheiten für Kitas zu entwickeln und zu erproben. Die von ihr konzipierten und produzierten 20 Experimentierstationen wurden zehn Kitas zur Erprobung mit Blick auf ihre Kita-Tauglichkeit und auf ihre Wirksamkeit als mobile Ausstellung zur Verfügung gestellt. Die folgenden Ergebnisse basieren auf dieser Untersuchung[2].

Konzeption interessengesteuertes Lernen

Interaktive Experimentierstationen: »Nicht das Wissen steckt an, sondern das Suchen«

Interaktive Experimentierstationen ermöglichen Kindern weit-

1 Leitlinien zum Bildungsauftrag der Kitas in Schleswig-Holstein in: http://landesregierung.schleswigholstein.de/coremedia/generator/Aktueller_20Bestand/MBF/Information/Bildung/PDF/KITA-Leitlinien,property=pdf.pdf

2 Schließmann, Fritz (2006): Wie arbeiten Vorschulkinder an interaktiven Experimentierstationen? Als Download unter http://archiv.ub.uni-heidelberg.de/volltextserver/volltexte/2006/6796

gehend eigenständig und selbstbestimmt Experimente durchzuführen. Der Handlungsdrang und die große Wissbegier der Kinder werden spielerisch angesprochen und ermöglichen so ein Heranführen an Naturphänomene. Die unmittelbare Wahrnehmung eines finalen Zusammenhangs bietet entscheidenden Lerngewinn. Und sie erleichtern es den ErzieherInnen, Kindern zu helfen, selbstbestimmt zu lernen.

Die Konzeption der Lernstationen, die bei diesem Projekt zum Einsatz kamen, basiert auf der Grundidee des interaktiven Lernens. Zentrales Anliegen war die aktive Begegnung und Auseinandersetzung mit Naturphänomenen. Das Lernen an Stationen stellt eine offene Lehr-Lern-Form dar, die das konstruktive Lernen der Kinder unterstützt. Sie fördert die Aktivität zur selbständigen Aneignung von Inhalten durch Handlungsorientierung, fordert die Verantwortung für das eigene Lernen und ermöglicht beim Arbeiten in kleinen Gruppen das soziale Lernen. Die mit den Experimentierstationen verbundene Form des interaktiven Lernens kommt dem spielerischen Lernen von Kindern und einer lernunterstützenden Arbeitsweise entgegen. Unsere Untersuchung über den Umgang der Kinder mit den Lernstationen stützt die Befunde der Entwicklungspsychologie, wonach sich Kinder mit ihrer großen Wissbegier und ihrem Handlungsdrang in einer Entwicklungsphase befinden, die ein Heranführen an Naturphänomene ideal erscheinen lässt.

Voraussetzungen Vorschulkinder

Im Vorschulalter hat der spielerische Umgang mit alltäglichen Phänomenen seinen Platz, wobei die Aufmerksamkeit auf bestimmte Wahrnehmungen im Mittelpunkt steht. Wesentliche Kennzeichen sind

- Erleben und beobachten,
- Wiederholen,
- Vergleichen (mit Bekanntem).

Mit dem vorliegenden Material unserer Untersuchungen kann die These bestätigt werden, dass schon Vorschulkinder logisch denken können. Piaget hielt in seiner altersspezifischen Stufentheorie logische Verknüpfungen erst in der von ihm als »konkret-operationale Phase« (zwischen 7 und 12 Jahren) für möglich. Lück (2003)[3] nennt Untersuchungen, die auf eine Vorverschiebung der Entwicklungsstufen hindeuten und folgert deshalb, dass die für einen kognitiven Zugang zu den Naturdeutungen erforderlichen Operationen im Vorschulalter bereits möglich sind.

In den »Leitlinien zum Bildungsauftrag der Kitas« wird die frühe Bildung als »Selbstbildung« definiert, denn »die Aneignung von Welt ist eine Aktivität der Kinder, die niemand für sie übernehmen kann« (Laewen, Andres 2002). Dieses forschende Lernen ist an interaktiven Experimentierstationen möglich.

Erkenntnisse aus der Evaluation des Projekts »Versuch macht klug«

Die folgenden Untersuchungsergebnisse wurden im Wesentlichen an der Station »Begehbare Brücke« gewonnen. Zur Auswertung der Handlungen der Kinder kam eine kategoriengeleitete Analyse zum Einsatz.

3 Lück, Gisela (2003): Handbuch der naturwissenschaftlichen Bildung – Theorie und Praxis für die Arbeit in Kindertageseinrichtungen. Basel, Wien

Anforderungen an die Experimentierstationen

Viele der 20 untersuchten Experimentierstationen entstanden aus der Weiterentwicklung von Exponaten der »Mini-Phänomenta«. Für die Vorschulkinder besonders geeignet erwiesen sich Stationen, die

- Möglichkeiten zum Variieren der Versuchsbedingungen und zum »Forschen« boten,
- in der Dimensionierung und Belastbarkeit eine Erfahrung der Körperkräfte der Kinder zuließen,
- als Phänomen ein überraschendes »Aha-Erlebnis« boten,
- das Erreichen unterschiedlicher Stufen der »Lerntiefe« ermöglichten,
- nach gelungenem Experimentieren zu Erklärungsversuchen herausforderten, die Kinder Hypothesen bilden und diese sofort praktisch überprüfen konnten (im Sinne des Wortes den Vorgang »begreifen«),
- am besten gemeinschaftlich in der Gruppe bewältigt wurden. Dabei machten die Kinder die Erfahrung, im Team erfolgreich zusammenzuarbeiten.

Beispiele für geeignete Stationen:

Abb. 1 und 2: Station »Begehbare Brücke«

Die Kinder finden auf einer Grundplatte aus Holz sieben einzelne lose Holzbausteine und zwei fest montierte Bausteine (Fundamentklötze). Alle Bausteine tragen auf der einen Seite eine Nummer, auf der anderen einen Buchstaben. Zudem liegt ein Holzbogen bereit, der als Aufbauschablone benutzt werden kann.

Werden die Klötze der Nummerierung nach aneinander gereiht, entsteht ein Brückenbogen. Die Schablone erleichtert das Zusammenfügen und stellt auch einen Hinweis zur Erfassung und Lösung der Aufgabensituation dar.

Abb.3: Station »Wippe oder schiefe Ebene«

Der Unterlegbalken liegt in der Mitte des langen Brettes. Die Vorrichtung lässt aber auf beiden Seiten noch zwei weitere Auflagepunkte zu, so können die Kinder mit unterschiedlichen Wippseitenlängen experimentieren.

Die Wippe lässt sich auch als Waage nutzen, da in das Brett ein mit Wasser gefüllter Schlauch eingelassen ist. Ist die Luftblase in der Mitte, liegt das Brett waagerecht. Somit können die Kinder verschiedene Gegenstände auf die beiden Seiten der Wippe legen und damit das Gewicht vergleichen.

Abb.4: Station »Bernoulli-Ballon«

Ein Luftballon schwebt gleichmäßig in einem Luftstrom, der durch ein Gebläse unten im Kegel erzeugt wird.

Die Kinder können durch eine Kippvorrichtung am Kegel mit den Händen die Richtung des Luftstroms beeinflussen. Dabei können sie beobachten, dass der Luftballon auch in einem schrägen Luftstrom »gefangen« bleibt.

Auswirkungen der äußeren Bedingungen

Präsentation der Exponate: Die Positionierung der Stationen wirkt sich positiv aus, wenn mehrere Exponate im räumlichen Zusammenhang präsentiert werden, dann entsteht eine Atmosphäre ansteckend lustbetonten Experimentierens. Bei zu eng gepackten Exponaten macht sich allerdings eine Ablenkung durch benachbarte Gruppen bemerkbar. Auf keinen Fall sollte eine Station allein in einem abgelegenen Raum untergebracht werden.

Ein offenes und angstfreies Lernklima fördert den Mut und das Selbstbewusstsein, sich auf die Arbeit an der Station einzulassen. Reglementierung und Erwartungsdruck wirken kontraproduktiv.

Gruppendynamische Aspekte

Die Kinder zeigen einige geschlechtsspezifische Verhaltensweisen an der Station: Die Mädchen beobachten intensiver, informieren und orientieren sich genauer, ehe sie aktiv werden. Das führt sie zu tiefergehenden Erkenntnissen. Allerdings lassen sie sich leichter ablenken als die Jungen, sie reagieren offensichtlich mehr auf Reize der Umgebung. Insgesamt arbeiten die Mädchen ruhiger und sorgfältiger und verhalten sich disziplinierter. Die Jungen sind aktiver, aber weniger gründlich und ausdauernd.

Für den Autor überraschend zeigen nicht die Jungen-Gruppen, sondern die gemischten Gruppen die besten Lernleistungen, im Schnitt mit doppelt so hohem Erfolg. Das Vorurteil, dass Jungen bei naturwissenschaftlich-technischen Experimenten Vorteile gegenüber Mädchen haben, kann hier nicht bestätigt werden. Die Jungen haben schneller eine Lösung und sind wagemutiger, die Mädchen können sehr genau beobachten und beweisen mehr Ausdauer. Gemeinsam als Team sind bei Nutzung dieser Stärken gute Ergebnisse möglich. Nach diesen Befunden macht es keinen Sinn, eingeschlechtliche Gruppen an der Experimentierstation einzurichten.

Einfluss der ErzieherInnen

Nach unseren Erfahrungen haben viele ErzieherInnen zunächst große Vorbehalte, mit Kindern naturwissenschaftliche Experimente durchzuführen. Zum einen sind es die eigenen negativen Erfahrungen mit Naturwissenschaften in der Schule, die dort oft als abstrakt und schwer verständlich erlebt wurden, zum anderen gibt es Bedenken, die Vorgänge nicht erklären, die »Warum«-Fragen der Kinder nicht beantworten zu können.

Ihre verfrühten Erklärungen, unangemessenen Erklärungsmodelle und leeren Worte blockieren ein wirkliches Verstehen der Kinder. Dabei bietet erst die unmittelbare Wahrnehmung eines finalen Zusammenhangs entscheidenden Lerngewinn. Auf dieser Entwicklungsstufe hat das Kind das Phänomen verstanden, wenn es Vorhersagen treffen kann in der Art: »Wenn ich das mache, passiert folgendes«. Das Kind fragt zwar »warum ist das so?«, es reicht aber völlig aus, mit ihm zusammen die »Wenn – dann« Beziehung zu klären, dann beherrscht es den Versuch. Mit theoretischen Erklärungen sind die Kinder überfordert.

Ein solches direktiv-belehrendes Verhalten abzubauen gelingt nicht durch die Lektüre von Büchern, die eine Sammlung von Experimenten enthalten. Es ist zu empfehlen, an einem vorbereitenden Kurs zu diesem Thema teilzunehmen. An den entsprechenden Veranstaltungen an der Universität Flensburg haben die TeilnehmerInnen die Experimente ausprobiert, bewertet und dann in ihre Praxis integriert. So entstand eine Zusammenstellung der Experimente in der Broschüre »100 Elementarbegegnungen«[4]. Fortbildungen werden in ähnlicher Weise u.a. von der Vereinigung Hamburger Kindertagesstätten (»Versuch macht klug«) und der PH Heidelberg (»Mit Kindern die Welt entdecken«) angeboten.

Der wesentliche Erfolg dieser Kurse liegt in der Begeisterung, mit der die ErzieherInnen die Experimente in die Kindergärten tragen und diese zu einem wesentlichen Teil des Lernangebots machen, zudem haben sie Erfahrung gesammelt, wie sie sich an diesen Stationen einbringen können, damit Lernprozesse möglich sind.

Beobachtungen an der Station »Begehbare Brücke«

Welche Folgen hat die Beteiligung der Erzieherin auf die Arbeit der Kinder an der Station?

4 Fiesser, Lutz; Kochhafen, Nicola (2004): 100 Elementarbegegnungen, Flensburg (Bezug über ruff@uni-flensburg.de)

Zur Analyse der Situation haben wir die Verhaltensweisen der Kinder kategorisiert:

Kategorie-Nr.	Verhaltensweise
1	Nehmen Station in Augenschein
2	Spielen mit Klötzen ohne Ziel
3	Bauen Bogen mit System
4	Kreative Lösungsansätze
5	Belastungsprobe mit Stütze
6	Belastungsprobe *ohne* Stütze

Tabelle Handlungskategorien

In zwei Gruppen wirkten Erzieherinnen als Mitglied in unterschiedlichen Funktionen mit:

- In der einen Gruppe (Abb. 5) experimentierte sie wie die Kinder mit, hatte aber eine dominante Rolle und lieferte die Ideen.
  Die Graphik zeigt die Erfassung von nur 2 der 6 Verhaltensweisen bei den Kindern. Sie bauten die Brücke systematisch auf und kamen zum Ergebnis der Brücke, die mit Stütze tatsächlich hielt. Wir interpretieren dies so, dass sich die Kinder auf die Erzieherin verlassen, selbst die Verhältnisse nicht mehr genau begutachten und sofort anfangen, mit ihr und von ihr angeleitet den Bogen zu bauen. Auch die Belastungsprobe stellt hier keine eigenständige Leistung der Kinder dar.

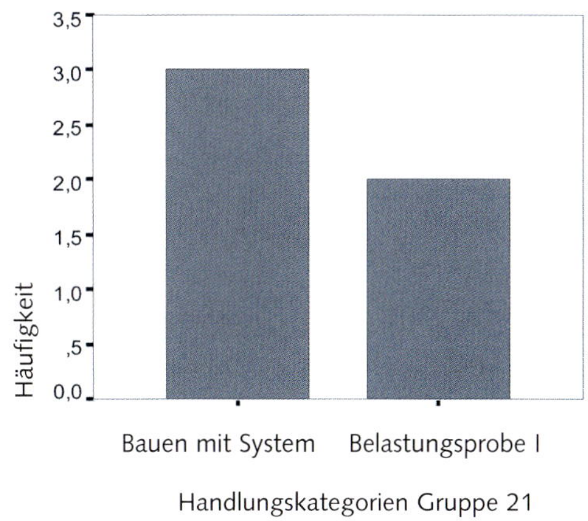

Abb. 5: Gruppe mit Erzieherin »Baut mit«

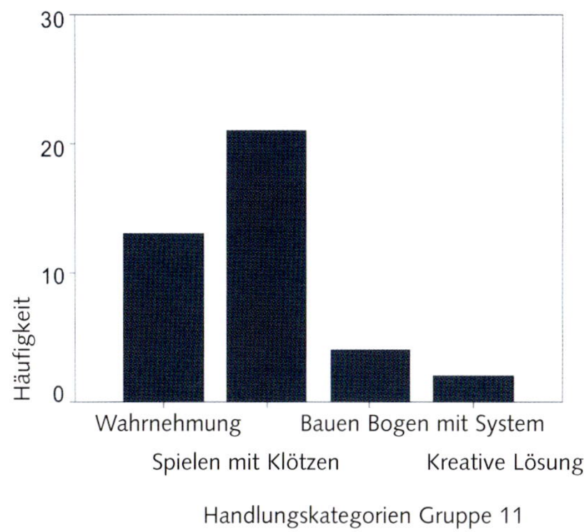

Abb. 6: Gruppe mit Erzieherin »Gibt Tipps«

- In der zweiten Gruppe (entspricht Kategorie 1) gab die Erzieherin (Abb. 6) nur Hinweise, hält sich aber aus der Bauarbeit heraus. Hier konnten wir beobachten, dass die Wahrnehmung der Situation und der eigenständige Anteil besser ist, als wenn die Erzieherin Hinweise gibt.

Auch sind die Kinder insgesamt aktiver. Allerdings weist das »Ausweichen« in das »Spielen« (Kategorie »kreative Lösungen«) im Vergleich zu den Gruppen ohne Erzieherin (wie in Abb. 7) deutlich höhere Werte auf.

Hier tritt wie bei vielen vergleichbaren Gruppen die Kategorie 2 »Spielen ohne Ziel« überhaupt nicht auf, die Kinder sind ausschließlich damit beschäftigt, die Brücke zu bauen und zu erproben.

Dagegen konnten wir folgende Handlungskategorien von Kindern beobachten, wenn sie sich den Lernstationen ohne Erzieherin näherten:

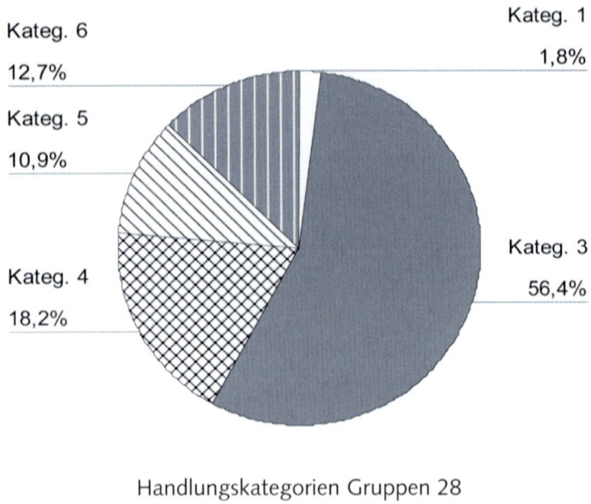

Abb. 7: Handlungskategorien Gruppe ohne Erzieherin

Bei dieser Gruppe fällt auf, dass sie nur kurze Zeit braucht, um sich zu orientieren und das Bauprinzip herauszufinden.

Ergebnis

- Wirken Erwachsene als »Experten« an der Station mit, so erlahmen die Eigenständigkeit und die Kreativität der Kinder.
- Die Kinder betrachten das, was bei dieser Arbeit entsteht, nicht mehr als ihr Werk und weichen in eigene Gedanken aus, was von außen betrachtet als nicht zielgerichtetes Spielen beurteilt wird.

Schlussbetrachtung

Die Ausführungen zeigen, dass den ErzieherInnen eine bedeutsame Rolle bei der Bildung der Kinder im Allgemeinen und der naturwissenschaftlichen Bildung im Besonderen zukommt.

Wie viel fachliches Hintergrundwissen brauche ich als ErzieherIn?

»Kann ich die naturwissenschaftlichen Sachen überhaupt richtig erklären? Ich weiß doch selbst nicht genau Bescheid.« Derlei Bedenken schüren Berührungsängste von Erzieherinnen und können die Beschäftigung in der Kita mit naturwissenschaftlichen Themen erschweren. Dazu ist zu sagen: Ein fachwissenschaftliches Studium ist nicht nötig – es geht im Kindergarten nicht darum, Wissen oder Fachbegriffe zu erarbeiten!

Ich halte es dagegen für wesentlich, dass die ErzieherInnen vorab selbst die Experimente durchgeführt und sich damit auseinandergesetzt haben. Sie sollen eine Vorstellung vom Phänomen so weit entwickeln, dass sie mit den

Kindern einfache altersgemäße Erklärungen besprechen (nicht geben!) können.

Die »Warum«-Fragen dürfen nicht aus der Erwachsenenperspektive beantwortet werden, wie dargestellt, genügt meist das Aufzeigen der Zusammenhänge »Wenn – dann« – wie bereits erläutert.

Was fördert den Lernprozess?

Die Betreuung der Kinder an interaktiven Experimentierstationen stellt eine große Herausforderung an die ErzieherInnen dar: Einerseits sollen sie sich soweit zurückhalten, dass die Eigeninitiative und das forschende Ausprobieren nicht gebremst wird, andererseits dürfen die Kinder nicht allein gelassen werden.

Die ErzieherInnen können das gute Gelingen fördern, wenn sie

- die Kinder zum Experimentieren ermuntern und ihr Selbstbewusstsein stärken,
- beim Experimentieren zurückhaltend sind, aber Präsenz zeigen, wenn die Kinder über das Erlebte sprechen wollen oder Hilfe brauchen,
- auf die Bedürfnisse der einzelnen Kinder und die gruppendynamischen Prozesse achten,
- zu Gesprächen ermuntern, Beobachtungen und Vorstellungen formulieren lassen,
- zum Nachdenken anregen und Ideen aufgreifen, um daraus folgend neue Experimente planen lassen,
- keine fertigen Erklärungen abgeben.

4

Zwischen Anleitung und Selbstbildung: Erfahrungen in der Aus- und Weiterbildung

4.1 Das Schulzentrum Silberburg auf dem Weg zum Kompetenzzentrum für kooperatives und selbst organisiertes Lernen

Heinz Hinz

Im Rahmen des Programms Lernkulturentwicklung hat die Arbeitsgemeinschaft berufliche Weiterbildungsforschung (ABWF) das Schulzentrum für zunächst zwei Jahre (2001-2002) gefördert, mit dem Ziel, neuartige Wege zu einem umfassenden Lernkulturwandel zu erproben. Mit der Konzipierung und der wissenschaftlichen Begleitung wurde die Projektgruppe Zukunftsmoderation der Universität Kassel unter Leitung von Prof. Dr. Olaf-Axel Burow beauftragt. Nachfolgend gebe ich einen Einblick in erste Erfahrungen mit dem Projekt und skizziere einige Elemente unseres »Evolutionären Personal- und Organisationsentwicklungssystems« (EPOS). Schulentwicklung – so unsere These – ist dann besonders folgenreich, wenn – auf freiwilliger Basis – ein evolutionärer Prozess der integrierten Personal- und Organisationsentwicklung eingeleitet wird. Dieser Prozess muss von LehrerInnen, SchülerInnen, der Geschäftsleitung sowie des sonstigen Personals getragen werden. Aufgabe der BeraterInnen ist es, bedarfsorientiert Möglichkeitsräume und Trainingsangebote zur Verfügung zu stellen, um den evolutionären Prozess anzustoßen und zu unterstützen. Als besonders fruchtbar haben sich dabei Verfahren der prozessorientierten Zukunftsmoderation sowie des Biographischen Lernens erwiesen. Ausführliche Details unter: www.unikassel.de/fb1/burow/forschungsberichte/silberburg.html

Zielstellung: Von der belehrenden zur lernenden Schule.

Das Schulzentrum Silberburg ist eine Einrichtung des Schwäbischen Frauenvereins und existiert seit 1875. Das Schulzentrum deckt drei berufliche Aus- und Weiterbildungsgänge ab:

- Fachschule für Sozialpädagogik,
- Fachschule für Organisation und Führung,
- sowie eine angegliederte Akademie, die berufliche Weiterbildungen in den Bereichen »Führung, Pädagogik und Psychologie« anbietet.

In einführenden Beratungsgesprächen mit dem pädagogischen Leiter Dr. Heinz Hinz, der Geschäftsführung, dem Kollegium sowie SchülerInnen und auf einer gemeinsamen Tagung wurde als Ziel die Einleitung eines umfassenden Lernkulturwandels definiert. Demnach sollte in einem zunächst auf zwei Jahre geplanten Personal- und Organisationsentwicklungsprozess, eine Bestandsaufnahme des derzeitigen Entwicklungsstandes des Schulzentrums erarbeitet und daran anknüpfend eine Vision für die zukünftige Entwicklung entworfen werden. Mithilfe von an den Alltagsproblemen orientierten Workshops unter Zuhilfenahme von Verfahren der Zukunftsmoderation (vgl. Burow 2000), eines Methodentrainings zum selbst organisierten Lernen (vgl. Herold, Landherr 2001) sowie Expertenworkshops sollte ein Personal- und Organisationsentwicklungsprozess in Gang gesetzt werden, der zum Entstehen einer neuartigen Lernkultur beiträgt, die mit dem Terminus »Selbstorganisiertes Lernen« (vgl. Erpenbeck, Heyse 1999; Siebert 2000) umschrieben wurde.

Die damalige Lernkultur in allen drei Organisationen war (2001) noch stark geprägt vom Fächerkanon, wie Deutsch, Kinder- und Jugendliteratur, Spiel, Didaktik und Methodik der Sozialarbeit, Pädagogik, Psychologie, Bildende Kunst, rhythmisch musikalische Erziehung usw. Die Kritik, dass der Wissenserwerb z.B. im Bereich Sozialpädagogik und auch in den anderen beruflichen Ausbildungs- und Weiterbildungseinrichtungen zu »verschult« sei, ist nicht neu, wobei es im Schulzentrum Silberburg einige projektorientierte und fächerübergreifende Ansätze gibt. Auch der Ansatz, eher »erwachsenendidaktisch« als »lehrerzentriert« zu arbeiten, findet bei uns langsam Einzug in die berufliche Ausbildung (2003 wurden dann die neuen Lehrpläne mit der Umstellung auf Handlungsfelder an allen Fachschulen für Sozialpädagogik in Baden-Württemberg eingeführt).

Aus erwachsenendidaktischer Sicht wird ein schwer wiegendes Problem hinsichtlich der späteren Berufsausübung immer gravierender: Die meisten Konzeptionen in pädagogischen Einrichtungen (Kindergärten, Kinderhort, Kindertagesstätten usw.), in denen sich die ausgebildeten Erzieherinnen und Erzieher nach ihrer Ausbildung wieder finden sind u.a. von folgenden pädagogischen Konzeptionen geprägt: Offene Lerngruppen, in denen es keine altershomogenen Gruppen mehr gibt und in denen die Kinder unterschiedlichen Alters sich gegenseitige Lernpartner sind.

In den meisten sozialpädagogischen Einrichtungen (z.B. Kindertagesstätten, Kindergärten, Heim – und Jugendeinrichtungen) wird nach pädagogischen Ansätzen (z.B. situationsorientierter Ansatz, bildungsorientierter Ansatz, Montessori-Pädagogik, Reggio-Pädagogik, reform-pädagogisch orientierte Ansätze) gearbeitet, die im Kern selbst organisiertes und selbst gesteuertes Lernen beinhalten. Die ErzieherInnen werden zu Lernbegleitern und -beratern, die u.a. im Kern ihrer Tätigkeit eine vorbereitete und gestaltete Lernumgebung arrangieren. Hier findet dann für die Kinder und Jugendlichen in hohem Maße selbst gesteuertes und selbst organisiertes Lernen statt.

Daneben müssen die ErzieherInnen auch auf unterschiedliche, der kindlichen Neugierde und dem kindlichen Forscherdrang entsprechende Anforderungen reagieren. Sie müssen oft »unerwartete« Alltagssituationen erfassen und diese mit den Kindern zusammen in Formen lebendigen Lernens umwandeln.

Des Weiteren sind die meisten pädagogischen Einrichtungen geprägt durch projektorientiertes Arbeiten. Auf Grund einer sich rasch verändernden Umwelt u.a. mit dem Schwerpunkt flexibler Arbeitszeiten, stellen sich auch die meisten Einrichtungen auf flexible Zeiten für die Eltern ein (z.B. Bring-, Aufenthalts- und Abholzeiten).

Aus dieser Ausgangslage stellten sich für uns die zentralen Fragen:

- Wie sollen die traditionell ausgebildeten ErzieherInnen auf einmal situationsorientiert und als Lernberater bzw. als Lernbegleiter agieren, wenn sie selbst in ihrer Lernbiografie nur »verschulte Lern- und Organisationsformen« erlebt haben?

- Wie sollen sie Entwicklungsbeobachtungen in offenen Situationen leisten, wenn sie sich selbst nicht in Projekten, offenen Lernsituationen und lernvorbereitenden Situationen (Lernen durch Lehren) erfahren und diese reflektiert haben?
- Wie sollen sie sich auf flexible »Beziehungsarbeit« einstellen, wenn sie nur »starre Unterrichtszeiten« erlebt haben?

Zusätzlich steht in Baden-Württemberg eine strukturelle Veränderung der Ausbildung für ErzieherInnen an. Im Rahmen dieser Umstrukturierung der Ausbildung ist auch eine Veränderung des Fächerkanons geplant. Es ist beabsichtigt, die einzelnen Fächer in »Handlungsfelder« umzustrukturieren.

Entscheidend sind in diesem Zusammenhang folgende Fragen:

- Wie werden die DozentInnen auf die Arbeitsweisen im Umgang mit »Handlungsfelder« vorbereitet?
- Wie werden die DozentInnen auf zeitgemäße, selbst gesteuerte und selbst organisierte Lernformen vorbereitet?
- Wie und unter welchen Bedingungen werden diese Lernformen dann in den Alltag der Aus- und Weiterbildung integriert?

Wie inzwischen aus der Lehr- und Lernforschung bekannt ist, wissen wir, dass nachhaltige und qualitativ ansprechende Aus- und Weiterbildung nur dann geleistet werden kann, wenn in der Lernbiografie, sprich in der beruflichen Aus- und Weiterbildung, sich das »Muster« des späteren Arbeitsfeldes (authentische Arbeitsaufgaben) widerspiegelt, entsprechend reflektiert und damit auch verinnerlicht werden kann.

Das zentrale Ziel lautete demnach: Die Überwindung der immer noch die Schulkultur prägenden Orientierung am lehrergesteuerten, fragend-entwickelnden Unterrichtsstil (vgl. Gudjons H. 2002, S. 7), der – wie zuletzt die PISA-Studie gezeigt hat (vgl. Baumert 2001) – im Übermaß eingesetzt wenig effektiv ist.

Über eine bloße Veränderung der Lehr- und Lernkultur hinaus zielte aber das Projekt darauf ab, selbst gesteuertes und selbst organisiertes Lernen so in den Alltag des Schulzentrums zu integrieren, dass es sich dem Idealbild einer »Lernenden Organisation« (vgl. Senge 1996) annähert.

Evolutionäre Personal- und Organisationsentwicklung – ein neuer Beratungsansatz

Bezug nehmend auf bekannte Konzepte der prozessorientierten Zukunftsmoderation (Zukunftswerkstatt, Zukunftskonferenz, Open Space, Appreciative Inquiry) wollten wir einen partizipativen Prozess gemeinsamer Zukunftsgestaltung zusammen mit den Schlüsselpersonen des Systems initiieren. Hintergrund waren die Theorie des »Kreativen Feldes« und das Jazzband-Modell der Führung (vgl. Burow 1999, 2000). Demnach betrachteten wir LehrerInnen, SchülerInnen sowie sonstiges Personal als Experten für den Wandel. Wie Mitglieder einer Jazzband besitzt jede dieser Personen besondere Kompetenzen, die in den gemeinsamen Improvisationsprozess über das Thema Lernkulturwandel eingebracht werden können. Hier ging es also zunächst darum, die traditionellen Partituren schulischen Lehrens und Lernens zur Seite zu legen, um in einem offenen Improvisationsraum gemeinsam neue Melodien zu entwickeln. Unsere Schlüsselfrage war: Wir können wir das ungenutzte Wissen und die ungenutzten

Potentiale des Systems so freisetzen und vernetzen, dass ein sich selbst stabilisierender Prozess evolutionärer Personal- und Organisationsentwicklung entsteht? Wie können wir die Bildung jammernder Bands (vgl. Burow 2002) anregen und den schulischen Raum in ein Kreatives Feld verwandeln?

Da der Schulentwicklungsprozess evolutionär erfolgen sollte, konnten wir zunächst nur die Startveranstaltung in Form »Wertschätzender Organisationsentwicklung« (Appreciative Inquiry) sowie einer anschließenden Zukunftskonferenz planen, da der weitere Verlauf im Dialog mit den Trägern des Prozesses gemeinsam entwickelt werden sollte. Die nachfolgend aufgeführten Bausteine von EPOS sind also als offenes System zu verstehen, das aus dem aktuellen Prozess heraus immer wieder neu konfiguriert werden muss.

Die Bausteine der Evolutionären Personal- und Organisationsentwicklung: Reflexionsworkshops – SOL-Training – Synergieforen – Forschendes Lernen

Unser Ansatz basiert auf drei grundlegenden Elementen, die sich gegenseitig ergänzen und stützen sollten:

- Workshops mit Lehrern und Schülern
- Methodentraining zum Selbstorganisierten Lernen (SOL)
- Synergieforen: Kompaktworkshops mit Experten zu SOL

Diese drei Elemente waren eingebettet in den normalen Schulalltag und wurden ergänzt bzw. erweitert durch Aktionsgruppen, die sich im Anschluss bildeten, wie z.B. ein Lehrer-Schüler-Forum.
Zusätzlich fand im Sinne »forschenden Lernens« eine Begleitforschung mit Teilnehmender Beobachtung, fokussierten Interviews und ausführlichen Verlaufsprotokollen statt. Die entstehenden Daten wurden auf Planungskonferenzen Lehrern und Schülern präsentiert, so dass der evolutionäre Entwicklungsprozess durch ein kontinuierliches Datenfeedback unterstützt wurde (vgl. Altrichter, Posch 1998, 3).

Workshops

Wir starteten mit einem Workshop zur Wertschätzenden Organisationsentwicklung (Appreciative Inquiry), an dem die Teilnehmer sich gemeinsam über ihre besten Erlebnisse am Schulzentrum austauschten, über die faszinierendsten Aktionen, die eindrucksvollsten Kontakte mit KollegInnen und SchülerInnen etc. Basierend auf dieser Darstellung der positiven, ja bisweilen sogar begeisternden Aspekte der Arbeit am Schulzentrum, setzten wir uns mit der Frage auseinander: Wovon wollen wir mehr?

Schon auf der AI-Konferenz war spürbar – durch die Evaluation bestätigt – , dass dieser wertschätzende Einstieg ein Meilenstein war, um Skepsis zu überwinden und die Motivation zu fördern.

Die Teilnahme an den Workshops war freiwillig und sie fanden z.T. während der regulären Unterrichtszeit statt. Wir wollten damit dokumentieren, dass Personal- und Schulentwicklung zum »normalen« Auftrag der Schule gehört und dass daran Schüler und Lehrer gleichermaßen zu beteiligen sind. Sie konnten sich alternativ für den Unterricht oder die Teilnahme an den Workshops entscheiden. Bislang sind folgende Workshops entstanden:

- Startworkshop: Wertschätzende Organisationsentwicklung,

- Entwicklung einer gemeinsamen Vision: Zukunftskonferenz,
- Zukunftswerkstatt: Neue Beurteilungsformen,
- Biographisches Lernen 1: Der Lebensbaum,
- Biographisches Lernen 2: Das Selbstportrait.
- Workshop: Neugestaltung des Anerkennungsjahres,
- Open Space mit den SchülerInnen: Planung des Anerkennungsjahres.

Nachfolgend einige Anmerkungen zu den Workshops.

Anknüpfend an die Wertschätzung der bisherigen Arbeit und die erste Beschreibung der gewünschten Veränderungsrichtung auf dem Startworkshop, bestand der zweite Schritt in der Durchführung einer Zukunftskonferenz mit Geschäftsleitung, Lehrern und Schülern. Diese Zukunftskonferenz führte zu einem nachhaltigen Klimawandel und einer Aufbruchsstimmung, die bis heute anhält, und die zu einer Reihe von Veränderungen im Umgang der Kollegen miteinander, zu einem Wandel der Unterrichtsmethoden, zu einer Umgestaltung von Räumen und zum Aufbau von Lehrer-Schüler-Gesprächskreisen beitrug. Als zentrale Fortbildungswünsche kristallisierten sich Angebote zum biographischen Lernen heraus, auf deren Grundlage dann das Bedürfnis entstand, über veränderte Beurteilungsformen nachzudenken und eine Neustrukturierung des Anerkennungsjahres der ErzieherInnen anzugehen.

Biographisches Lernen I:

In der Zukunftskonferenz äußerten LehrerInnen und SchülerInnen ein starkes Bedürfnis danach, mehr über ihr eigenes Lernen und ihre persönlichen Lernmuster zu erfahren. Wir einigten uns darauf, diesem Bedürfnis durch zwei besonders strukturierte Workshops, Biographisches Lernen I und Biographisches Lernen II, nachzukommen.

Ein zentrales Problem für die Einleitung eines Lernkulturwandels stellen die traditionellen Auffassungen von Schule und Unterricht dar, die aufgrund der eigenen Schulerfahrungen (ca. 13.000 Stunden Unterricht!!!) und der institutionalisierten Routinen, es offenbar für die Mehrzahl der Lehrkräfte, aber auch der SchülerInnen fast unmöglich macht, echtes Neuland zu betreten (vgl. Baumert 2000; Gudjons 2002).

Eine wichtige Voraussetzung für einen grundlegenden Wandel ist unserer Auffassung nach deshalb die Auseinandersetzung mit der eigenen Lernerbiographie, mit den entstandenen mentalen Modellen und der sich daraus ergebenden, meist unbewusst gestalteten gemeinsamen Lernkultur am Arbeitsplatz.

Wir wählten die Metapher des »Lebensbaums« (Burow 2002), um einen Zugang zu den eigenen Lernerfahrungen zu schaffen. Im Anschluss an eine gelenkte Rückerinnerung zu Stationen eigenen Lernens (Kindheit, Schulzeit, Studium, Beruf) wurden die TeilnehmerInnen aufgefordert, ihren persönlichen »Lebensbaum« zu zeichnen und darin folgende Punkte abzutragen:

Erstellung des persönlichen Lernbaumes unter Berücksichtigung folgender Fragestellungen:

- Wo liegen meine Wurzeln?
- Was sind meine Nährquellen?
- Wie sieht mein Stamm aus? Was enthält er?
- Welches sind meine Hauptäste? Wie kann ich sie benennen?
- Welches sind die Verzweigungen?
- Welche Früchte trage ich?
- Welche Blätter/Früchte möchte ich abwerfen?
- Welche Äste/Zweige sind verkümmert?
- Welche Äste/Zweige möchte ich weiterentwickeln?
- In welcher Jahreszeit befinde ich mich zurzeit?

- Habe ich den optimalen Untergrund/Nährboden?
- Brauche ich eine andere Umgebung?

In Kleingruppen fand dann ein Austausch über die unterschiedlichen Lebensbäume statt und es wurde nach individuell unterschiedlichen Lernerstrategien und gemeinsamen Mustern gesucht.

Im Plenum fand dann ein ausführlicher Austausch über die Frage statt, was eigentlich Lernen ausmacht, und es wurde überlegt, wie die Methode des Lebensbaums im Unterricht zur Individualisierung und Effektivierung von Lernerstrategien eingesetzt werden kann.

Abschließend wurde ein zusammenfassender Artikel zur PISA-Studie referiert, verteilt und auf Konsequenzen für einen notwendigen Wandel der Lernkultur diskutiert.

Biographisches Lernen II:

Wir wissen, dass erfolgreiches Lernen und Lehren eng mit der Identitätsbildung und der Erfahrung eigener Selbstwirksamkeit zusammenhängen. Wenn wir nach Senge (1996) die Personal Mastery fördern, die Arbeit an mentalen Modellen vorantreiben und die Fähigkeit zum Team-Lernen unterstützen wollen, dann stellt – auch aus der Perspektive von Burows Theorie des Kreativen Feldes – die Auseinandersetzung mit der eigenen Identität als LehrerIn bzw. SchülerIn einen wichtigen Ansatzpunkt dar. Aus Forschungen zum Lehrerbild (vgl. Grunder 1999) wissen wir um den historisch bedingten Wandel. Mit dem Projekt besteht eine Chance zur Entwicklung eines neuen Lehrerbildes.

Im Rahmen des Projektes haben wir uns auf die berufliche Identität beschränkt und mit dem von Christel Schmieling-Burow entwickelten Verfahren des »Expressiven Selbstportraits« gearbeitet (vgl. www.selbstportrait.net), das an Keupps (1999) Untersuchungen zur Identitätsbildung in der Moderne und Mc Adams (1996) Untersuchung persönlicher Mythen anknüpft.

Dieses Verfahren zielt darauf ab, mit Hilfe ästhetischer Prozesse, bislang unerschlossene Potentiale freizusetzen und ein klareres Bild von den eigenen Wünschen und Möglichkeiten zu bekommen.

In einem ersten Schritt malen die TeilnehmerInnen mit Acrylfarben auf Zeichenkarton ein großformatiges Bild von sich, das ausdrückt, wie sie sich in ihrer Rolle als LehrerIn bzw. SchülerIn derzeit mit ihren Fähigkeiten und Möglichkeiten sehen.

Es schließt eine Phase der Betrachtung und des Austausches über die so entstandenen Bilder an, mit der Aufgabe eine zentrale Frage zu finden, die beim Betrachten des Bildes entsteht.

Hieran schließt sich eine Entspannungs- bzw. Meditationsübung an, in der man über seine Frage und sein Selbstbild nachdenkt und eine weitere Frage entwickelt.

Im Raum liegen auf dem Boden ca. 100 Kunstdrucke (zeitgenössische und historische Reproduktionen). Jeder sucht sich nun einen Kunstdruck, der zur eigenen Frage passt. Nach einem speziellen Verfahren äußert man nun assoziativ Begriffe, die einem zum gewählten Kunstdruck und der eigenen Frage einfallen. Mit dieser veränderten Perspektive werden die TeilnehmerInnen dazu angeregt, ihr Ursprungsbild zu übermalen, so dass ein neues Portrait entsteht und ein dazu passender Satz, in dem sich das eigene Anliegen verdichtet. Auf diese Weise erhalten die TeilnehmerInnen einen neuen Zugang zur Sicht ihrer beruflichen Identität. Sie entdecken Leerstellen im Selbstkonzept und beginnen sie zu füllen.

Während die Zukunftskonferenz eher auf der gemeinsamen Handlungsperspektive einen Zugang zu neuartigen Möglichkeits- bzw. Gestaltungsräumen eröffnet, öffnet das Verfahren des Selbstportraits einen Zugang zu den individuellen Potentialen und Wünschen der Person. Jedenfalls zeigt die Arbeit mit diesem Verfahren, dass die Teilnehmer hinterher sehr viel genauer über ihre eigentlichen Antriebe und Fähigkeiten Bescheid wissen. Das Expressive Selbstportrait ist so ein ausgezeichnetes Instrument für persönliche Zielklarheit und Identitätsfindung.

Im Rahmen des Projektes zeigt es einen weiteren, unkonventionellen Weg, persönlich bedeutsames Lernen zu fördern sowie zu einer Identitäts- und Zielklärung beizutragen, die eine wesentliche Voraussetzung für effektives Lernen ist.

Synergieforen

Wie bereits oben ausgeführt, sollen die Synergieforen der Öffnung des Systems dienen. Sie sind als ein auch für die interessierte Öffentlichkeit allgemein zugängliches Fortbildungsforum konzipiert, in dem auf hohem theoretischen Niveau die Fragen des Lernkulturwandels diskutiert werden und sich die Silberburg öffentlichwirksam als Kompetenzzentrum profiliert. Uns ist es gelungen, führende Experten aus Universitäten und der Weiterbildungsszene zu gewinnen und so nicht nur ein attraktives Programm zu erstellen, sondern auf diese Weise auch zugleich unseren eigenen Lern- und Designprozess auf dem aktuellsten Stand zu halten.

Die Teilnahme an den Foren schwankt – auch in Abhängigkeit von den Themen, besonderen terminlichen Bedingungen und der Bekanntheit der ReferentInnen – zwischen 15 und 50 TeilnehmerInnen. Da die ReferentInnen zu ihren Kompaktworkshops ein detailliertes Manuskript angefertigt haben, das wir in dem 2003 bei EHP erschienenen Band Lernkulturwandel I veröffentlichten, beschränken wir uns hier auf einige Veranstaltungen, die stattfanden:

- Heinz Mandl: Konstruktivismus und Selbstorganisiertes Lernen,
- Ingeborg Schüßler: Deutungslernen,
- Horst Siebert: Selbstorganisiertes Lernen
- Gerhard Fatzer: Erfolgsfaktoren der Schul- bzw. Organisationsentwicklung,
- Wassilios Fthenakis: Perspektiven der Frühpädagogik.

Herold-Team: Methodentraining Selbstorganisiertes Lernen: SOL

Herold und Landherr (2001) haben ein Trainingssystem zur Einführung Selbstorganisierten Lernens SOL entwickelt, das auf einem nichtlinearen Ansatz der Wissensvermittlung basiert, eine neue Lernkultur mit verändertem Rollenverständnis der Lernpartner anstrebt sowie neue Formen der Leistungsbeurteilung vorsieht. Während es in den Reflexionsworkshops um eine gemeinsame Suche nach neuen Formen und Inhalten der Gestaltung der Schulkultur ging, wurden hier Methodenwissen vermittelt und Methodenkompetenz trainiert.

Planungskonferenzen

Im halbjährigen Turnus führten wir mit der Geschäftsführung, dem Pädagogischen Leiter, dem Kollegium und SchülerInnen Planungskonferenzen durch, auf denen wir das geplante Programm als Vorschlag einbrachten und gemeinsam Kontrakte schlossen. Es zeichnete sich ab, dass ein Großteil unserer Vorschläge übernommen wurde, aber darüber hinaus Themen gewählt wurden (wie z.B. »Neue Beurteilungsformen« und »Neugestaltung des Praktikums«), die der Bearbeitung aktueller Probleme/Herausforderungen dienen.

Vorbereitet wurden die Workshops ebenso wie die Konferenzen mit Info-Briefen und Hintergrundtexten zu Theorie und Praxis, so dass eine vorbereitete Diskussion möglich war.

Erste Ergebnisse der Evaluation

Als Ergebnis unserer Durchführung und Teilnehmenden Beobachtung bei den Workshops, der Befragung von Pädagogischer Leitung, KollegInnen und SchülerInnen sowie des Austausches in zahlreichen informellen Gesprächen, können wir eine Reihe von Veränderungen feststellen, die wir nachfolgend kurz benennen:

Einrichtung eines Schüler-Cafes

In Eigeninitiative haben die SchülerInnen mit Unterstützung der Geschäftsführerin – auch als Anregung aus der Zukunftskonferenz – einen Cafeteria-Bereich eingerichtet. Die Geschäftsleitung hat sich bereit erklärt, die Bestuhlung und geeignete Kaffeeautomaten anzuschaffen.

Einrichtung eines Entspannungsraums

Des Weiteren wurde ebenfalls von den SchülerInnen ein sogenannter Entspannungsraum eingerichtet. Die Renovierung und Einrichtung des Raumes wurde in einem Gemeinschaftsprojekt von verschiedenen SchülerInnen durchgeführt. Dieser Raum wird vorwiegend zum Austausch, Musik hören, zu Hausaufgabenbesprechungen und zur Vorbereitung auf Klausuren genutzt. Laut Angaben der SchülerInnen und auch LehrerInnen sind beide Einrichtungen auf großes Interesse gestoßen und werden als Anlaufpunkt für Unterhaltungen jeglicher Art genutzt.

Einrichtung von SOL-Räumen

Im Verlauf des Projekts entstand die Einsicht, dass SOL auch eine veränderte Lernumgebung braucht. In Beratung durch Prof. Dr. Knoll (Uni Leipzig) wird derzeit am Design von vier Räumen für SOL gearbeitet.

Verbessertes Schulklima

Der Besuch gemeinsamer Workshops hat zu einer deutlichen Verbesserung der Kommunikation zwischen der Geschäftsleitung, der Pädagogischen Leitung, den LehrerInnen und den SchülerInnen des Schulzentrums geführt. Missverständnisse und Probleme bei Veränderungen im Bereich der Raumgestaltung und der Erweiterung des Inventars sind weitgehend ausgeräumt und es wird gemeinsam an der Verbesserung gearbeitet. Das gegenseitige Verständnis für die Berechtigung unterschiedlicher Sichten ist ebenso wie die Bereitschaft zu gemeinsamer Problemlösung gestiegen. Eine Verbesserung in der Kommunikation wurde besonders deutlich nach der Zukunftskonferenz. Die Arbeit in den Kleingruppen, der Austausch über Probleme, aber auch das Erkennen von gemeinsamen Veränderungswünschen in Hinblick auf die Arbeit an der

Silberburg waren ausschlaggebende Aspekte für einen konstruktiveren und freundlicheren Umgang.

Ein weiterer Aspekt, der zur Verbesserung des Schulklimas beigetragen hat, besteht in der intensiven Zusammenarbeit zwischen LehrerInnen und SchülerInnen. Die gemeinsame Erarbeitung von Themen, wie z.B. neue Beurteilungsformen, persönliche Zugänge des Lernens, etc. hat beiden Seiten neue Wege des Verstehens und Begegnens ermöglicht.

Auf Wunsch der SchülerInnen werden in der Zukunft »Gesprächskreise« abgehalten, in denen LehrerInnen und SchülerInnen zu bestimmten Zeiten zusammenkommen, um sich über anstehende Projekte, Unterrichtsinhalte sowie Klausurthemen auszutauschen.

Curriculare Ebene:

Das Projekt hat Wünsche und Initiativen zu einer Neugestaltung der Praktikumsphasen und des Anerkennungsjahres freigesetzt, die in einem Open Space mit Schülern und Lehrern verfolgt wurden.

Veränderung des Unterrichts:

Das intensive Methodentraining des SOL-Teams Herold & Landherr hat ebenso wie die Erfahrungen mit den offenen Arbeitsformen in den Workshops und die theoretische Untermauerung durch die Synergieforen dazu geführt, dass sich der Unterricht in vielen Klassen nachdrücklich geändert hat. So findet zunehmend mehr Lernen in Form von Gruppenarbeit statt. Die SchülerInnen entwickeln gemeinsam mit den LehrerInnen Projekte, die die Unterrichtseinheiten lebendig gestalten sollen. Viele LehrerInnen führen den Unterricht nach der Jig-saw-Methode (Gruppenpuzzle) durch, d.h., SchülerInnen bilden in Kleingruppen zu ausgewählten Themen Expertenteams und bearbeiten die jeweiligen Themen selbstorganisiert, um sie dann an ihre Mitschüler aus den Stammgruppen eigenständig weiterzuvermitteln. Erste Ansätze selbstorganisierten Lernens finden so Eingang in den Unterrichtsalltag und bahnen einen Wandel der tradierten Lernkultur an. Überraschend ist dabei die Erfahrung, dass zum Teil die SchülerInnen selbst zu »changing agents« werden, indem sie – angeregt durch die Workshops – selbst neue Formen des Lehrens und Lernens aktiv einfordern. Wir sehen hier unsere These bestätigt, dass sich der Wandel evolutionär fortpflanzt, wenn attraktive Kristallisationskerne geschaffen werden.

Veränderung der Bewertung:

Eine weiterer Aspekt, der darauf hinweist, dass sich das Schulzentrum Silberburg mitten in einem grundlegenden Entwicklungsprozess befindet, sind die neuen Formen der Beurteilung. Als Ergebnis des dritten Workshops wurde der Wunsch von SchülerInnen und LehrerInnen geäußert, zur besseren Reflektion des Unterrichts »Bewertungsbögen« für LehrerInnen und SchülerInnen zu entwickeln, in dem zum einen die Inhalte des Unterrichts und Leistungen der SchülerInnen bewertet werden, zum anderen die methodische Durchführung und Themenauswahl der LehrerInnen. Der Schwerpunkt des Bogens liegt allerdings auf der Kompetenzebene, d.h., die SchülerInnen und LehrerInnen bewerten Sozialkompetenz, Teamfähigkeit etc. Diese Bewertungsbögen werden heute in nahezu allen Klassen genutzt. Nach Angaben der SchülerInnen wird der Unterricht im Allgemeinen interessanter gestaltet und – durch die neuen Wege des persönlichen Zugangs zu den Themen – persönlich bedeutsam.

Der evolutionäre Prozess beginnt:

Der Prozess des Lehr- und Lernkulturwandels am Schulzentrum Silberburg hat sich als eine Art »Selbstläufer« entwickelt. So tragen die SchülerInnen und LehrerInnen, die an den Workshops und Synergieforen teilgenommen haben, ihre Eindrücke und neuen Erkenntnisse zurück in die Klassen und ins Kollegium. Das Thema »Selbstorganisiertes Lernen: Lehr- und Lernkulturwandel« erreicht sogar diejenigen SchülerInnen und LehrerInnen, die bisher nicht an den Veranstaltungen teilnahmen. Unsere These ist, dass es auch gar nicht nötig ist, dass alle an einem verpflichtenden Entwicklungsprozess teilnehmen. Viel effektiver dürfte es sein, ein attraktives Versuchsfeld mit engagierten LehrerInnen und SchülerInnen zu schaffen, in dem Neues erprobt wird. Per »Mund-zu-Mund-Propaganda«, über sichtbare Veränderungen (Schüler-Cafe, Entspannungsraum...) und das Erleben veränderter Unterrichts- und Beurteilungsformen entsteht ein sich selbst fortpflanzender evolutionärer Prozess, der ohne äußerlichen Druck das Interesse am Projekt wachsen lässt und keine unnötigen Abwehrroutinen entstehen läßt. Wichtig ist hier allerdings die deutliche Unterstützung durch die Geschäftsführerin und den Pädagogischen Leiter.

Bewertung einzelner Bausteine:

Die Auswertung der Fragebögen hat ergeben, dass von Schülern und Lehrern gleichermaßen die Workshops Appreciative Inquiry und Zukunftskonferenz positiv bewertet wurden. Die höchste Zustimmung fand bei den Schülern (erwartungsgemäß) der Workshop »Neue Beurteilungsformen«. Ebenso fanden sich überwiegend positive und keinerlei negative Nennungen gegenüber den Veranstaltungen des SOL-Teams.
Die Bewertung der Synergieforen war allerdings eher neutral. Das verwundert nicht, zielen sie doch weniger auf eine alltagspraktisch umsetzbare Ebene, sondern auf den theoretischen Hintergrund, der für SchülerInnen und LehrerInnen offenbar als weniger bedeutsam betrachtet wird.

Die meisten Benennungen bezüglich positiver Veränderungen erhielten die Kategorien:

- SOL-Prinzipien fließen in den Unterricht ein,
- interessanterer Unterricht,
- mehr Gruppenarbeit,
- verbesserter Unterricht allgemein,
- geänderte Benotung/verbesserte Selbsteinschätzung.

Als wichtigste Wünsche äußerten die SchülerInnen:

- mehr SOL im Unterricht,
- bessere Absprache mit den SchülerInnen,
- alle Lehrer sollen SOL machen.

Erkenntnisse bzw. Thesen für die Initiierung eines Lernkulturwandels

In den vorangegangenen Fallbeschreibungen konnten Sie verfolgen, in welchen konkreten Prozessen und mit welchen eingesetzten Methoden und Vorgehensweisen Personalentwicklung in unserer Einrichtung mit dem Ziel, die Kompetenz für selbst organisiertes Lernen von Mitarbeitern zu fördern, praktiziert wurde. Dabei wird es Ihnen vielleicht so ergangen sein wie uns: Das Wesen selbst organisierter Lernprozesse erschließt sich besonders deutlich in der Darstellung der konkreten Entwicklungsprozesse. Dennoch möchte ich Ihnen an dieser Stelle zusammenfassende und übergreifende Erkenntnisse anbieten. In Form von Thesen stelle ich Ihnen nun die gemeinsamen

Erfahrungen und Erkenntnisse unseres Lernkulturwandels dar.

Personalentwicklung durch selbst organisiertes Lernens (SOL) ist ein ergebnisoffener Prozess.

Die Ergebnisoffenheit meint nicht Ziellosigkeit; im Gegenteil: Den Arbeitsraum zur Gestaltung von SOL bildet eine authentische Entwicklungsaufgabe der Bildungseinrichtung. Ergebnisoffenheit meint:

- Offenheit für die Eigendynamik des Systems,
- die Fähigkeit, »Unerwartetes wahrnehmen zu können« und darin neue Handlungsoptionen zu erkennen,
- Suchbewegungen der Akteure zu ermöglichen und zuzulassen,
- Möglichkeitsräume des Handelns zu entwerfen,
- Irritation als Quelle neuer Handlungsmöglichkeiten zu verstehen.

Sich auf Ergebnisoffenheit einzulassen und damit SOL zu ermöglichen, bedeutet gleichzeitig zu akzeptieren und wertzuschätzen, dass etwas geschieht und sich von der Vorstellung zu lösen, dies müsste immer linear, kausal und planbar sein. Im Zulassen, in der Nutzung und methodisch unterstützten Initiierung nicht kausalen, nicht linearen, nicht (nur) rationalen selbst organisierten Lernens sehen wir Merkmale der im Projektverbund erprobten besonderen Form einer in authentische Arbeitsaufgaben integrierten und damit kompetenzorientierten Personalentwicklung. Die Orientierung auf das Erleben von Lernprozessen und Lernwirkungen schließt dabei die motivational-emotionale Seite des Lernens stark mit ein. Dazu sind professionell geförderte Reflexionsprozesse notwendig, die zum Bewusstwerden der Lernprozesse und Lernkompetenz beitragen.

Wesentliche Elemente einer so verstandenen Personalentwicklung sind:

- authentische Entwicklungsaufgaben und das Extrahieren ihrer Lernhaltigkeit,
- organisationsinterne Promotoren: Geschäftsführungen und Mitarbeiter,
- Lernbegleitung von ergebnisoffenen Entwicklungsaufgaben,
- ganzheitliche Wirkungen im System der Organisation,
- eine von SOL getragene Lernkultur.

Authentische Entwicklungsaufgaben werden als Lerngelegenheiten gestaltet.

Die Entwicklungsaufgaben konstituieren Anforderungen und geben dem SOL Stellenwert und einen spezifischen Sinn. Sie stellen damit einen komplexen Lernanlass dar. Die authentischen Arbeitsaufgaben sind nicht statisch, sondern werden in einem kommunikativen Entwicklungsprozess permanent neu (re-)definiert und kontraktiert. Die zur Bewältigung der Entwicklungsaufgaben gestalteten Arbeitsformen werden von den Beteiligten miteinander geklärt und vereinbart. Dies geschieht durch die Schaffung konkreter Arbeits- und Lernarrangements, die organisations- und aufgabenspezifisch sind. Für das Zulassen von Freiräumen in der Bearbeitung der Arbeitsaufgaben sind in erster Linie Führungskräfte verantwortlich. Die Bearbeitung der Entwicklungsaufgaben erfolgt durch SOL ermöglichende Methoden, beispielsweise durch die Konstruktion eines Kreativen Feldes. Das Bewusstwerden der Lernhaltigkeit der Arbeits- und Entwicklungsaufgaben geschieht in den Bildungseinrichtungen über Formen der Meta-Kommunikation. So wird gewährleistet, dass individuelle Lernerfahrungen transferierbar und darüber organisationswirksam werden können. Dies manifestiert sich in neuen

Arbeitsformen und Strukturen, Produkten und letztlich einer veränderten Arbeits- und Lernkultur.

Organisationsinterne Promotoren schaffen Lernmöglichkeiten.

Selbst organisiert lernen können per se nur die Akteure selbst. Dies darf jedoch nicht dazu verführen, Lernende mit dem Lernen allein zu lassen. Neben einer authentischen Entwicklungsaufgabe sind interne Promotoren von entscheidender Bedeutung. Führungskräfte und Mitarbeiter wirken dabei als Macht- und Fachpromotoren. Führungskräfte schaffen grundsätzlich und prozesshaft den Möglichkeitsraum für die Entwicklung selbst organisierter Lernformen. Damit sind sie »Schlüsselfiguren« für die Ermöglichung, Begleitung und Würdigung von Mitarbeiterlernen.

SOL aktiviert Mitarbeiter und setzt aktivierte Mitarbeiter voraus.

SOL-basierte Personalentwicklung kann nicht für die Mitarbeiter gestaltet werden, sondern nur mit ihnen und durch sie. Selbst organisiertes Lernen kann man nicht »vermitteln«; es entwickelt sich, wenn beteiligte Mitarbeiter durch das Erleben neuer Lernformen aktiv werden. Es gilt, diese Lernformen zu initiieren und zu arrangieren. All diesen Formen ist gemeinsam, dass sie die Verantwortung für das Lernen zwischen Lehrenden und Lernenden teilen.

SOL ist biographieorientiert. Die Berufbiographien werden als Ressource für die Vielfalt möglicher Lösungen und Lösungswege für Lernen bewusst genutzt. SOL braucht das »In-Frage-stellen« ebenso wie das »Sich-in Frage-stellen«. Suchprozesse, die vielfältiges Denken erlauben und herausfordern, führen zu verschiedenen möglichen Realisierungsvorstellungen und diese wiederum erzeugen vielfältige Perspektiven.

Lernbegleitung fördert das Bewusstwerden von Lernprozessen und Kompetenzentwicklung.

Selbst organisiertes Lernen im Fokus der Personalentwicklung braucht ebenso – aber wohl andere – Unterstützung als instruktivistisch angelegte Lernformen. Die Art der Lernunterstützung kann verschieden sein. Lernbegleitung besteht im wesentlichen darin, Arbeitende/Lernende bei der Lösung konkreter ergebnisoffener Arbeitsaufgaben professionell zu begleiten, indem die dabei stattfindenden Lernprozesse bewusst gemacht und gefördert werden. Dafür sind Lernbegleiter als externe Promotoren geeignet, die fachliche Expertise mitbringen und die Prozessgestaltung managen. Lernbegleiter handeln auf der Basis von Akzeptanz und Vertrauen in den Entwicklungsprozess. Sie unterstützen das selbst organisierte Lernen durch Reflexion und Feedback, schaffen durch das Aufbrechen von Routinen Irritationen als neue Lernanlässe und liefern spezielles methodisches Know-how. Sie fungieren als Spiegelflächen für Lernende.

Eine wichtige Aufgabe der Lernbegleiter ist es, Erwartungen zu enttäuschen und zwar immer wieder aufflackernde Erwartungen daran, dass die richtige Lösung von außen kommt und vermittelt werden kann. Lernbegleiter schaffen und unterstützen zudem in den Bildungseinrichtungen eine Fehlerkultur, die Fehler als Lernanlässe betrachtet. Damit ermöglichen sie ein Probehandeln und unterstützen ein Klima, in dem Alternativen entwickelt und erprobt werden können. Durch ihre Interventionen ermöglichen sie einen Perspektivenwechsel. Lernbegleiter achten darauf, dass Lernen als offener Prozess gestaltet wird, der zirkulär, vernetzt und iterativ verläuft anstatt geradlinig, kausal und sequentiell. Ein Merkmal für die Akzeptanz selbst organisierten Lernens von Mitarbeitern und Führungskräften ist, dass sie keine »Kochrezepte« von außen mehr erwarteten, sondern die Bereitschaft entwickeln, selbst nach Lösungen zu suchen. An diesen Umschlagpunkten, wo sich Haltung und Bereitschaft ändern, erfolgte der Übergang von einer anfänglich meist dominierenden Außensteuerung bzw. »Von-oben-Steuerung« der Projekte zu einer Selbstorganisation des Lernens durch die sich Beteiligenden.

Selbst organisiertes Lösen von Entwicklungsaufgaben wirkt ganzheitlich im System der Organisation.

Wenn Mitarbeiter selbst organisiert Entwicklungsaufgaben lösen, bleibt es nicht bei Personalentwicklung... Die Chance von SOL besteht in der Ganzheitlichkeit des Lernens; SOL ist aber auch ein Risiko: man kann es nicht (kaum) wieder stoppen. Das Erleben von Lernerfolg kann dazu motivieren, das Risiko des Veränderungslernens einzugehen. SOL entfaltet seine Wirkmächtigkeit nur im Zusammenhang von Personal- und Organisationsentwicklung. Selbst organisiertes Lernen anhand einer authentischen Entwicklungsaufgabe braucht einerseits organisationale Unterstützungsbedingungen und führt andererseits zu Wirkungen nicht nur bei den lernenden Individuen, sondern in Strukturen und Prozessen der Organisation. Unabhängig davon, unter welchem Fokus man einen Entwicklungsprozess beginnt, sei es aus der Organisationsentwicklung, sei es aus der Personalentwicklung heraus – befindet sich stets das System als Ganzes in Veränderung. Die neuen Arbeits- und Lernformen, die in den Bildungseinrichtungen entstanden sind, können nur wirksam werden, wenn sie auf der Organisationsebene eingebunden werden. Die Resultate selbst organisierten Lernens kommen in der Organisation zum Tragen: als neue Produkte, Leitbilder, Leistungsangebote und auch in Gestalt von Mitarbeitern mit spezifischen Kompetenzen für SOL. Dazu gehört, dass das Wissen, das aus dem eigenen Erleben selbst organisierten Lernens entstanden ist, expliziert und transparent gemacht wird. In der Praxis reicht dies von der Umsetzung in Arbeitsmaterialien, Konzepte, Vereinbarungen und Abläufe bis hin zum Aufbau von Wissensmanagementsystemen in den Bildungseinrichtungen. Dies erfordert sowohl eine entsprechende Positionierung der Geschäftsleitungen als auch unterschiedlich weit reichende strukturelle Veränderungen. Damit wird zur nachhaltigen Verbreitung von SOL beigetragen.

SOL ist dann wirkungsmächtig, wenn es als Lernkultur gelebt und nicht nur als Methodensammlung gedacht wird.

SOL ist Konzept und Methode. SOL ist eine Lernkultur.

Die Ausgangsvermutung unseres Projektverbundes bestand darin, eigenständige typische SOL-Methoden zu finden. Im Projektverlauf wurde deutlich, dass die eingesetzten Methoden zum großen Teil nicht neu waren. Spezifisch jedoch waren die Art und Weise, der gestaltete »Rahmen«, das Arrangement, in dem sie eingesetzt wurden. Erkennbar wurde, dass es einerseits SOL-geeignete, konstruktivistisch angelegte Methoden und Vorgehensweisen sein müssen, die die Selbstlernkompetenz stärken, dass das Entscheidende jedoch der Rahmen ihres Einsatzes ist. Im Zentrum dieser Kompetenzentwicklung steht ein »selbst organisiertes, reflexives Lernhandeln...«[1].

1 Erpenbeck, J.; Rosenstiel, L. v. (2003): Kompetenzmessung – Handbuch. Einführung. Münster, New York, München, Berlin

Den Erkenntnisfortschritt sehen wir darin, dass SOL-basierte Personalentwicklung und Ansätze von neuen Organisations- und Lernkulturen entstanden, indem authentische Entwicklungsaufgaben der Bildungseinrichtungen mit unterschiedlichen, meist bereits bekannten Methoden in spezifischer Art und Weise bearbeitet worden sind. Diese Art und Weise ist durch folgende Merkmale charakterisiert:

- Prozessorientierung: Personalentwicklung erfolgt selbstreflexiv im Kontext individueller und Veränderungen auf der Organisationsebene.
- Beteiligungsorientierung: authentische Entwicklungsaufgaben geben der Personalentwicklung Sinn und Ziel.
- Verantwortungsteilung von Lehrenden und Lernenden: SOL benötigt und schafft neue Interaktionen.
- Reflexivität des Lernens: Personalentwicklung unter Berücksichtigung von SOL erfolgt in Lernschleifen, in die Lernende, Lehrende und Lernbegleiter einbezogen sind.
- SOL ist ein sozialer Prozess. Er findet in Gruppenzusammenhängen statt.
- SOL erschließt in besonderem Maße ganzheitlich Fähigkeiten und Erfahrungen der bisherigen Berufsbiographie.
- SOL hat verschiedenste Erscheinungsformen. SOL erscheint gleichzeitig in verschiedenen Methoden und Kulturen bei verschiedenen Beteiligten.

Professionalisierung zur Kompetenzorientierten Lerngestaltung gelingt mit einem ganzheitlichen PE-Ansatz.

Personalentwicklung in dieser Konfiguration von authentischen Entwicklungsaufgaben, Promotoren, Lernbegleitung, systemischer Verankerung in der Organisation und Einbettung in eine SOL-basierte Lernkultur stellt einen eigenständigen Ansatz zur Professionalisierung von Weiterbildnern dar. Die in einer Art Selbstexperiment erworbenen Erfahrungen der Weiterbildner mit SOL und Wirkungen von SOL finden – reflexiv kommuniziert und methodisch aufbereitet – Eingang in eigenes (Professions-)Bildungshandeln. Damit werden die der Kompetenzentwicklung originär innewohnenden Potenziale des Erwerbs und der aufgabenbezogenen Anwendung personaler, aktivitätsbezogener, fachlich-methodischer und sozial-kommunikativer Kompetenzen[2] (Erpenbeck) für diese Art der Personalentwicklung erschlossen. Daher sprechen wir von Kompetenzorientierter Personalentwicklung. Mittels der so erfahrenen Personalentwicklung können Weiterbildner auf einer nächsten Wirkungsebene ihre Funktionen erweitern, indem sie diese spezifische Art der Lernbegleitung von Entwicklungsaufgaben mit anderen Lernenden selbst praktizieren. Die individuellen Erfahrungen, die Weiterbildner selbst mit dem selbst organisiertem Lernen machen, tragen so dazu bei, Weiterbildung zu individualisieren. Auf diese Weise professionalisieren sie eigenaktiv ihre Tätigkeit. Die retrospektiv gewonnenen subjektiven Lernerfahrungen werden für den Transfer in weitere Aufgabenfelder aufbereitet. Sie werden dadurch zu einem originären Teil der Lerndienstleistung, die die Bildungseinrichtungen erbringen.

Personalentwicklung mittels von Selbstorganisation geprägter Lernkulturen wird über »Kompetenzorientierte Lerngestaltung«[3] realisiert. Sie hat zum Ziel, Handlungskompetenzen in Bezug auf das Lernen – in erster Linie das selbst organisierte Lernen – zu entwickeln. Wenn »Kompe-

2 Erpenbeck, J. (2002): Selbstorganisation und Kompetententwicklung. Beitrag auf dem 18. Kongress der deutschen Gesellschaft für Erziehungswissenschaften, 26.3.2002

3 Fischer, Duell (2003): Wenn Arbeit Lernen ist... QUEM-Bulletin Nr. 6/2003, Berlin

tenzorientierte Lerngestaltung« mit Handlungsprinzipien und Methoden Lernprozesse so gestalten kann, dass die Lernenden Selbstlernkompetenzen entwickeln und gleichzeitig die Lernumgebung durch die lernenden Akteure weiterentwickelt wird; dann ist »Kompetenzorientierte Lerngestaltung« eine weiterentwickelte Form von Personalentwicklung in Einrichtungen der beruflichen Aus- und Weiterbildung und damit ein Konzept zur Herausbildung einer innovationsförderlichen Lernkultur.

Zentrale Fragestellung für Personen, die einen Lernkulturwandel initiieren möchten

Warum Fragen? Antworten gibt es bereits mannigfaltig, theoretische und praktizierte. Die Grundmerkmale des Lernkulturwandels lassen sich beschreiben mit Begriffen wie Partizipation, Ergebnisoffenheit, Gebundenheit an authentische Entwicklungsaufgaben, Verantwortungsteilung, Lernbegleitung, Selbstorganisation, Reflexivität u.a.m. Was aber heißt dies genau in einer jeweiligen konkreten Praxis? Wie realisiert sich beispielsweise Partizipation und Verantwortungsteilung? Welche Voraussetzungen sind dafür gegeben und wozu führt das? Die Antworten darauf werden sehr unterschiedlich sein, so verschieden wie die Weiterbildungspraxen von den jeweiligen Akteuren in den Bildungseinrichtungen wahrgenommen werden.

Die Fragen sollen Sie anregen, nach Ihren eigenen Antworten zu suchen.

Wenn Sie sich in Ihrer konkreten Praxis mit diesen Fragen auseinandersetzen, bilden die dann gefundenen Antworten Ihre eigene Praxis ab. Mit dieser Auseinandersetzung gestalten Sie Ihre eigene spezifische Arbeits- und Lernkultur. Im Prozess der Entwicklung von Antworten und Positionen professionalisieren Sie Ihre Arbeit und produzieren gleichzeitig neue Fragen. Ich gehe davon aus, dass diese Fragen Ihnen in Ihren Veränderungsprojekten anhand Ihrer selbst erarbeiteten und gelebten Antworten hilfreich sein können. Es ist mein Anliegen, keine »Rezepte« zu vermitteln, sondern mit diesen abschließenden Fragen und den sie generierenden theoretischen Annahmen und methodischen Umsetzungen aus der voran stehenden Beschreibung methodische Zugänge zur Selbsterneuerung der Professionalität in Organisationen beruflicher Ausbildung zu öffnen. Insofern verstehe ich die Fragen als Anregung und methodischen Zugang. Die Antworten liegen bei Ihnen. Niemand kann Ihnen neue Lösungen von außen präsentieren. Aber: Wenn Sie sich auf diese Fragen einlassen können, werden Sie neuartige Erkenntnisse für Lösungen gewinnen.

Wenn Sie Veränderungen initiieren und entwickeln, … ist es wichtig die vorhandenen Kräfte zu analysieren.

Welche Ihrer Mitarbeiter haben Sie als treibende Kräfte identifizieren können? Welche sachlichen Bedingungen und Faktoren bringen Ihren Veränderungsprozess voran? Welche inneren »Antreiber« lassen Sie zusammen arbeiten, trotz Verwirrung, Unsicherheit und »Schleifen« der Bearbeitung? Was stiftet den »Sinn« Ihrer Zusammenarbeit für jeden der daran Beteiligten?

... werden diese aus verschiedenen Perspektiven gesehen.

Sind Sie schon auf die Idee gekommen, andere Perspektiven einzubeziehen über die eigene Sichtweise hinaus? Welche Perspektiven haben Sie schon eingeholt und diskutiert? Sind diese ausreichend strukturell verschieden? Wie be- und verhandeln Sie unterschiedliche Perspektiven und

Blickwinkel? Und wie gleich berechtigt sind sie trotz der Unterschiedlichkeit? Inwieweit regen Sie andere Meinungen an oder auf? Und wozu führt das in Ihrer Organisation?

... betreffen diese meist sowohl die Personal- als auch die Organisationsentwicklung.

Wenn Sie in der Geschichte Ihrer Weiterbildungseinrichtung zurück blicken, was war da besonders förderlich? Wie gelingt es Ihnen, in Ihrer Organisation immer wieder neu zu konstruktiver Zusammenarbeit zu finden, auch ohne formale Verträge und über die unmittelbaren Arbeitsaufgaben hinaus? Was reizt die Beteiligten an einer solchen Zusammenarbeit, was macht sie für jeden Einzelnen attraktiv? Was unterstützt Ihre Selbstbindung an sich ständig verändernde Kontrakte mit anderen Beteiligten?

... wird bisher Bewährtes in Frage gestellt.

Wie gelingt es Ihnen, Ihre Kommunikation so zu gestalten, dass Irritationen erlaubt und erwünscht sind und auf freiwilliger Basis eine gegenseitige Bereicherung erzeugen? Wie kommunizieren Sie? Wie machen Sie es, dass alle zu Wort kommen und sich einbringen können?

... entsteht häufig personelle und organisationale Instabilität.

Wie gehen Sie mit Komplexität und Chaos um? Was daran erleben Sie als bereichernd? Wie gelingt es Ihnen, Komplexität und Weite des Denkens mit Zielgerichtetheit und Lösungsorientierung zu verbinden? In welchen Situationen reduzieren Sie Komplexität? Mit welchen Folgen? Was könnten Sie stattdessen tun?

... ist das Ziel klar, das konkrete Ergebnis häufig aber offen.

Wie halten die Beteiligten in Ihrer Bildungseinrichtung diese Unsicherheit und Ungewissheit aus? Worin äußern sich Ergebnisoffenheit und Ungewissheit? Wie gelingt es Ihnen trotz Ungewissheit und Unsicherheit weiter konstruktiv zu bleiben? Was leistet dafür jeder Einzelne?

... verändert das die Lern- und Arbeitskultur Ihrer Bildungseinrichtung.

Versuchen Sie Ihre Arbeits- und Lernkultur zu beschreiben: Was genau macht Ihre Arbeits- und Lernkultur aus? Worin kommt diese in Ihrem Alltag zum Ausdruck? Erkennen Sie in Ihrer Arbeit einen Möglichkeitsraum, in dem ein gemeinsamer Sinn konstruiert wird? Wie agieren Sie gemeinsam in diesem Möglichkeitsraum?

Schlussfolgerungen und Ausblick

Der bisherige Projektverlauf bestätigt uns in der Auffassung, dass das Konzept der Evolutionären Personal- und Organisationsentwicklung geeignet ist, einen grundlegenden Lernkulturwandel anzubahnen. So wie Völker gegen die Zumutung von außen übergestülpter fremder Ordnun-gen rebellieren, so wehren sich auch Schulkollegien gegen »Schulreformen«, die in Ministerien und Behörden ausgedacht, top-down umgesetzt werden sollen. Als Antwort auf solche Fremdeingriffe bilden sie »institutionelle Abwehrroutinen« aus, die – wie wir aus der Organisationsentwicklung (Argyris 1997, Schein 2000) wissen – äußerst wirksam jeden Wandel blockieren. Zukunftsträchtig erscheinen demgegenüber die Erprobung und Weiterentwicklung von Konzepten evolutionärer Schulentwicklung, in denen mithilfe von Verfahren der Prozessorientierten Zukunftsmoderation (Zukunftswerkstatt, Zukunftskonferenz, Open Space, Wertschätzende Organisationsentwicklung, Dialogverfahren etc.), die Mitglieder einer Organisation allmählich dazu befähigt werden, den notwendigen Wandel in die eigenen Hände zu nehmen. Indem sie ihre unerschlossenen Potentiale entdecken, ihr Wissen mit dem Umfeld vernetzen, ihre Wünsche und Visionen artikulieren, erschließen sie sich attraktive Möglichkeitsräume eingreifender Zukunftsgestaltung. Dieses harmonische Bild wird jedoch getrübt durch die Belastung, unter denen LehrerInnen und SchülerInnen den Schulalltag gestalten müssen. Und so ging das Projekt doch um einiges langsamer voran, als wir ursprünglich geplant haben. So richtig unsere Entscheidung war, das Projekt in den »normalen« Unterrichtsalltag zu integrieren, so entstehen doch eine Reihe von schwer lösbaren Problemen, wie Zeitdruck, unvollständige Teilnahme, Entwicklung in unterschiedlichen Geschwindigkeiten, ungleicher Informationsstand, Probleme mit Zeitfenstern etc. Zudem besteht das Problem der Aufrechterhaltung der Motivation. Da die Teilnahme am Projekt und der Versuch mit neuen Lehr- und Lernformen zu experimentieren, zeitaufwendig ist und Engagement und Risikobereitschaft erfordert, erreicht ein solcher Ansatz zwangsläufig immer nur einige Mitglieder der Organisation. Der weitere Verlauf des Projektes und die abschließenden Interviews zeigen, dass es uns gelungen ist, einen nachhaltig wirksamen Veränderungsimpuls zu setzen.

Literatur

Altrichter, H.; Posch, P. (1998): Lehrer erforschen ihren Unterricht. Eine Einführung in die Methoden der Aktionsforschung. Bad Heilbrunn

Argyris, C. (1997): Wissen in Aktion. Eine Fallstudie zur lernenden Organisation. Stuttgart

Baumert, J. (Hrsg.) (2001): PISA 2000 – Basiskompetenzen von Schülerinnen und Schülern im internationalen Vergleich. Opladen

Burow, O. A. (2002): Die Band – ein Modell erfolgreicher Gruppenarbeit. In: Pädagogik, 1, S. 20-23

Burow, O. A. (2000): Ich bin gut – wir sind besser. Erfolgsmodelle kreativer Gruppen. Stuttgart

Burow, O. A. (1999): Die Individualisierungsfalle. Kreativität gibt es nur im Plural. Stuttgart

Burow, O. A.; Neumann-Schönwetter M. (Hrsg.) (1995/1998): Zukunftswerkstatt in Schule und Unterricht. Hamburg

Bonsen, zur M.; Maleh, C. (2001). Appreciative Inquiry (AI): Der Weg zu Spitzenleistungen. Weinheim

Cooperrider, D.; Sorensen, P. F.; Whitney, D.; Yaeger, T. F. (Hrsg.) (2000): Appreciative Inquiry. Rethinking Human Organization Toward A Positive Theory Of Change. Champaign Illinois

Cooperrider, D. L.; Srivastva, S. (1987): Appreciative Inquiry in Organizational Life. In: Pasmore, W.; Woodman, R. (Hrsg.): Research in Organization Change and Developement. Vol. 1, S. 129-169. Greenwich, Connecticut

Erpenbeck, J.; Heyse V. (1999): Die Kompetenzbiographie. Strategien der Kompetenzentwicklung durch selbstorganisiertes Lernen und multimediale Kommunikation. Münster

Fend, H. (1998): Qualität im Bildungswesen. Schulforschungen zu Systembedingungen, Schulprofilen und Lehrerleistung. Weinheim

Geif, S.; Kurtz, H. J. (1996): Handbuch Selbstorganisiertes Lernen. Göttingen

Herold; Landherr (2001): SOL. Selbstorganisiertes Lernen. Ein systemischer Ansatz für den Unterricht. Baltmannsweiler

Hinz, H. (2000): Prinzipien Selbstorganisierten Lernens. Seminarskript. Stuttgart

Mc Adams, D. P. (1996): Das bin ich. Wie persönliche Mythen unser Selbstbild formen. Hamburg

Owen, H. (2001): Erweiterung des Möglichen. Die Entdeckung von Open Space. Stuttgart

Owen, H. (2001): Open Space Technology. Ein Leitfaden für die Praxis. Stuttgart

Schein, E. H. (2000): Prozessberatung für die Organisation der Zukunft. Köln

Rolff, H. G.; Buhren, C. G.; Lindau-Bank, D. (1999): Manual Schulentwicklung. Weinheim

Siebert, H. (2001): Selbstgesteuertes Lernen und Lernberatung. Neuwied

Senge, P. (1996): Die fünfte Disziplin. Stuttgart

Weisbord, M. (Hrsg.) (1992): Discovering Common Ground. San Francisco

Weisbord, M.; Janoff, F. (1995/2001): Future Search. Die Zukunftskonferenz. Wie Organisationen zu Zielsetzungen und gemeinsamem Handeln finden. Stuttgart

4.2 Demokratische Bildung und Erziehung – eine Herausforderung für Erzieherinnen

Evelyne Höhme-Serke

Eine demokratische Alltagskultur in der Kita – das klingt so selbstverständlich, und doch erfordert sie eine bewusste pädagogische Entscheidung. Sie bedeutet eine stetige Balance zwischen kindlicher Selbstbestimmung und der unterstützenden, begleitenden Einflussnahme durch Erwachsene. Erzieherinnen sind dabei vor eine Aufgabe gestellt, die durchaus nicht einfach ist und eine permanente Reflexion erfordert.

Dies ist eine Erkenntnis aus dem nunmehr fünfjährigen Prozess im Projekt »Demokratie leben in Kindergarten und Schule«[1]. Das Anliegen des Projektes ist, zu einer Kultur des Aufwachsens beizutragen, in der Kinder ihr Recht wahrnehmen können, in allen Angelegenheiten, die sie betreffen, selbst zu bestimmen und mitzubestimmen (vgl. UN-Kinderrechtskonvention). Ansatzpunkt sind Kindertagesstätten, denn sie sind Orte früher Bildung, in denen Kinder grundlegende und weitreichende Erfahrungen machen. Gemeinsam mit Erzieherinnen entwickeln wir eine pädagogische Praxis, die Kindern mehr Räume eröffnet, ihre eigenen Bedürfnisse und Interessen zu vertreten und sich in der Gestaltung des Alltags in der Kita zu beteiligen.

Dabei geht es nicht darum, Kindern demokratisches Verhalten beizubringen. Denn damit demokratische Kompetenzen wachsen können, braucht es vor allem ein Umfeld, in dem fördernde Bedingungen gegeben sein müssen. Kinder lernen Demokratie, wenn sie erleben, als einzigartiges Individuum in der Gemeinschaft wahrgenommen und anerkannt zu werden und einen Platz zu haben. Sie eignen sich Kompetenzen für ein demokratisches Zusammenleben an, wenn sie ihren Bedürfnissen, Interessen und Vorstellungen in Aushandlungsprozessen mit Anderen Geltung verschaffen können. Kinder wachsen gleichsam in eine demokratische Alltagskultur hinein, indem sie sich an der Gestaltung des alltäglichen Zusammenlebens beteiligen und an den wichtigen Entscheidungen mitbestimmen. Somit ist Demokratie als Alltagskultur ein fortwährender Prozess, eine Form der Kommunikation, bei der es auf Verständigung, Verabredungen und Begründungen ankommt.

Mit Entscheidungen der Kinder umgehen

In Anerkennung von Kindern als Persönlichkeiten mit eigenen Kompetenzen, Anliegen und Deutungen geht es darum, einen Weg zu finden, der gleichzeitig der Tatsache

1 Das Projekt »Demokratie leben in Kindergarten und Schule« arbeitet seit 2002 mit einer sechsjährigen Laufzeit in Eberswalde. Es wird von der niederländischen Bernard van Leer-Stiftung und der Lindenstiftung für vorschulische Erziehung finanziert. Träger des Projektes sind die RAA (Regionale Arbeitsstelle für Bildung, Integration und Demokratie) Berlin e.V. und die INA/ISTA (Internationale Akademie gGmbH/Institut für den Situationsansatz) an der Freien Universität Berlin.

Rechnung trägt, dass Kinder aufgrund ihrer geringeren Lebenserfahrung auch Schutz und Anleitung brauchen. In der Alltagspraxis stellt sich dies oft als Gratwanderung dar. Das folgende Beispiel illustriert die Widersprüchlichkeiten und Verunsicherungen, die im Prozess der Veränderung im Umgang mit den Kindern auftauchen können.

Eine Erzieherin einer Hortgruppe hatte sich entschieden, den Kindern zu überlassen, wie sie die Organisation des Tischdienstes regeln wollen. Sie wollte den Kindern den Lernerfolg ermöglichen, ohne Steuerung durch Erwachsene Aushandlungsprozesse zu bewältigen. (Die Hortgruppe hatte bereits Erfahrungen mit derartigen Entscheidungsprozessen.) Nachdem die Kinder einvernehmlich einen Weg gefunden hatten, fiel der Erzieherin auf, dass ein Junge, der zudem besonders ruhig war, dreimal hintereinander den Tisch aufräumte. Das störte ihr Gerechtigkeitsgefühl derartig, dass sie den Jungen ansprach: »Du musst nicht jeden Tag den Tisch aufräumen, wenn du nicht willst.« Er aber antwortete: »Aber ich will doch!« Da sie sich vorgenommen hatte, sich nicht in die Angelegenheiten der Kinder einzumischen, ließ sie es dabei bewenden. Aber sie fühlte sich nicht wohl dabei. Sie befand sich in einem inneren Konflikt zwischen ihren eigenen Wertvorstellungen und dem Anspruch, diese den Kindern nicht überzustülpen. Diesen Konflikt löste sie so, dass sie immer, wenn die Kinder sich versammelten und ihre Absprachen trafen, den Raum verließ.

In einem Workshop sprachen wir über dieses Beispiel. Wir stellten fest, dass sich einerseits in der Diskretion der Erzieherin eine respektvolle Haltung gegenüber den Kindern ausdrückt. Kinder haben ihre Gründe für ihr Verhalten, die Erwachsenen oft nicht einleuchtend sind.

Andererseits ist es wichtig, dass die Erzieherin gegenüber den Kindern ihre Gefühle und Gedanken mitteilt. Als Teil der Gruppe hat sie genau wie die Kinder das Recht, ihren Standpunkt zu vertreten. Für die Kinder kann er eine Anregung sein, ihr Verhalten zu hinterfragen. Es entspräche einem falschen Verständnis von Partizipation, wenn die Erzieherin ihre Rolle darin sehen würde, sich hier zurückzuhalten. Denn dadurch würde sie die Kindergruppe sich selbst überlassen.

Offenbar hatte sie eine Vermutung über die Beziehungsdynamik in der Kindergruppe. In ihrer Rolle als professionelle Begleiterin der Kinder muss sie die Kinder aktiv in ihrem Lernprozess unterstützen. Als Erwachsene, die zudem eine fachliche Erziehungsaufgabe hat, ist sie in einer machtvollen Position. Damit hat sie auch die Verantwortung, gegenüber den Kindern ihren Standpunkt zu vertreten und Stellung zu beziehen. Sie setzt ihre Macht ein. Es ist wichtig, dass sie gegenüber den Kindern Stellung bezieht. Denn sie hat auch die Verantwortung, um die Machtverhältnisse in der Gruppe anzusprechen. Damit werden auch zurückhaltende Kinder, die sich tatsächlich unterdrückt fühlen und sich nicht trauen, sich zu wehren, unterstützt.

Wie vermeidet man nun, dass Kinder »autoritär fixiert«, also überangepasst reagieren und das, was die Erzieherin sagt, umstandslos übernehmen? Entscheidend ist, dass die Erzieherin ihre Macht nicht dazu benutzt, um die Kinder zu einer Verhaltensänderung bewegen zu wollen. Aufgrund ihrer Lebenserfahrungen, ihres professionellen Blicks und ihrer besonderen Perspektive auf die Gruppe kann sie den Kindern wertvolle Anregungen geben. Ob und wie die Kinder diese für sich nutzen, müssen sie selbst entscheiden. Auch sollte sie in ihrer Rückmeldung nicht so genannte übergeordnete Autoritäten einsetzen: »Das macht man nicht.« oder ihre Definitionsmacht ausspielen: »Das ist ungerecht.« Sondern sie sollte von sich persönlich sprechen: »Als ich das … bemerkte, ging es mir…, weil… Wie seht ihr das?« Damit stellt sie den Kindern ihre Sichtweise zur Verfügung und öffnet ihnen den Raum, dies ihrerseits zu tun. Dabei sollte sie darauf achten, dass alle Kinder, die sich dazu äußern wollen, auch zu Wort kommen.

Autonomieerfahrungen beim Essen und Trinken

Partizipation beginnt damit, ein Gefühl für sich selbst und einen Zugang zu den eigenen Bedürfnissen zu haben. Die Erfahrung von Autonomie – einem zentralen menschlichen Grundbedürfnis – ist immens wichtig für die Entwicklung des Kindes und die Entfaltung seiner Persönlichkeit. Auch – und gerade in Bezug auf elementare körperliche Grundbedürfnisse wie Essen und Trinken sind Autonomieerfahrungen von großer Bedeutung. Kinder sollten die Möglichkeit haben, zu essen und zu trinken, wann immer sie Hunger und Durst haben. Sie sollten so viel (oder so wenig) essen und trinken, wie es ihrem Bedürfnis entspricht. Und sie sollten wählen können, was sie essen und trinken wollen. Hier klafft eine Lücke zwischen dem, was für die Entwicklung der Kinder notwendig ist, und der Realität in der Kita.

Zwar ist es mittlerweile in den meisten Kitas üblich, dass den Kindern Getränke zu jeder Zeit zugänglich sind. Doch ist dies eher bei den Älteren der Fall als bei den kleineren Kindern. Begründet wird dies oft damit, dass kleine Kinder die schwere Kanne noch nicht allein handhaben können. Es braucht nicht viel Ideenreichtum, um eben eine kleine Kanne zur Verfügung zu stellen, damit Autonomie nicht eine Frage des Alters ist.

Dasselbe gilt für das Auftun des Essens. Hortkinder haben in den Kitas am ehesten die Chance, selbst zu bestimmen, was und wie viel sie auf ihrem Teller haben wollen. Um ein gesundes Verhältnis zum Essen zu entwickeln, ist in diesem Alter aber schon der Zug abgefahren. Kinder können nicht früh genug anfangen, ein Gefühl dafür zu bekommen, was sie wollen und was sie brauchen. Die Krippenerzieherinnen unseres Projektes haben nach anfänglichen Zweifeln den Beweis erbracht, dass schon Einjährige sehr wohl in der Lage sind, sich selbst das Essen aufzutun. Hierbei wird auch eine weitere wichtige Bildungschance genutzt: Die Kinder lernen, Mengen einzuschätzen und das Besteck und die verschiedenenartigen Konsistenzen der Speisen zu handhaben.

Ich gehe davon aus, dass heute kein Kind in der Kita mehr gezwungen wird, alles aufzuessen, was auf dem Teller ist. Aber darf ein Kind sich auch irren, bei sehr großem Appetit sich zuviel auftun und dann beim Essen erkennen, dass es nur die Hälfte schafft? Reagiert die Erzieherin mit Wohlwollen oder mit Ungeduld? Auch in der Aussage: »Ich will nicht mehr« wird den Größeren mehr Autonomie zuerkannt als den Kleineren. Es ist ja tatsächlich viel schwieriger, dies bei kleinen Kindern, die noch nicht sprechen können, wahrzunehmen. Die Krippenerzieherinnen im Projekt »Demokratie leben«, die nun bewusster auf die Bedürfnisäußerungen der einzelnen Kinder achten, nehmen viel sensibler die unterschiedlichen Äußerungsformen bei Babys wahr. Wenn sie leicht den Oberkörper versteifen, die Augen schließen, den Kopf weg drehen, heißt das: nein. Dies sind oft ganz feine Bewegungen, die leicht in der Kindergruppe untergehen können.

Dass Kinder nicht zum Essen gezwungen werden sollen, wird heute von PädagogInnen nicht mehr bezweifelt, ist heute nicht nur unter PädagogInnen unhinterfragt. Aber:

Haben die Kinder wirklich die Wahl, was sie essen? Gibt es Alternativen zum Mittagsmahl, das ein Kind nicht mag, etwa ein belegtes Brot? Bekommen sie auch Nachtisch, wenn sie das Essen nicht aufessen? Müssen sie alles essen, was angeboten wird? Wird das Angebot zu probieren, wirklich so formuliert, dass das Kind ermuntert wird, etwas Neues zu entdecken, ohne dass Druck ausgeübt wird? Kann ein Kind auch ablehnen, etwas Neues zu entdecken? Nicht alle Kinder (und auch nicht alle Erwachsenen) haben immer zu den vorbestimmten Essenszeiten Hunger. Wie sieht es mit der Möglichkeit aus, z.B. das Frühstück nicht am Morgen, sondern am Vormittag einzunehmen oder erst nach dem Schlafen Mittag zu essen?

Diese Fragen lösen in Teams intensive und mitunter heftige Diskussionen aus. Oft werden Sachzwänge oder die Autorität der Küchenkraft ins Feld geführt, wenn es darum geht, eingefleischte Gewohnheiten infrage zu stellen, um die Bedürfnisse der Kinder stärker einzubeziehen.

Immer kommt aber auch die Sorge um gesundheitsfördernde Ernährungsgewohnheiten zum Ausdruck. Denn es gibt Kinder, die von ihrer Familie Essgewohnheiten kennen, die ihrer Gesundheit eher schaden. Was ist, wenn ein Kind sechs Wochen lang nur Nachtisch essen will? Wir können doch nicht zugucken, wenn ein Kind sich völlig einseitig ernährt! Wenn es keinen Diskurs darüber mit den Eltern gibt, bleibt die Sorge bestehen. Da hilft auch die erprobte Erfahrung nichts, dass Kinder, die ihre Nahrungsaufnahme selbst bestimmen können, irgendwann von selbst zu einer Ausgewogenheit finden.

Selbstverständlich ist Essen auch eine soziale Handlung. Kinder sollten die Erfahrung machen, in der Gruppe eine Esskultur mit den dazugehörenden bedeutsamen Ritualen zu pflegen. Hier wird deutlich, dass Autonomie nicht Freiheit oder »Autarkie« bedeutet, sondern immer in Abhängigkeit von anderen zu sehen ist[2]. Zu Autonomie verhält sich das Grundbedürfnis nach Verbundenheit und der Wunsch nach Gemeinschaft wie die zweite Seite einer Münze[3]. In der Kita geht es darum, auch hier eine Balance zwischen dem Gruppenprozess und den individuellen Bedürfnissen der Kinder zu finden.

Veränderungen brauchen Reflexion

Wenn Erzieherinnen davon überzeugt sind, dass auch in diesem Bereich Autonomieerfahrungen wichtig für die Entwicklung der Kinder sind, dann kommen sie an den Punkt, an dem sie überlegen: Was können wir tun, damit Kinder dieses Grundbedürfnis nach Selbstbestimmung befriedigen können?

Hier stoßen wir Erwachsenen häufig an unsere eigenen Grenzen. Die meisten von uns haben als Kinder ganz andere Erfahrungen gemacht. Wir sind mit dem Spruch erzogen worden: »Es wird gegessen, was auf den Tisch kommt.« (Für uns waren nach der Uhrzeit geregelte Mahlzeiten schon zu Säuglingszeiten selbstverständlich.) Wann immer wir mit Erzieherinnen über ihre eigene Kindergartenzeit sprachen, wurden als negative Erfahrungen der Zwang zum Essen und Schlafen genannt. Diese Erfahrungen sind auch schmerzlich.

Welche eigenen Erfahrungen haben dazu geführt, wie ich jetzt bin, denke und fühle? Wo sind meine Grenzen,

2 Vgl. Priebe, Michael: »Stand und Zwischenergebnisse der Evaluation Demokratie leben«. Vortrag auf dem Symposium des Projektes Demokratie leben »Partizipation und Empowerment von Kindern«, 31. März 2006

3 Vgl. Leu, Hans Rudolf; Krappmann, Lothar (Hrsg.) (1999): Zwischen Autonomie und Verbundenheit. Frankfurt/M.

meine Befürchtungen? Über diese Fragen im Team zu sprechen, ist gewiss nicht einfach. Gleichwohl ist eine Reflexion darüber unumgänglich, weil die Zuerkennung der kindlichen Autonomie eine entsprechende Haltung erfordert, die eine Auseinandersetzung mit den eigenen Gefühlen und Überzeugungen voraussetzt. Auf dieser Basis kann dann gemeinsam überlegt werden: Was wollen wir, was können wir verändern, und wie wollen wir das tun?

Viele Augen sehen mehr als zwei!

Wir haben die Erfahrung gemacht, dass in den meisten Kitas die Erzieherinnen sich zu wenig Zeit nehmen, um gemeinsam über ihre pädagogische Praxis nachzudenken. Dabei sind die Herausforderungen, die eine Veränderung des Bildungsverständnisses, des Kindbildes und der Erzieherinnenrolle bedeuten, am besten im gegenseitigen Austausch zu meistern. Im Projekt »Demokratie leben« ist es üblich, dass die Erzieherinnen ihre Beobachtungen und die daraus ersichtlichen Themen der Kinder mit den Kolleginnen besprechen und sich gegenseitig aus ihren unterschiedlichen Perspektiven Anregungen zur Reflexion geben. Wie hilfreich dies sein kann, soll das folgende Beispiel zeigen:

In einer Gruppe von Kolleginnen stellte eine Erzieherin ihre Beobachtungen vor. Es sollte darum gehen, in den verschiedenen Situationen der Kinder ein Schlüsselthema zu finden, das sie mit den Kindern in einem Projekt bearbeiten wollte. Sie war sich unschlüssig, welches von den Themen, die die Kinder beschäftigten, das bedeutsamste wäre. Nebenbei kam sie auch auf die soziale Situation in der Gruppe zu sprechen: Ein Mädchen wurde seit längerem von den anderen Kindern ausgegrenzt. An dieser Stelle fragten die Kolleginnen nach, und so beschrieb sie ausführlicher die Situation – das Mädchen wurde gehänselt und durfte häufig nicht mit den anderen Kindern mitspielen – und auch ihre erfolglosen Versuche, etwas daran zu ändern. Bis dahin hatte sie nämlich versucht, die Sticheleien zu unterbinden und die Kinder durch Ermahnungen dazu zu bringen, sich dem Mädchen gegenüber fairer zu verhalten. Im Gespräch mit den Kolleginnen wurde ihr zunehmend klarer, dass die soziale Situation in der Gruppe das Schlüsselthema war und am stärksten nach Veränderung drängte. Der Blick der Kolleginnen aus der Distanz, ihre Fragen und ihre Hilfestellungen ermutigten sie, sich diesem Problem von neuem zuzuwenden, noch einmal gezielter zu beobachten und andere Handlungsmöglichkeiten auszuprobieren. Sie nahm sich vor, das Problem in der Kindergruppe nicht mehr explizit anzusprechen, sondern sie überlegte sich, wie sie die Kinder in Kontakt mit dem Mädchen bringen könnte. Zuerst probierte sie eine Idee aus: Sie setzte sich ab und zu mit ihr zusammen und bastelte oder spielte ein Spiel mit ihr. Durch diese Aktivitäten wurden andere Kinder angezogen und über die gemeinsame, interessante Beschäftigung näherten sie sich an das Mädchen an. Dies war der Beginn der Integration des Mädchens in die Gruppe.

Darüber hinaus achtete sie im Alltag bewusster auf die Dynamik in der Kindergruppe. Dadurch wurde ihr klar, dass die Kinder selbst die Möglichkeit haben mussten, für die soziale Situation in der Gruppe mitverantwortlich zu sein. Sie brauchten also mehr Erfahrungen, ihre Bedürfnisse und Interessen miteinander auszuhandeln. Eine Gelegenheit war das jedes Jahr zur Weihnachtsfeier anstehende Märchenspiel. Sie beteiligte die Kinder bei der Planung und entwickelte mit ihnen eine Besprechungskultur, damit die Absprachen bei der Rollenverteilung und

Kostümauswahl fair verliefen. Allmählich veränderte sich das Klima in der Gruppe. Bald erkannten die Kinder, dass sie einen festen Ort für ihre Besprechungen brauchen, weil es viel zu klären und auszuhandeln gab. Daraus entwickelte sich ein Projekt, bei dem die Kinder im Raum eine »Sternenhimmel-Beratungsecke« mit Sitzkissen und Sternenhimmel aus Stoff einrichteten, in die sie sich von da an immer dann zurückzogen, wenn es etwas Wichtiges zu besprechen gab.

Die Notwendigkeit von Autonomie für Lernprozesse

Bei dem letzten Beispiel geht es wieder um Autonomie. Dieses Beispiel stammt jedoch nicht aus der Arbeit von Erzieherinnen mit Kindern, sondern aus der Arbeit des Projektteams mit Erzieherinnen. Hierbei geht es um das Spannungsfeld zwischen Anleitung und Selbstbildung und damit um die Frage, unter welchen Umständen Lernprozesse durch Vorgaben befördert oder auch behindert werden können. Es wird deutlich, wie Vorgaben die Aufnahmebereitschaft behindern, weil die Autonomie und die Möglichkeit der Einflussnahme auf den Lerngegenstand gestört werden. Hiermit möchte ich Ihnen eine Erkenntnis vermitteln, die wir aus einem Fehler gewonnen haben.

Nach einem ca. dreiviertel Jahr Zusammenarbeit mit den Projekt-Kitas führten wir einen zweitägigen Workshop mit jedem Kita-Team durch. Wir hatten vorher durch Beobachtungen in den Kindergruppen und Einzelgesprächen mit den Erzieherinnen einiges über die Situationen in den Kitas erfahren und hatten begonnen, in regelmäßige Teambesprechungen mit den Erzieherinnen in einen pädagogischen Diskurs zu gehen. In dem Workshop wollten wir diesen Diskurs vertiefen. Unsere Ansatzpunkte waren dabei immer die Themen, die die Erzieherinnen beschäftigten, und ihre Fragen. Ausgehend von Situationen ihrer pädagogischen Praxis wollten wir sie und uns anregen, uns mit speziellen Fragen auseinanderzusetzen.

Nun kamen wir unter anderem aufgrund unserer Eindrücke zu dem Schluss, dass es sinnvoll wäre, wenn die Erzieherinnen sich gezielter mit dem Thema Kommunikation beschäftigen würden. Also planten wir für den Anfang des Workshops eine kleine Fortbildungseinheit »Aktives Zuhören« ein.

An dieser Stelle kann man vielleicht schon ahnen, worin unser Fehler bestand. Wir wurden uns dessen erst am Ende des gesamten Workshops bewusst, und zwar durch den Kontrast zu den anderen Teilen des Workshops und durch die Rückmeldung der Teilnehmerinnen.

Wir spürten nämlich deutlich die Abwehr der Teilnehmerinnen, sich mit dem von uns eingebrachten Thema zu beschäftigen. Sie machten zwar bei den von uns angebotenen Übungen mit, doch sichtlich widerwillig. Die Gespräche waren schleppend und von Unlust begleitet. Ganz anders war es bei den anderen Workshopsequenzen, bei denen wir wirklich von ihren Situationen der täglichen Arbeit und ihren Fragestellungen ausgingen. Wir hatten lebhafte und engagierte Diskussionen. Sie ließen sich auf eine intensive Reflexion auch schwieriger Themen ein. Am Schluss meldeten sie uns zurück, dass sie mit der ersten Sequenz nichts hatten anfangen können, weil sie keine Verbindung zu dem herstellen konnten, was sie beschäftigte. Im Gegensatz dazu hatten sie bei den anderen Sequenzen den Eindruck, neue Erkenntnisse gewonnen zu haben.

Unser Fazit: Wir hatten unsere (erwachsene) pädagogische Intervention aufgrund unserer Analyse geplant und durchgeführt, ohne die Teilnehmerinnen einzubeziehen.

Wir hatten es versäumt, ihre Perspektive zu dieser (unserer) Analyse zu erfragen. Stattdessen hatten wir ihnen ein Thema aufgedrängt, das offensichtlich nicht geteilt wurde. Die Erzieherinnen konnten keinen Sinn in dem sehen, was wir ihnen zu vermitteln versuchen. So ist es auch nachvollziehbar, dass sie mit Abwehr reagierten.

Hätten wir diese Erfahrung isoliert vom gesamten Prozess des Workshops betrachtet, dann wäre die Gefahr groß gewesen, wieder in eine neue Falle zu gehen. Wir hätten die Abwehr dann vielleicht nicht ernst genommen und sie als eine Unwilligkeit oder Unfähigkeit zur Selbstreflexion interpretiert.

Es ist sicher nicht besonders schwierig, diese Erfahrung auf die Arbeit mit Kindern übertragen.

Hohe Ansprüche – was brauchen Erzieherinnen?

Kindern ihre persönliche Autonomie zuzugestehen und entsprechend zu handeln und das Recht der Kinder auf Partizipation im täglichen Umgang umzusetzen – dies bedeutet für Erwachsene einen tief greifenden Lernprozess, der die gesamte Persönlichkeit einschließt. Die meisten PädagogInnen haben als Kinder (und auch als Erwachsene!) selbst vielfache Einschränkungen ihrer Autonomiebedürfnisse und wenige Möglichkeiten der Mitbestimmung und Mitentscheidung erfahren. Wir müssen davon ausgehen, dass PädagogInnen, wenn sie beginnen, Kindern Autonomie und ihre Partizipationsrechte zuzuerkennen, versuchen, etwas zu verwirklichen, wozu sie selbst zunächst einmal wenig eigenen Zugang haben. Die Herausforderungen für Erzieherinnen, sich mit dem Thema auseinanderzusetzen und Dinge zu verändern, liegen auf der Hand. Was brauchen Erzieherinnen, um dazu in der Lage zu sein?

Sie brauchen das Wissen über die Wichtigkeit von Selbstbestimmung und Beteiligung für die kindliche Entwicklung. Sie müssen außerdem die Möglichkeit – die Zeit und den Raum – haben (bzw. sich nehmen), sich im Team auszutauschen und gemeinsam zu reflektieren. Das geht am besten, wenn das Team für einen Rahmen und ein Klima sorgt, in dem es möglich ist, offen zu sein, Gefühle zu äußern und Fragen zu stellen. Nach unserer Erfahrung ist eine Unterstützung durch eine externe Person, die den Prozess moderiert und das Team in seinen Phasen von Unsicherheit und Zweifeln begleitet, unerlässlich.

Literatur

Leu, Hans Rudolf; Krappmann, Lothar (Hrsg.) (1999): Zwischen Autonomie und Verbundenheit. Frankfurt/M.

Priebe, Michael: »Stand und Zwischenergebnisse der Evaluation Demokratie leben« Vortrag auf dem Symposium des Projektes Demokratie leben »Partizipation und Empowerment von Kindern«, 31. März 2006

4.3 Kompetente Erwachsene für Kinder unter drei Jahren

Beate Irskens · Renate Niesel

Bis 2010 sollen 230.000 neue Betreuungsplätze für Kinder unter drei Jahren entstehen. Immer mehr Kitas nehmen Kinder unter drei Jahren auf, immer mehr Tagespflegeplätze werden geschaffen. Nicht nur Träger, auch viele Tagesmütter und Erzieherinnen, die bis jetzt keine oder nur eine unzureichende Aus- und Fortbildung für die Arbeit mit Kindern unter drei Jahren erfahren haben, sind auf diese neue Herausforderung zu wenig vorbereitet (Bertelsmann Stiftung, 2006).

Was brauchen kleine Kinder, um sich gut zu entwickeln, welche Bildungsimpulse sind wichtig? Was bedeuten das Bild vom kompetenten Säugling und der Begriff der Selbstbildung konkret? Welche Materialien, welcher pädagogische Rahmen, welches Konzept unterstützen diese Arbeit? An diese Fragen knüpft das Medienpaket »Wach, neugierig, klug – Kinder unter 3« an. Es wurde konzipiert als ein Baustein für eine fachliche und gesamtgesellschaftliche Diskussion über die Qualität von Bildung, Betreuung und Erziehung von Kindern unter drei Jahren in Deutschland.

Die Entwicklung der Materialien hatte das Ziel, Wissen zu vermitteln und Fachlichkeit zu stärken. Ein ebenso wichtiges Anliegen war es, Erwachsene, die Kinder in ihrer Entwicklung begleiten, erneut oder vielleicht auch erstmalig zum Staunen zu bringen über deren Kompetenzen. Und es sollte Wertschätzung für die Lebensfreude und Entwicklungsleistungen der ersten Lebensjahre in Text und Bild gezeigt werden. Eine positive, bejahende Einstellung ist wichtige Voraussetzung, um sich mit Lust und Freude auf die persönlichen und fachlichen Herausforderungen dieses Arbeitsfeldes einzulassen. Eng damit verbunden ist das Anliegen des Medienpakets, in unserer Gesellschaft Anerkennung und Respekt für die Menschen zu stärken, die mit großem Engagement und zunehmender Professionalität mit Kindern unter drei Jahren arbeiten.

Das Medienpaket »Wach, neugierig, klug – Kinder unter 3«

In Texten, Bildern und Filmszenen wird die Aufmerksamkeit unter vier Blickwinkeln (Starke Kinder, Kommunikationsfreudige Kinder, Aktiv lernende Kinder, Gesunde Kinder) auf Kinder und ihre Entwicklung in Kitas und bei Tagesmüttern gerichtet. Die Materialien umfassen eine Einführungsbroschüre, 16 Themenkarten, die Impulse für die praktische Arbeit geben, Herausforderungen und mögliche Probleme im Erziehungsalltag benennen. Ein DVD-Film zeigt Kinder und Erwachsene in unterschiedlichen Situationen – wie sie zusammen leben, gemeinsam lernen, engagiert erforschen und miteinander umgehen. Eine CD-Rom enthält umfassende fachliche und praktische Informationen zur Arbeit mit Kindern unter drei Jahren und ein

Poster illustriert die Hauptthemen des Medienpakets.

Das Konzept von »Wach, neugierig, klug«:

- stellt Babys und Kleinkinder in den Mittelpunkt,
- erkennt ihre Individualität, ihre Entdeckungslust und ihre Leistungen an,
- erkennt die Vielfalt der Lebenssituationen von Kindern an,
- erkennt an, dass alle Kinder von Geburt an das Bedürfnis haben, im Austausch mit anderen Menschen zu lernen und die Welt um sich herum zu erforschen,
- betrachtet Entwicklung und Lernen ganzheitlich,
- unterstreicht die verantwortungsvolle Rolle der Erwachsenen, die mit Babys und Kleinkindern arbeiten,
- bietet eine Reflexionsgrundlage für die Bildungs- und Erziehungsarbeit,
- vermittelt Basiswissen und bietet Impulse zur Qualifizierung der praktischen Arbeit.

Grundannahmen sind:

- Kinder lernen von Geburt an,
- durch eigenes Handeln,
- wenn sie sich sicher und wohl fühlen,
- im sozialen Miteinander mit anderen (Erwachsenen und Kindern).

Damit setzt das Medienpaket auch unmittelbar an dem an, was in der Bildungsdiskussion unter dem Schlagwort »Bild vom Kind« zusammengefasst wird. Allerdings wird in der »Aktualität« häufig übersehen, dass es bereits »klassische« Ansätze gibt, die von einer respektvollen Haltung gegenüber den Selbstbildungsprozessen junger Kinder geprägt sind (Pikler, Tardos 2006), die auch in der Reggio-Pädagogik zu finden ist und in Deutschland insbesondere auch in den Arbeiten von Kornelia Schneider (2006).

Das junge Kind als Akteur seiner Entwicklung

In der Diskussion um Bildung unter Drei ist das Schlagwort des »kompetenten Säuglings« (Dornes 2000) häufig zu hören und zu lesen. Dieser Begriff entstand als Gegenentwurf zum Bild des Kindes als ein unreifes, hilfsbedürftiges und erwachsenenabhängiges Wesen. Gemeint ist das Kind als eigenständiges Individuum mit großem Entwicklungspotential und als Träger eigener Rechte. Auch in Bildungsprozessen ist das Kind nicht »Objekt« von Bildungsbemühungen der Erwachsenen, sondern eigenaktives Individuum im Kontext sozialer Interaktionen und Beziehungen (Fthenakis, Oberhuemer 2004).

Säuglinge sind mit allen Kompetenzen ausgestattet, die sie für ihre Entwicklung brauchen. Die Säuglingsforschung geht davon aus, dass Kinder bereits mit der Fähigkeit zur Interpretation von menschlichen Handlungen geboren werden. Der Eigenanteil des Kindes wird in den Mittelpunkt von Entwicklung und Lernen gestellt: Das Kind als Akteur seiner Entwicklung. Es leistet die gewaltige Entwicklungsarbeit selbst. Entwicklung ist das Ergebnis von Neugier, spontaner Tätigkeit, Lernfreude, Selbstorganisation und Selbstgestaltung.

Von Geburt an lernen Kinder durch Schauen, Hören und Explorieren. Säuglinge sehen nicht nur – sie schauen zu. Sie hören nicht nur – sie hören zu. Und für ihre Lust am Explorieren nutzen sie alles, was ihnen zur Verfügung steht. Die eindrucksvolle Lernkapazität von Säuglingen und Kleinkindern scheint von einer intensiven Motivation zum Explorieren und Bewältigen von Anforderungen zu stammen. Säuglinge strengen sich an, sie »arbeiten« schwer, um herauszufinden, wie Dinge sind und wie sie funktionieren.

Fast alle Möglichkeiten für dieses frühe Lernen sind mit anderen Menschen verbunden, entweder durch die direkte Interaktion mit ihnen oder durch die Beobachtung anderer Menschen (DeLoache 2000).

Psychologische Grundbedürfnisse

Von Geburt an lassen sich beim Menschen psychologische Grundbedürfnisse beobachten, mit denen sich die positiven Effekte von Wohlbefinden und intrinsischer Motivation im Lerngeschehen erklären lassen (Deci, Ryan 2002; Nuttin 1984; im Überblick Krapp 2005):

- das Bedürfnis nach Autonomieerleben,
- das Bedürfnis nach Kompetenzerleben,
- das Bedürfnis nach sozialer Eingebundenheit.

Autonomie-Erleben oder Selbstbestimmung meint, dass Kinder von Geburt an das Bestreben haben, sich selbst als eigenständiges Zentrum ihres Handels zu erleben, d.h. dass sie ohne Kontrolle von außen über die Bewältigung von Aufgaben bestimmen möchten. Dabei darf Autonomie nicht mit Unabhängigkeit oder totaler Freiheit verwechselt werden. Handlungsfreiheit ist nur dann ein positives Erlebnis, wenn die Chance besteht, eine Aufgabe erfolgreich bewältigen zu können. Damit eng verknüpft ist das Kompetenz-Erleben. Damit gemeint ist das natürliche Bestreben auch des noch ganz jungen Kindes, sich als handlungsfähig zu erleben. Es möchte Anforderungen, deren Bewältigung innerhalb seiner Möglichkeiten liegen, aus eigener Kraft bewältigen. Es geht dabei nicht um die von außen (z.B. durch Lob) festgestellte Kompetenz, sondern um das Erleben, seine Fähigkeiten zum Ausdruck bringen zu können, etwas zu können und etwas zu bewirken.

Wie kommt es aber zur Übernahme von Handlungszielen, die durch Erziehungsbemühungen oder soziale Zwänge an das sich entwickelnde Kind herangetragen werden? Als weiteres Grundbedürfnis wurde von den Autoren das Bedürfnis nach »sozialer Eingebundenheit« postuliert. Dieses Bedürfnis bezieht sich auf die Sehnsucht nach dem Zusammensein mit anderen Menschen: sich zugehörig fühlen, geliebt werden und selber zu lieben. Es kommt zur Identifikation mit Personen oder Gruppen von Personen mit der Konsequenz, dass Wertorientierungen, Tätigkeiten und Handlungsziele der Bezugspersonen, die besonders geschätzt werden, übernommen und damit zu den eigenen werden.

Diese psychologischen Grundbedürfnisse bieten einen »Erklärungsansatz für die positiven Effekte von Wohlbefinden und intrinsischer Motivation im Lehr-Lerngeschehen« (Krapp 2005, S. 626) und machen deutlich, welche Merkmale von Bildungsqualität für Kinder aller Altersstufen von hervorragender Bedeutung sind.

Merkmale von Bildungsqualität für Kinder unter drei Jahren

Evaluationsstudien zur Bildungsqualität für Kinder unter drei Jahren sind noch rar. Für die Untersuchung eines australischen Curriculums für Kinder dieses Alters wurden vier Prozessvariablen ausgewählt, um die Qualität zu überprüfen (www.sacsa.sa.edu.au) (Winter 2004). Für die Untersuchung wurden Instrumente aus dem Kindergartenbereich angepasst, u.a. die Arbeiten von Laevers (1994 a, 1994b) und Mayr, Ulich (1999a). Bewusst wurde auf die Messung zum Entwicklungsstand der Kinder verzichtet.

Stattdessen wurde die Aufmerksamkeit gerichtet auf:

- Beziehungsqualität in der Einrichtung (Relationships),
- Umgebungen, die aktives Lernen ermöglichen (Active Learning Environment),
- Wohlergehen (Well-Being),
- Engagiertheit (Involvement).

Die Autorin (Winter 2004) begründet die Wahl der Variablen damit, dass Beziehungsqualität von herausragender Bedeutung für das Lernen junger Kinder sei und dass die am besten unterstützende pädagogische Umgebung eine solche sei, die junge Kinder als aktive, kompetente Lerner und Ko-Konstrukteure ihres Verstehen akzeptiere. »Involvement« und »Well-Being« werden in der Literatur als die beiden wichtigsten und reliabelsten Indikatoren für die Qualität eines edukativen Settings und für die Prozesse kindlichen Lernens identifiziert (Laevers 1994 a, b; Raspa et al. 2001).

Wohlergehen

Bildungs-, Lern- und Entwicklungsprozesse gelingen vor allem dann, wenn es Kindern gut geht, wenn sie sich wohl fühlen. »Well-Being« wird im »Early childhood curricula« von Neuseeland (May, Carr, Podmore 2004) als erste und grundlegende Dimension genannt. Was so selbstverständlich klingt, ist eine anspruchsvolle Zielsetzung für die Arbeit mit Kindern und die Zusammenarbeit mit Eltern. Mayr und Ulich (2003) haben sich mit der Operationalisierung von Wohlbefinden für Kinder im Kindergartenalter befasst und sich dabei von den Fragen leiten lassen:

- Was sind die typischen Entwicklungsanforderungen in diesem Altersabschnitt?
- Was sind die Schlüsselsituationen für Wohlbefinden in einer Einrichtung?

Um solchen Schlüsselsituationen auf die Spur zu kommen, wurden aus der Forschungsliteratur zunächst typische Merkmale identifiziert, die Kindern zugeordnet werden konnten, die als erfolgreiche »Bewältiger« in ihrem Entwicklungskontext gesehen wurden. Gefunden wurden u.a.

- eine positive Beziehung zu mindestens einer Bezugsperson,
- ein positives Selbstkonzept,
- Autonomie (für jüngere Kinder gilt: Balance zwischen Autonomie und der Fähigkeit, sich Hilfe zu holen),
- Ausdauer, Konzentrationsfähigkeit,
- Freude an neuen Erfahrungen, Neugier, Erkundungsstreben und Wachheit,
- die Fähigkeit, sich nach belastenden Ergebnissen wieder zu regenerieren.

Auch wenn diese Merkmale für das Kindergartenalter identifiziert wurden, lassen sich doch unschwer identische Merkmale bzw. Vorläufer dieser Merkmale für die Altersgruppe von Kindern unter drei Jahren erkennen und der Zusammenhang mit den beschriebenen psychologischen Grundbedürfnissen ist offensichtlich.

Das Wohlbefinden von Kindern ist – so das Resümee der Forschungsarbeiten – ein zentraler Indikator für die Qualität von pädagogischen Einrichtungen und Prozessen.

Engagiertheit

Direkt an die Frage: »Wie wohl fühlen sich Kinder in der Einrichtung?« lässt sich anknüpfen: »Wie gut und wie gerne lernen sie dort?«.

Als ein Verfahren, das für jedes Kind darüber Aufschluss geben kann, wie es auf pädagogische Angebote reagiert, hat sich das Konzept der »Engagiertheit« erwiesen.

Ursprünglich entwickelt an der Universität Leuven in Belgien von Ferre Laevers (Laevers 1994 a,b; Laevers et al 1996), wurde es bereits in zahlreichen anderen europäischen Ländern aufgegriffen. In Deutschland wurde es von Mayr und Ulich (2003b) für den Kindergartenbereich übersetzt, bearbeitet und empirisch erprobt.

Der Ansatz stellt die Perspektive des Kindes in den Mittelpunkt, lenkt den Blick auf seine Aktivitäten, auf seine aktuellen Erfahrungen und Lernprozesse in der Einrichtung und ist somit ein prozessuales, kindzentriertes Kriterium in der Diskussion um die Qualität von Lern- und Bildungsprozessen. Auch wenn dieses Verfahren für den Kindergartenbereich entwickelt und erprobt wurde, erscheint es doch so »elastisch« (so M. Ulich im persönlichen Gespräch), so dass es auch für die Kinder jüngeren Alters bearbeitet werden könnte – auch die bereits erwähnte australische Arbeit zeigt das.

Leitfragen zur Engagiertheit sind:

- Wann sind Kinder ganz bei der Sache, also wann sind sie besonders engagiert?
- Wie reagieren sie auf bestimmte Angebote, welche Interessen haben sie?

Ein wesentlicher Bestandteil des Konzeptes der Engagiertheit ist das Prinzip der individuell angemessenen Herausforderung: eine Aufgabe darf weder zu schwierig (Überforderung/Hilflosigkeit), noch zu leicht sein (Unterforderung/Langeweile). Engagiert tätige Kinder gehen an die Grenzen ihrer Möglichkeiten, explorieren und entdecken und machen dabei – so die zentrale Annahme – wesentliche Entwicklungsschritte. Zu diesem Konzept gehört somit die Idee der aktiven, der tätigen Auseinandersetzung mit der Umwelt. Das Konzept ist nicht einseitig kognitiv ausgerichtet, sondern betont, dass die Auseinandersetzung mit der Welt, emotionalen Gefühlen wie Lust und Freude an der Bewältigung der Herausforderung, dazu gehören. Engagiertheit bedeutet, dass ein Kind sich mit einer Sache in erster Linie um ihrer selbst willen beschäftigt und nicht, um Lob oder Anerkennung von anderen zu bekommen. Das Kind ist Initiator und Motor der Handlung und selbstbestimmt tätig. Mit anderen Worten, das Erleben, also das emotionale Empfinden von Kompetenz und Autonomie, wird als wesentlich für die Motivation, sich an neuen Aufgaben zu versuchen, betont.

Fokus ist dabei nicht, was ein Kind schon kann, sondern wie es sich auf Aktivitäten einlässt, wie es seinen Interessen nachgeht, wie es aktuelle Lernchancen seiner Umgebung nutzt. Damit sind auch Aussagen über die pädagogische Lernumwelt möglich: Beobachtung und Dokumentation liefern konkrete Anhaltspunkte für eine Reflexion des Angebotes und für die Planung des pädagogischen Vorgehens.

Im Film des Medienpakets »Wach, neugierig, klug – Kinder unter 3« ist eine hohe Engagiertheit und die enge Verknüpfung mit dem Wohlbefinden der Kinder in mehreren Szenen in Mimik, Körpersprache und in dem manchmal verblüffenden Geschick der jungen Kinder zu beobachten.

Kompetente Erwachsene

Kompetente Erzieherinnen brauchen ein weites Spektrum an Fähigkeiten, wie Einfühlung, Empathie, Feinfühligkeit, Wissen über die Welt und ihre Dinge und nicht zuletzt Wissen über eigene Lernerfahrungen und Lernstrategien und Entwicklungs- und Lernprozesse von Kindern. Diese pädagogische Kompetenz als Lernbegleiterin kann erworben werden: über Wissensaneignung, praktische Erfahrungen, Reflexion und die Bereitschaft, im Dialog mit dem aktiven, forschenden Kind seine Aneignung der Welt durch einen beiderseitigen Austausch über Verstehen, Bedeutung und Wissen zu »ko-konstruieren«.

Kompetenz ist subjektbezogen, sie bezeichnet die je eigene Fähigkeit des Einzelnen. Sie setzt zudem Flexibilität und Berücksichtigung des situativen Bezugs voraus und bildet sich im Austausch mit anderen weiter. So entwickeln Kinder und Erwachsene ihre Vorstellungen, Erklärungsmuster, ihr Wissen und ihre Bilder im Austausch mit der Umwelt: mit anderen Erzieherinnen, mit Eltern, anderen Erwachsenen und mit anderen Kindern. Erzieherinnen ziehen dazu auch Theorien heran, Erklärungsmuster anderer.

Kompetente Erzieherinnen und Tagesmütter müssen als Bezugspersonen für Kinder unter drei Jahren fast noch mehr wissen und beachten als Bezugspersonen von Kindergartenkindern. Eine Rolle spielen:

- Fachwissen (entwicklungspsychologische und pädagogische Konzepte für dieses Alter),
- Auseinandersetzung mit gesellschaftlichen Einstellungen zur Betreuung von Kindern außerhalb der eigenen Familie,
- Auseinandersetzung mit der eigenen Einstellung und der Einstellung des Teams.

Auf der Verhaltensebene der Erzieherin und der Tagesmutter geht es um:

- die Art und Weise der Gestaltung gemeinsamer Aktivitäten von Kindern und Erwachsenen,
- die Haltung der Erwachsenen,
- ihr Wissen über Kinder,
- ihre eigene Art zu lernen und zu »lehren« im Sinne von »etwas zeigen«,
- ihre Art zu sein und sich zu zeigen und
- ihre Art, sich mit den anderen in Verbindung setzen.

Eine anregende Kindheit macht nicht nur die anregende Umgebung aus, sondern in erster Linie die alltägliche Art und Weise, wie Bezugspersonen und andere Erwachsene mit dem Kind umgehen. »Kleinkinder lernen auf vielfältige Weise, und schon die einfachsten Interaktionen mit Erwachsenen – ein Windelnwechseln, ein Gang zum Auto, eine Gutenachtgeschichte – hinterlassen Spuren. Sie lernen Wörter und Gefühle, lernen den Umgang mit anderen, lernen Einzelheiten wahrnehmen, sich an Ereignisse erinnern, Probleme lösen« (Eliot 2003, S. 641). Kinder lernen vieles durch das Vorbild von anderen Kindern und Erwachsenen – auch wenn diese das gar nicht beabsichtigen. Andere Kinder und vor allem Erwachsene lehren aber auch direkt über Zeigen, Erklären, Bestätigen oder – negativ – durch Entmutigen. Dabei sind die schlaueren Kinder jene, die neugierig auf die Welt sind, Fragen stellen, den Dingen auf den Grund gehen und auf Antworten beharren. Alles Eigenschaften, die in erheblichem Maß durch das Vorbild geformt werden (ebd.).

Bereits vor der Geburt passt sich das Hirn des Kindes an die Umwelt an, es ist bildbar. »Während die Gene den Ablauf der neuronalen Entwicklung programmieren, wird die Qualität dieser Entwicklung bei jeder Abzweigung von Umweltfaktoren geprägt« (ebd., S. 17). Kinder brauchen für ihren Lernprozess und für die Entwicklung ihrer Fähigkeiten Stimulation, sie brauchen Anregungen, Vielfalt und die Gelegenheit, die Welt zu erforschen. Intelligentere Kinder stammen häufig aus Familien, die ihnen viel Gelegenheit zur Erforschung der Umwelt und eine Vielzahl an Spielmaterialien bieten, die sie nicht sehr stark einschränken und nicht ständig mit »Nein« abwehren (ebd., S. 635).

Kompetente Erzieherinnen und Tagesmütter sind sich bewusst, dass sie als Vorbild und »Modell« im Alltag grundlegende Wirkung für die Entwicklung und das Lernen von Kindern haben. Jede Interaktion mit dem Kind ist bedeutsam. Über eigenes Beispiel und ermutigendes Verhalten unterstützen sie die kindliche Neugier. Die Erzieherin fragt eher, als dass sie Antworten gibt, sie benennt, was sie tut und fühlt und geht in einen Dialog mit dem Kind, zeigt ihm Welt. Sie ermöglicht eine Vielfalt unterschiedlichster Erfahrungen und setzt dem Forschergeist so wenig Beschränkungen und Neins entgegen, wie möglich. Dabei versucht sich die kompetente Erzieherin ein Bild davon zu machen, was im Köpfchen des Kindes vor sich geht, welches »Arbeitsmodell« es gerade entwickelt, um die Welt zu verstehen. Denn für eine gute Entwicklung braucht das Kind das Verständnis der anderen und die Übereinkunft, was es gerade für sein Wohlbefinden, für seine Neugier und sein Lernen braucht – und das um so mehr, je abhängiger es von den Erwachsenen und seiner Umwelt ist.

Lise Eliot (2001) benennt die wichtigsten Fähigkeiten von Erwachsenen, die Kinder erfolgreich in ihrem Selbstbildungsprozess unterstützen:

- Fürsorglichkeit: den Kindern körperliche Zuwendung und seelische Unterstützung zukommen lassen. »Körperkontakt ist für Säuglinge nicht nur Trost und Beruhigung, sondern versetzt sie auch in die bestmögliche Ausgangsposition für die Erlernung neuer Fähigkeiten … Wärme, Zuneigung und Lob sind auch während der Kleinkindphase und der Kindergartenzeit noch sehr wichtig (ebd., S. 642) Im weiteren verweist Eliot auf den signifikanten Zusammenhang zwischen dem fürsorglichen und unterstützenden Erziehungsstil und dem IQ des Kindes hin.
- Einfühlsamkeit: Kinder als Individuen sehen und nicht nur ihr Bedürfnis nach Wärme und Bestätigung, sondern auch nach Stimulation und Abwechslung anerkennen. Ihnen als Berater (nicht: Anleiter) zur Verfügung stehen, um sie beim Lösen von Problemen zu unterstützen. »Nicht nur auf die körperlichen Notwendigkeiten des Babys – gefüttert und gewickelt werden, schlafen – prompt zu reagieren, sondern auch auf sein Bedürfnis nach Stimulation und Interaktion« (ebd.) Babys erwarten auf ihr Schreien oder Lallen eine Antwort, wollen ein »Gespräch« führen und so oft wie möglich Blickkontakt mit anderen haben und interessante Gesichtsausdrücke erleben. »Unabhängig vom Alter bedeutet Einfühlsamkeit, dem Kind wirklich zuzuhören, sich die Zeit zu nehmen, um zu verstehen, was es zu sagen versucht, und sich soviel wie möglich mit ihm verbal auszutauschen« (ebd., S. 643).
- Engagiertheit: bedeutet, dass Erwachsene bei gemeinsamen Aktivitäten regelmäßig Zeit mit Kindern verbringen, ihnen die ganze Aufmerksamkeit zuwenden und direkt mit ihnen interagieren. Länger bei einer Sache bleiben und Kinder ermutigen, sich intensiv mit den Dingen zu beschäftigen, Fragen stellen und neue Aspekte einer Sache ins Blickfeld bringen ist eine wirksame Vorbildfunktion. Das Kind entscheidet über seinen eigenen Lernweg. Das Interesse und die Lernmotivation des Kindes aufnehmen und unterstützen kann auch die eigene Neugier und Lernlust der Erwachsenen wecken, so lernen zwei gemeinsam.

Das Medienpaket in Praxis und Fortbildung

»Wach, neugierig, klug – Kinder unter 3« – das Medienpaket fördert die Wahrnehmung von Erzieherinnen und Tagesmüttern für die Entwicklungsbedürfnisse und die Lernanlässe kleiner Kinder und zeigt, wie ihre Selbstbildungsprozesse angeregt werden können. Es ermutigt Erwachsene, genauer hinzusehen und wahrzunehmen und es gibt ihnen Anregungen, den Alltag mit Kindern nahe an deren Erfahrungen, Fragen und Lebenssituation zu gestalten. – Die Arbeit mit Kindern unter drei ist besonders anspruchsvoll und fordert entsprechendes Wissen von den Erwachsenen, denn die Entwicklungsmöglichkeiten der ersten Lebensjahre bilden das Fundament für jedes weitere Lernen und den sozialen Umgang jedes Menschen.

Bayern und Rheinland-Pfalz haben das Medienpaket allen Einrichtungen, die mit Kindern unter drei arbeiten, zur Verfügung gestellt. Es gab viele Rückmeldungen nicht nur zum ansprechenden, schön gestalteten Material selbst, sondern auch dazu, dass sich die Vielfalt des Materials erst mit der Zeit erschließt. Manche Einrichtung hat die Mappe aber auch nur zu den anderen bunten Materialien in den Schrank gestellt. – Diese Rückmeldung hat angeregt, wie in England eine am Medienpaket orientierte Fortbildungsinitiative zu starten. Um Erzieherinnen und Tagesmütter dabei zu unterstützen, das Medienpaket in seiner Vielfalt in der Praxis optimal einzusetzen, hat die Bertelsmann-Stiftung in einem Nachfolgeprojekt einen Projektverbund initiiert. Derzeit entwickeln Fachberaterinnen und Fachexpertinnen Fortbildungsmaterial zur Umsetzung der im Medienpaket grundgelegten Haltungen und Konzepte. Die vorhergehenden Überlegungen fließen in dieses Fortbildungsprojekt mit ein. Der Arbeitstitel des weiterführenden Materials lautet: »Wach, neugierig, klug – Kinder unter 3«. Ein Handbuch für die Fortbildung. Das Handbuch und ein kommentierter Film zur Entwicklung von Kindern unter drei aus psychologischer Sicht werden Ende 2007 erscheinen. Wir hoffen sehr, das es Fortbildnerinnen und Kita-Leiterinnen bei der Entwicklung einer guten und achtsamen Arbeit mit Kindern unterstützt, um Kindern viel Raum zum Selbstlernen einzuräumen.

Literatur

Bertelsmann Stiftung (2006): Befragung von Fachverantwortlichen zur Qualifizierung von Mitarbeiterinnen in Kitas für Unter-Dreijährige und Tagesmütter. Ergebnistelegramm und Empfehlungen der Bertelsmann Stiftung. Download unter www.kinder-frueher-foerdern.de

Deci, E. L.; Ryan, R. M. (2002): Handbook of self-determination research. Rochester: University of Rochester Press

DeLoache, J. S. (2000): Cognitive Development in Infants. In: Cryer, D.; Harms, T. (Hrsg.) (2000): Infants and Toddlers in Out-of-Home Care. Baltimore: Paul H. Brookes, S. 7-47

Dornes, M. (2000): Der kompetente Säugling. Frankfurt/M.

Eliot, L. (2001): Was geht drinnen vor? Die Gehirnentwicklung in den ersten fünf Lebensjahren. Berlin

Fthenakis, W. E.; Oberhuemer, P. (2004): Frühpädagogik international. Bildungsqualität im Blickpunkt. Wiesbaden

Krapp, A. (2005): Das Konzept der grundlegenden psychologischen Bedürfnisse: Zeitschrift für Pädagogik, 51, (5), S. 626-641

Laevers, F. (Hrsg.) (1994a): The Leuven Involvement Scale for Young Children (LIS-YC) Manual. Experiential Education Series. No. 1 Centre for Experiential Education. Leuven

Laevers, F. (1994b): The innovative project »Experiential Education« and the definition of Quality in Education. In: F. Laevers (Hrsg.): Defining an Assessing Quality in Early Childhood Eduaction. Leuven: S. 159-172

Laevers, F.; Vandenbussche, E.; Kog, M.; Depondt, L. (1996): A process oriented child monitoring system for young children. Centre for Experiential Education. Leuven

May, H.; Carr, M.; Podmore, V. (2004): Te Whäriki: Neuseelands frühpädagogisches Curriculum 1991-2001. In: Fthenakis, W. E.; Oberhuemer P. (Hrsg.): Frühpädagogik international. Bildungsqualität im Blickpunkt. Wiesbaden: S. 175-189

Mayr, T.; Ulich, M. (1999a): Children's well-being ion day care centres: an exploratory empirical study. International Journal of Early Years Education, 3, S. 229-241

Mayr, T. ; Ulich, M. (2003): Die Engagiertheit von Kindern. Zur systematischen Reflexion von Bildungsprozessen in Kindertageseinrichtungen. In: Fthenakis, W. E. (Hrsg.): Elementarpädagogik nach PISA. Freiburg: S. 169-189

Nuttin, J. (1984): Motivation, planning and action. Mahwah, N J

Raspa, M.; McWilliam, R.; Ridley, S. (2001): Child care quality and children's engagement. Early Education and Development, vol. 12, 2, S. 206-223

Schneider, K. (2006): Und was hast Du heute gemacht? Fragen zur Bildung im Krippenalter. In: Wach, neugierig, klug – Kinder unter 3. (CD). Gütersloh

Tardos, A. (2006): Laßt mir Zeit... In: Wach, neugierig, klug – Kinder unter 3. (CD). Gütersloh

Winter, P. (2004): Promoting curriculum quality for babies and toddlers in childcare using research and a curriculum framework. Paper presented at EECERA 14th Annual Conference Malta 2004

4.4 Regie führen in einer lernfreudigen Kindertagesstätte

Acht Gedanken – inspiriert aus der Welt des Schauspiels

Elisabeth Hollmann

Prolog

Wie viele oder welche Formen der Anleitung kleine Kinder benötigen oder welche Art Freiraum ihr selbsttätiges Spielen und Lernen unterstützt, damit sie ihre enorme Lernkompetenz zur Entfaltung bringen können..., diese Fragen sind m. E. nicht allein aus pädagogischen oder didaktischen Überlegungen heraus zu beantworten. PädagogInnen flechten in ihren »Theorie-Praxis-Zopf« in der Regel entwicklungspsychologisch, lern-theoretisch, didaktisch und sozial-psychologisch gefärbte Gedankenstränge. Als systemisch denkende Organisationsentwicklerin möchte ich auf die Chancen und Probleme aufmerksam machen, die im Bereich des Lern-Kultur-Raums der Kita liegen. Die Kita wirkt in ihrer Gesamtheit auf das Lernvermögen der in ihr lebenden Personen. Und umgekehrt gilt: Vielfältige, kreativ und interaktiv wirkende Impulse auf unterschiedlichsten Ebenen der Kita gestalten diesen Lern-Kultur-Raum. Da kleine Kinder mit ihren hochsensiblen »Antennen« (über ihre Sinne) großartige Lernende sind, holen sie sich aus ihren Beziehungen und ihrer Umgebung alles heraus, was sie für ihren Lernprozess bekommen können. Dabei zählt nicht nur das Sicht- oder Hörbare, was PädagogInnen wohlmeinend vermitteln wollen, sondern da schwingen ihre geschichtlich und biografisch geprägten Stimmungen und Muster mit in den Akt des Lernens ein. Das darf uns hell-hörig und weit-sichtig machen für all das, was wir bei einem Auftritt eines Erwachsenen in einer Kinderwelt spüren, was im Zwischenmenschlichen passiert, was Räume ausstrahlen, und was Ablaufprozesse ermöglichen oder verhindern können.

Ich spreche von einer vernetzten Lern-Kultur in Kitas, die sowohl von den Kindern als auch von den Erwachsenen über ihre Sinne wahrgenommen wird. Sie entwickelt sich aber auch aufgrund des Bildes, das ErzieherInnen von Kindern haben, wie sie einzelne Kinder wahrnehmen und wie ErzieherInnen auf die Signale der einzelnen Kinder reagieren, d.h., welchen Einfluss Kinder auf Lernprozesse in der Kita nehmen können.

Alles was für Kinder gilt, gilt auch für Erwachsene. Das Spezifische einer Lern-Kultur vermittelt sich in einem feingliedrig verknüpften Netz, das von den PädagogInnen im Zusammenwirken mit Kindern gestaltet wird. Aber auch PädagogInnen handeln und lernen nur so gut wie sie es können, bzw. wie es Leitung und die Atmosphäre in der Kita ihnen ermöglicht. Sie lernen – ebenso wie die Kinder – im gemeinsamen Tun und in der Reflexion ihres Tuns. Dabei wandeln sie in einem steten Prozess nicht nur ihre pädagogische Arbeit, sondern sie wandeln sich auch persönlich, und sie wandeln die Kita als Institution. Lernen heißt wandeln! Und wandeln geht über lernen. Daher ist es so bedeutsam, wie lernfördernd PädagogInnen in Kitas und natürlich auch in Schulen von Vorgesetzten oder von Fachkräften der Beratung und Fortbildung begleitet werden.

Bei meinen Überlegungen, wie ich etwas über die Art des Führens mit dem Ziel der Lern-Kultur-Entwicklung in Kitas vermitteln könnte, fiel mir die Rolle eines Regisseurs aus der Welt des Schauspiels ein. Ich nutze das »Regie führen« als Kunstgriff, um aufzuzeigen: es geht um einen dynamischen Prozess, in dem sich Kreativität, Erfahrung, Menschenkenntnis, Intuition und Führungswille zu einer bewegenden Gestaltungskraft verbinden.

Die Kita ist kein Theater – aber ein Spielraum zur Lernlust

Den Begriff »Regie führen« kennen wir aus der Theater-, Opern- und Filmwelt. Wer Regie führt, inszeniert eine meist vorgegebene Geschichte und verwebt dabei in komplexer Weise verschiedene künstlerische Ausdrucksmittel und -formen zu einem Gesamtkunstwerk. Wir, die Zuschauer, bleiben in aller Regel passive Konsumenten und erleben das Endergebnis, nach einer für die Künstler anstrengenden Probezeit, als eine hoffentlich beeindruckende, begeisternde und unvergessliche Aufführung.

Selbstverständlich vergleiche ich nicht das Leben und Arbeiten in einer Kita mit einer vorgegebenen Geschichte, deren Inhalt nach aufwändiger Probezeit zur Aufführung gelangt. Es soll kein »vorgefertigtes Stück« aufgeführt werden, sondern es handelt sich um einen Arbeitsprozess: Die Entwicklung einer Lern-Kultur, in der Kinder und ErzieherInnen ihre Selbst-Bildungskompetenz entfalten. Ich finde es überaus reizvoll, sich die Kita als einen weiten, in mehrere Ebenen und Szenarien unterteilten Bühnenraum vorzustellen, in dem Kinder und Erwachsene als Akteure ihrer eigenen Lerngeschichten agieren.

Den Begriff des Regie-Führens in Kitas nutze ich also als Bild. Er bedeutet, dass PädagogInnen in Führungsverantwortung, aber auch BeraterInnen und FortbildnerInnen mit allen ihnen zur Verfügung stehenden Ressourcen einen inspirierenden Spiel- und Lernraum gestalten. Er soll Kindern, ihren Eltern und erst recht auch den ErzieherInnen das widerspiegeln, was sich ereignen darf: z.B, dass sie ein positives Selbstbild ihrer Person gewinnen; oder, dass sie eigenaktiv etwas ausprobieren, erforschen, erkennen und etwas wissen wollen.

Regisseure haben die Fähigkeit, in ihrer Gedankenwelt eine Vision der späteren »Aufführung« vorweg zu denken. Auch Führungs- oder Beratungskräften hilft es, wenn sie in ihren Gedanken visionsreiche Bilder einer phantasievollen, zukünftigen Kita-Entwicklung entstehen lassen, und sie sich erlauben, über die Sorgen der täglichen Alltagsrealität hinaus zu denken. Ein Regisseur vermittelt »das Stück« über die Spieler ans Publikum, eine Führungs- oder Beratungskraft vermittelt ihre Vorstellung einer Lern-Kultur über die ErzieherInnen an die Kinder.

Regisseure sind in der Lage, das Beste aus der Fähigkeit der Künstler zu locken. Führungs- oder Beratungskräfte prägen eine Kommunikationskultur, in der sie die Schätze der MitarbeiterInnen heben und sich eine Atmosphäre des anders oder eigenwillig Denkens im Mitarbeiterteam entwickeln darf und kann.

Regisseure integrieren in ihre Vorstellungen das Bühnenbild, die Kostümierung, das Spiel mit Licht, Farbe und Symbolik... Kita-LeiterInnen, und Team-FortbilderInnen moderieren einen Prozess, um anregungsreiche Raum-Szenarien im gesamten Kita-Bereich zu gestalten, damit diese die kleinen und großen Forschungsgeister inspirieren.

Regisseure bauen einen Spannungsbogen in der Geschichte auf, haben ein Gespür für die Dynamik von Ablaufprozessen. Führungs- oder Beratungskräfte denken sich im Dialog mit allen Beteiligten einfallsreich neue Gruppierungsformen, Zeitrhythmen und visuelle Kommunikationsformen in einem sich öffnendem Kita-System aus und machen diese transparent.

Ihr gemeinsames Ziel ist, auf vielseitige Weise Stimmungen zu erzeugen, die Begeisterung und Frei-Räume für kreative Denk- und Entwicklungsprozesse freisetzen.

Regisseure – begeisterungsfähige Persönlichkeiten mit Visionen

Die Realität ist, dass sich viele Menschen nur schwer eine andere Situation vorstellen können als die, in der sie sich z.Z. auskennen. Den Satz »das kann ich mir nicht vorstellen«, höre ich öfter in der Kita-Praxis – und er besagt nichts anderes, als dass Angst vor Veränderung die Sichtweise auf etwas Neues behindert.

Als Regie-Führende in Kita-Entwicklungsprozessen muss man sich etwas vorstellen können,

- z.B., dass Kinder, die heute vielerorts ab dem 2. Lebensjahr die Kita besuchen, lernkompetenter sind, als wir das früher über sie dachten;
- z.B., dass alle Menschen Unterschiedliches lernen, obgleich sie ein und dem gleichen Menschen zuhören;
- z.B., dass die Menschen mit ihren sensiblen »Antennen«, also mit Hilfe ihrer sechs Sinne in ihrer umfassenden Sinneswahrnehmung mehr erfassen, als das, was soeben inhaltlich gesagt wurde – sie lernen von Mimik, Tonfällen, Farben, Bewegungen, Stimmungen...

Vielleicht mögen Sie jetzt sagen, »ja, das weiß ich doch!« Aber haben Sie eine Idee davon, welche Folgen dieses Wissen für Sie und für die Praxis haben könnte? Völlig neue Strukturen in Kitas, oder vielfältige Szenarien der Lehrdidaktik könnten daraus entstehen. Revolutionär Anderes würde sich demzufolge in der Zukunft der Pädagogik ereignen.

Es reicht nicht für Sie in Ihrer Funktion als Führungs-, Beratungs- oder Fortbildungskraft, ein weiterführendes Wissen zu haben, sondern es bedarf der Phantasie und Vorstellungskraft, aus diesem Wissen heraus neue, zukunftsweisende Situationen zu visionieren, in denen sich das Neue bereits zeigt. Diese in der Phantasie vorweggenommene Realität hilft Ihnen, Ihre Ziele zu behalten und zu verfolgen, auch wenn die Menschen, mit denen Sie arbeiten, sich schwerlich eine andere Situation als die gegenwärtige vorstellen können. Natürlich werden Sie nicht ihr inneres Bild direkt umsetzen. Es verändert sich im Dialog mit den Menschen. Aber Sie benötigen Ihre Vision als motivierende Kraft für sich selbst und die anderen benötigen Ihre Energie, um sich dem neuen Unbekannten zuwenden zu können.

Machen wir eine kleine Visualisierungsübung: Ich bitte Sie, – bevor Sie weiter lesen – um einen Gedankenspaziergang:

Stellen Sie sich bitte selbst als selbstsicheres, forschendes Kind vor und visualisieren Sie sich ein Kita-Umfeld, in dem Sie leben, spielen und etwas untersuchen wollen…

Können Sie sich für diese Situation begeistern? Entsteht in Ihnen ein Bild einer zukünftigen Kita, in der Sie als Kind mit Begeisterung spielen und lernen würden?

In welchen Situationen entsteht bei Ihnen Begeisterung? Wenn Sie Musik hören? Beim guten Essen? Beim Tanzen? Wenn Sie malen oder werken? Wenn Sie allein in der Natur sind – in welcher Art von Natur? Sind Sie ein sinnenfreudiger Mensch, lieben Sie das Schöne, Anregende, sind Sie manchmal wie von Sinnen? Können Sie sich selbstvergessen einer Tätigkeit hingeben? Wann? Beim Kochen, Schreiben, bei der Gartenarbeit…? Natürlich wissen Sie: es gibt immer Schwierigkeiten, Sie müssen üben, Sie erleiden Misserfolge und Katastrophen, … aber Sie kennen auch die Freude beim Tun, das Hochgefühl, wenn Sie besser werden, die schönste Form finden … oder wenn andere etwas leisten, was Sie begeistert!

Ich frage Sie das, weil ich überzeugt bin, dass Kinder und ErzieherInnen solche Führungskräfte brauchen, die Visionen in sich tragen und mit Leib und Seele etwas gerne tun im Leben.

Der pädagogische Raum – wie die Kita oder die Schule – kann keine PädagogInnen – und erst recht nicht Führungskräfte gebrauchen, die nur dies oder das besser wissen, vielmehr brauchen sie Menschen, die begeistert etwas tun, die eine Vorstellung von einer anderen Lernwelt in sich tragen – und die sich trauen, über ihre Ideen und inneren Bilder sichtbar überzeugend zu sprechen und auch entsprechend zu handeln. Mag sein, dass MitarbeiterInnen ihre Vorgesetzten nicht zu jeder Zeit inhaltlich verstehen können oder wollen – wichtig ist aber, dass sie ihre Begeisterung und Ihr Engagement für Entwicklung spüren, denn diese emotionale Kraft hilft, andere Wege zu gehen und unbekannte neue Werke zu gestalten.

Die Kita–Zeit – Akt 1 bis Akt 3: Anfänge – Entwicklung – Ende

Weder LeiterInnen noch Team-FortbildernerInnen können und müssen die Geschichte(n) aller kleinen und großen Menschen in einer Kita wahrnehmen oder verstehen, sie hätten ja kaum mehr Kapazität frei für die prozessorientiert zu gestaltende Arbeit an einer Entwicklung fördernden Kultur im Gesamten. Lenken sie aber ihr Augenmerk auf die Bedeutung des Zeitaspekts, dann arbeiten sie auf einer institutionsdynamischen Ebene beispielhaft und mit Resonanzwirkung für die Entwicklung jedes einzelnen Menschen.

Für die Regie-Führende geht es dabei

- um Investitionen in Anfangsgestaltungen,
- um das Weiterentwickeln durch Tiefen und Höhen in der zur Verfügung stehenden Zeit und
- um das Beachten der Schlussphase, in der es um die würdigende Begleitung von Übergängen oder von Lösungs- und Abschiedsprozessen geht.

Dieser Weg in drei Schritten, vom Impuls setzenden Einstieg, dann zur begleitenden Entwicklung mit konstruktiven und krisenhaften Zeiten, bis hin zum höhepunktartigen Schlussakt, durchzieht sich in Kitas auf verschiedenen Ebenen:

Da gibt es die Ebene der Kita-Geschichte: Ihr institutionelles Leben von der Zeit ihrer Gründung, Eröffnung und Startphase, gefolgt von ihrer Entwicklungszeit durchzogen von Wandlungsprozessen, bis hin mitunter zu Auflösung, Fusionierung, Gebäudeabriss oder Umwandlung. Diesen Prozess gibt es nur einmal in der Geschichte jeder Kita.

Dann gibt es die Ebene der Kinder und ihrer Familien: Ihr Eintritt in die Kita, die so wichtige Eingewöhnungsphase, gefolgt von der Zeit des Spielens und Lernens – des sich Entwickelns und sich Bildens, bis hin zur Loslösung von der Kita und zur Überleitung in die Schule. Dieser Prozess beginnt für einen Teil der Kinder jährlich neu, meist im Sommer und währt in der Regel über drei bis vier Jahre.

Weiterhin gibt es die Ebene der ErzieherInnen: Ihr neuer beruflicher Start in der Kita, ihre Lebens- und Entwicklungszeit am Arbeitsplatz, dann ihre Kündigung, Pensionierung oder in seltenen tragischen Fällen auch ihr Ausscheiden durch Krankheit oder Tod. Dieser Prozess kann spontan oder geplant zu jeder Zeit beginnen, währt unterschiedlich lang und endet mitunter überraschend.

Auch Supervisions- oder Konzeptionsentwicklungsphasen durchlaufen diesen Rhythmus.

Letztendlich erfahren ihn alle Menschen in ihrer Kita täglich neu: Jedem Morgen folgt der Tagesverlauf mit seinen Rhythmisierungen, bis wir unser Tageswerk abschließen.

Um Veränderungsprozesse erfolgreich zu begleiten, sind RegisseurInnen in Kitas gut beraten, sich mit aller Präsenz auf die Gestaltung von Anfängen zu konzentrieren. Es zahlt sich aus, in jeder Chance des Neu-Anfangs mit aller Wahrnehmung bei sich selbst und bei dem/n anderen zu sein und miteinander Vertrauen aufzubauen, gerade weil hier Verunsicherungen passieren. In dieser Phase arbeiten wir an der Basis für tragfähige Beziehungen und verstärken dabei die Bereitschaft, offen und neugierig zu bleiben. Es gilt, diese besonderen Aspekte zwischen Anfang und Ende in Lebensverläufen von Menschen und Institutionen zu beachten, ihren Wert mit Ritualen zu pflegen und aus ihrer Dynamik letztendlich Energie zur Weiter- und Neuentwicklung zu gewinnen.

Die Kita – eine Bühne für die Entwicklung einer vernetzten Lernkultur

Für die Herausforderungen der kindlichen Lernentwicklungen wäre es sicher das Beste, wenn alle Kinder so viel wie möglich in der freien Natur, vorwiegend im Wald, besser noch in der von der Natur so belassenen Welt spielen und lernen könnten. Es gibt keinen Ort, der ein komplexeres System und damit verbunden die vielfältigsten Chancen für Erfahrungen bereithält, was in mehrfacher Hinsicht unser Gehirn hellwach bleiben lässt. Das erkennen die Befürworter der Wald-Kindergärten völlig richtig.

Wir können es bedauern oder nicht – Fakt ist, dass die meisten Kinder in den künstlich geschaffenen Spielräumen der Kitas ihre lernintensivste Zeit verbringen. Daher sollten wir all unsere Energie aufbringen, um diese für Kinder konzipierte »Spiel- und Lern-Bühne« als offenes System zu begreifen und es in seiner Gesamtheit zu verbessern.

Um Optimierung im gesamten System der Kita zu erlangen, gilt es, die Potentiale dieser Institution zu erkennen, sie zu stärken und sie in ihrer Vernetzungskraft zu sehen und zu nutzen. Die Potentiale können wir auf vier verschiedenen Ebenen lokalisieren – vordergründig gesehen steht jede für sich, aber das Geschehen auf jeder Ebene hat Auswirkungen auf die Ebene der anderen. Ein »Kunstgriff« der Leitungs- und Beratungskraft als RegisseurIn ist es daher, die Kita als Gesamtwirkungsfeld, als komplexe Kultur zu begreifen, in der sowohl

- die einzelnen Menschen, als auch
- die Kommunikationskultur zwischen allen Beteiligten, dazu
- die Gestaltung der Räume – innen wie außen – und
- die Ablaufgestaltungen

behindernd oder konstruktiv ineinander wirken.

Genau das ist auch die Profession des Regisseurs: Er oder sie ist selbst ein Teil des Ganzen und arbeitet sowohl mit den einzelnen Schauspielern, Bühnenbildnern, Lichttechnikern … beeinflusst das Kommunikationsgeschehen zwischen allen Beteiligten, bezieht die Handlungen im Zusammenwirken des Bühnenbildes – des Formen- und Farbenspiels im Bühnenraum ein und inszeniert ein Ablaufgeschehen, das der Interpretation des Spielgeschehens entspricht. Keine der vier genannten Ebenen ist ohne die Beeinflussung durch die anderen Ebenen denkbar.

Im Alltag der Kita fesselt mitunter unsere Sorge die eine oder andere Kindergruppe, dieses eine kritische Elternpaar, jene negativ agierende Erzieherin, die schlechte Akustik … alles das ist völlig normal. Hilfreich wäre es allerdings, dieses isoliert erscheinende Problem nur als Zeichen eines uns oftmals zunächst verdeckten Wirkungsfeldes zu betrachten. Und umgekehrt: gut zu wissen: Die Lösung dieses Problems wird positive Folgen auf den anderen Ebenen nach sich ziehen.

Für eine Leitungs- oder Beratungskraft, die sich als RegisseurIn versteht, ist es eine lohnende Aufgabe, das Gesamt-Wirkungsfeld der Kita so zu begreifen und zu beeinflussen, dass die Sinne der sowohl aktiv agierenden wie der eher passiv miterlebenden Menschen Ermutigungen für schöpferisches Denken und Tun erfahren.

Die Bühne – ein Fest für die Sinne – mit überraschenden Lösungen

Regisseure arbeiten mit ihrem feinfühligen Gespür für Wirkungen im Zusammen-Spiel verbaler und nonverbaler Kommunikation. Ihr Erfolg hängt davon ab, inwieweit sie den Text, die Sprache der Geschichte umsetzen in Geschehen, in ein Gesamtkunstwerk, das an Ausdruckskraft gewinnt mit dem Verweben von Gestik, Mimik, Kostümen, Licht und Farben, Bühnenbildgestaltung, Einsatz von Symbolen, Musik, Geräuschen und Signalen und durch ein ausgeklügeltes Szenario: Wer macht was wann und wo mit wem?

Als entwicklungsbegleitende Führungs- oder Beratungskräfte im Kita-Arbeitsfeld setzen wir – wie schon erwähnt – keine vorgegebene Geschichte um, aber ein Ziel: Die Gestaltung einer Kultur, in der lernbegabte und lernfreudige Kinder leben, die mit ihren hochsensiblen Antennen Signale ihrer Umwelt empfangen, verarbeiten und sie sich auf ihre Weise erklären. Ein »Fest der Sinne« will in erster Linie allen Kindern vermitteln, dass sie willkommen sind, dass wir ihnen vieles zutrauen, dass wir wissen: Jeder Mensch interessiert sich in unterschiedlichen Entwicklungsprozessen und -stadien für etwas anderes, und dass wir Kindern ermöglichen, vieles und noch mehr selbstständig zu tun. Hier ist es die Kunst, sowohl ein anregungsreiches als auch ein zuverlässiges Klima unter allen Beteiligten zu gestalten, in dem das Neugierigsein und das Sich-ausprobieren-dürfen von zentraler Bedeutung sind.

Wo holen wir uns Anregungen für solcherart inspirative Sinnes-Räume? Dort, wo sich auch Regisseure hinbegeben. In der Regel handelt es sich hier um eine Berufsgruppe, die das kulturelle Schaffen in vielen Bereichen, auch international, mit wachen Augen beobachtet. Ich empfehle, dass auch wir uns Anregungen aus der modernen Ausstellungsdidaktik in Museen und Messen holen. Wir könnten auf dekorative Animierungs-Szenarien in anspruchsvollen Kaufhäusern achten. Wenn wir ins Theater, ins Kino oder in die Oper gehen gibt es viele Gelegenheiten, um zu erspüren, wie Stimmungen erzeugt werden. Interessant ist, wie Büromöbelhersteller neue Bürowelten kreieren und flexible Arbeitsprozesse unterstützen. Befassen wir uns mit den Wirkungen von Farben in entsprechenden Einrichtungsbüchern. Lernen wir vom Wissen der Feng-Shui-Berater. Schauen wir z.B., wie wir rollbare Arbeitscontainer aus der Autowerkstatt oder vom Friseur für Lerninseln in der Kita verfremden können. Achten wir in Restaurants auf gefällige Sitzplatzanordnungen. Selbst in modernen Beerdigungsinstituten und in Event-Agenturen findet sich ein inspirierender Ideenreichtum für die Gestaltung neuer Rituale und Erlebnisräume. Besuchen wir Künstler in ihren Ateliers, Handwerker in ihren Werkstätten und gute Köche in ihren Küchen...

Überall dort, wo Menschen schöpferisch tätig sind, erleben wir sowohl funktionale, als auch ästhetische und inspirative Um-Welten. Sie strahlen Kompetenz und Kreativität aus und dienen sowohl dem praktischen Tun der »Meister« als auch ihrer Ideenfindung.

Ermutigen wir uns, die Begrenztheit des uns bekannten pädagogischen Denkens zu überwinden und erinnern wir uns, dass Lernen im elementaren Sinn eine Welt-Erkundung ist. Sie bereichert nicht nur die Kinder – sondern eben auch uns.

Die Mitwirkenden – sie fördern durch Fordern – Achtung: Grenze

Mitwirkende bei der Kita-Entwicklung sind Kinder, ErzieherInnen, Eltern und Trägervertreter. Aber damit Kinder, Eltern und Trägervertreter mitwirken dürfen und können, benötigen sie ErzieherInnen, die selbstbewusst und kompetent auftreten, die über das, was sie mit Kindern tun, in der Öffentlichkeit sprechen können. Um Partizipationsprozesse zu begleiten, braucht es selbstsichere ErzieherInnen, die offen für Veränderungen sind, moderieren können und Kritik als Chance für Lösungen begreifen.

Hier liegt in der Regel ein Problem, das auf lernbiografische Ursachen zurückzuführen ist: Möglicherweise wählten viele ErzieherInnen ihren Beruf aus dem Erleben von Abwertungen in eigener Kindheit heraus, und unbewusst suchen sie sich den Ort der Kita, um sich zukünftig vor Kritik und weiteren Ohnmachtserfahrungen zu schützen. Viele ErzieherInnen waren z.Z. ihrer Ausbildung zu jung, um ihre Demütigungen im Zusammenhang mit Lernerfahrungen aufzuarbeiten.

Für die Gestaltung einer Kultur, in der Kinder positive Lernerfahrungen machen, braucht es Erzieherinnen, die selbst neugierig sind und die sich mit wachem Geist in Prozesse begeben, die von Kindern und Eltern mit beeinflusst werden.

In den Kitas brauchen wir keine ErzieherInnen, die in allen Bildungsbereichen fit sein müssen, aber wir benötigen PädagogInnen mit unterschiedlichen Interessensgebieten und Neigungen. Im besten Fall spezialisieren sich in einem Team manche PädagogInnen für Mathematik, Musik und Tanz, andere für Technik und Handwerken, die nächste für Literatur und Kunst, eine weitere für verschiedene Kulturen und Gebräuche, auch für Religionen … aber alle verstehen sich als LernbegleiterInnen für kleine Forscher.

Ähnlich der Arbeit eines Regisseurs gilt es, als guter Coach ErzieherInnen in der Praxis zu begleiten, damit sie wieder Vertrauen in ihre eigene Lernkompetenz gewinnen. Jede ErzieherIn kann mehr als sie denkt. Unsere Aufgabe ist, die mitunter verborgenen Schätze der PädagogInnen zu heben, herauszufinden, wofür sie sich interessieren, mit ihnen Fachliteratur zu lesen, Filme anzuschauen, Museen und andere Kitas zu besuchen, Aufgaben und Verantwortlichkeiten zu verteilen.

ErzieherInnen brauchen Herausforderungen, um in Dienstbesprechungen und während interner Fortbildungstage in Kleingruppen zu lernen, ein Ergebnis zu präsentieren, mit kreativen Techniken etwas darzustellen. Es ist richtig, Erwartungen auszusprechen, Lob und Kritik. Freuen wir uns mit den KollegInnen, wenn eine Leistung gut gelungen ist.

Anstrengend ist diese Art der Mitarbeiterführung, bei der wir oftmals mit Versagensangst und Widerständen der Erwachsenen umgehen müssen. Anstrengend deshalb, weil es eine Gratwanderung ist, von den MitarbeiterInnen mehr zu erwarten, als sie sich selbst zutrauen oder zumuten würden. Das meint die Aussage in der Überschrift: Achtung Grenze: Mit guter Beobachtung und inspirativen Herausforderungen zu arbeiten, damit eine Erzieherin über den besagten Tellerrand hinausschaut, weiter, als sie von sich aus schauen würde. Aber auch zu akzeptieren, wenn jemand Beschränkungen als Sicherheit benötigt.

Es gilt – immer wieder: die Stärken stärken, um die Schwächen zu schwächen!

Die Ablauforganisation – über Rhythmisierung und Transparenz

»Wer Rhythmus lernt, der lernt auch Disziplin« – dies ist eine Aussage des Dirigenten Daniel Barenboim, der sich gegen musikalische Erziehung in Kindergärten ausspricht, aber für die Erziehung zum Menschen durch die Musik. Rhythmus gibt Halt und Schwung zugleich; Rhythmus charakterisiert nicht nur die Musik, Rhythmus ist ein Strukturzeichen, ein vielfältiger Takt in allem Lebendigen.

Wollen wir der Selbst-Bildungskompetenz von Kindern vertrauen und ihre Fähigkeit fördern, eigentätig zu lernen, dann brauchen die Lernenden in ihrer Bildungsinstitution einen strukturierenden Rhythmus, der lebendiges Lernen unterstützt – und das bedeutet immer eine Balance-Findung zwischen Orientierung und Freiheit, oder zwischen Anspannung und Entspannung.

Die Art unserer Struktursetzung in Kitas, der Rhythmisierung im Tagesablaufgeschehen, setzt immer Normen für das was möglich sein darf oder eben nicht. In Kitas haben wir es mit einer komplexen Organisationsform zu tun, in der Kinder, Eltern und ErzieherInnen unterschiedliche

Bedürfnisse zum Ausdruck bringen. Wer von Selbst-Bildung spricht, aber über weite Zeiten des Tages Kinder in einer Gruppe festhält, hat eine Zeit- und Organisationsstruktur geschaffen, die eine Selbst-Bildung verhindert.

Es ist eine Kunst, in einem offenen Kita-System sowohl Orientierungspunkte zu setzen, als auch weite Zeiträume für freies Spielen, Lernen und Arbeiten zu ermöglichen. Kinder brauchen Rituale, die verlässlich, wiederholend gelebt werden. Es ist kein Widerspruch, dass sie sich innerhalb von Fixpunkten frei bewegen und sich auf Verschiedenes einlassen können. Und jeder von uns weiß, wie bedeutsam das Einhalten von Pausen ist. In der Pause steckt die Energie für das Kommende.

Es passt durchaus in ein offenes Kita-System, dass sich täglich zur gleichen Zeit immer die gleichen Menschen am selben Ort in einer Gruppe treffen, um sich dort gut wahrzunehmen, Wichtiges zur Tagesablaufplanung mitzuteilen, miteinander Lieder zu singen, Neues einzuüben... Diese Zeit braucht nicht lang sein, nicht länger als eine halbe Stunde, aber verlässlich muss sie wiederkehren. Und es macht durchaus Sinn, wenn alle Kinder einer Kita über ca. zwei Stunden hinweg nach freier Wahl und parallel in verschiedenen Räumen dieses und jenes spielen und lernen, – sie dann aber z.B. ihren festen Platz beim Mittagessen einnehmen.

Voraussetzung zur Selbst-Bildung und freien Bewegung in allen Räumen, ist eine hohe Informationstransparenz, damit Kinder und Erwachsene innerhalb der Kita handlungsfähig bleiben. Wir brauchen in den Orten, wo kleine Menschen leben, die nicht lesen können, eine Symbolsprache, eine Form von Piktogrammen, oder auch Klänge und Signale, die Kindern helfen, sich zu orientieren und zu organisieren.

Zeit- und Ablauforganisationen, aber auch die Zeichen visueller Kommunikation sind die inneren Taktgeber im komplexen Zusammenspiel der Kita.

Die Nachhaltigkeit – von der Stimmigkeit im Detail

Je selbständiger ErzieherInnen und Kinder sind, umso eher funktioniert auch das innere Kontrollsystem. Das heißt, die Beteiligten spüren es, wenn etwas nicht mehr klappt, es langweilig wird, eine Idee nicht realisiert wird. Sie melden sich und tragen Lösungen für das Problem vor. Erleben wir solch eine Rückmelde-Kultur, können sich alle Beteiligten freuen, denn das Ziel, mit wachen, lernfreudigen Menschen zu arbeiten, ist erreicht.

Aber eine Kita ist eine lebendige Organisation. Da gibt es Krisen, da gibt es auch das Phänomen des »Eingespielt-Seins«, was zur Routine verkommen kann oder zu einer Form von Eigenwilligkeit führt, die man nicht mehr tolerieren will oder darf. Hier sind wir wieder in unserer Rolle als Regie-Führende gefragt, denn es ist unsere Verantwortung, dass die Qualität der Lernkultur erhalten bleibt. So wie ein Theaterregisseur daran interessiert sein muss, dass die x-te Aufführung noch der Qualität der Premiere entspricht, so ist es unsere Verantwortung, dass die Zeichen einer lernenden Kita immer einen entsprechenden Resonanzboden für lernende Kinder bieten.

Es gilt, sich selbst und allen Beteiligten in der Kita immer wieder Fragen zu stellen, z.B.:

- Klingt in unserer Sprachkultur der Ton von Wertschätzung und Ermöglichung?
- Verstehen Kinder immer die vier W's: Wer, Wo, Wann, Was?
- Zeigt die Gesundheit unserer Pflanzen, dass wir für alles Lebendige aufmerksam sind?
- Sind die Schränke so eingerichtet, dass Kinder alles selbsttätig finden?
- Gestalten meine Mitarbeiter/innen ihre Pause so, dass sie sich erholen?
- Erkennen Eltern im Eingangsbereich, woran Kinder z. Zt. interessiert sind?
- Ist mein Büro in einem Zustand, dass ich mich darin wohl fühle?
- Komme ich selbst dazu, in Ruhe meine Arbeit zu erledigen?
- Woran erkennen wir, dass wir uns von Unnötigem getrennt haben?
- Was macht mich in meiner eigenen Kita neugierig?

Alle Gedanken materialisieren sich an Zeichen der Umgebung, die besten Absichten lassen sich nicht realisieren, wenn die Umgebung eine andere Botschaft ausstrahlt.

Aus dem Gesagten entsteht ein hoher Anspruch! Ich hoffe, dass diejenigen, die mehr Geld für Bildung ausgeben wollen, damit auch meinen, dass alle Leitungskräfte in Kitas freigestellt sein müssen und jede Unterstützung zur Qualifizierung und Entlastung benötigen. Leitung in Kitas ist keine Verwaltungsarbeit, sondern Regie-Führung für Entwicklungs- und Lernprozesse.

Eine Leiterin aus einer Stuttgarter Einstein-Kita formulierte zum Ende eines Seminars ihre eigene Vorstellung von Regie-Führung: Sie sagte sinngemäß:

»Das Wichtige, aber auch das Anstrengende an der Regie-Führung ist für mich, täglich durchzutragen, dass eine motivierende Stimmung erhalten bleibt«.

Abschließen möchte ich mit folgender Bemerkung: Regie-Führung heißt auch, sich zurückzunehmen, wenn die Akteure im Theater den Erfolg für ihre Leistung genießen – und zu wissen, dass sie sich aufgrund der Spiegelung zu der Art ihrer Arbeit so kompetent und eigenwillig entwickeln konnten.

Literatur

Bauer, Joachim (2004): Das Gedächtnis des Körpers. Wie Beziehungen und Lebensstile unsere Gene steuern. Frankfurt

Bauer, Joachim (2005): Warum ich fühle, was du fühlst – Intuitive Kommunikation und das Geheimnis der Spiegel-neurone. Hamburg

Das Netz (2002): Sinn und Sinnlichkeit vernetzter Systeme, Katalog. Frankfurt

Diskowski, D.; Hammes-Di Bernado, E. (Hrsg.) (2004): Lernkulturen und Bildungsstandards, Kindergarten und Schule zwischen Vielfalt und Verbindlichkeit, pfv-Jahrbuch 9

Gisbert Kristin (2004): Lernen lernen – lernmethodische Kompetenzen von Kindern in Tageseinrichtungen fördern. Weinheim

Hansen, Katrin (2001): Zeit- und Selbstmanagement. Berlin

Hochreiter, Gerhard (2006): Choreografien von Veränderungsprozessen – die Gestaltung von komplexen Organi-sationsentwicklungen. Heidelberg

Hollmann, E.: Damit sich mehr vom Selbst bildet…, abzurufen unter www.elisabeth-hollmann.de

Hollmann, E.: Die Kita lernt (sich kennen)! Wie ein Konzeptionsentwicklungsprozess ein Team weiterbringen kann. In: Theorie und Praxis der Sozialpädagogik, Heft 2/2005, S. 10-15

Hollmann, E. (2005): Zur Überwindung der »Zimmer-Pädagogik« in Kitas! Oder: 5 Gründe, warum eine vernetzte Lernkultur Kindern optimale Bildungschancen bietet. Unveröffentlichter Text

Hüther, Gerald (2003): Wie aus Stress Gefühle werden, Betrachtungen eines Hirnforschers. Göttingen

Kruse, Peter (2004): next practice – Erfolgreiches Management von Instabilität, Veränderung durch Vernetzung. Offenbach

Laewen, H.-J.; Andres, B. (2002): Bildung und Erziehung in früher Kindheit. Weinheim

Laewen, H.-J.; Andres, B. (2002): Künstler, Forscher, Konstrukteure. Weinheim

Lill, Gerlinde (2006): Einblicke in offene Arbeit. Weimar, Berlin

Miller, Tilly (2001): Ressourcenmanagement in der Kita – Kräfte mobilisieren durch Teamarbeit, Öffentlichkeitsarbeit und Netzwerkarbeit. München

Ott-Hackmann, Harald: Die systemische Kita. In: Betrifft KINDER, Heft 12/2006

Rauchhaupt, U. v. (2005): Wittgensteins Klarinette, Gegenwart und Zukunft des Wissens. Berlin

Räume bilden: Architektur und Design für junge Kinder, Themenheft »Kinder in Europa«, Ausgabe 8, Heft 1/2005

Schmidt, Siegfried J. (2005): Lernen, Wissen, Kompetenz, Kultur – Vorschläge zur Bestimmung von vier Unbekann-en. Heidelberg

Schiffer, Eckard (2001): Wie Gesundheit entsteht – Salutogenese: Schatzsuche statt Fehlerfahndung. Weinheim

Themenheft: Lernkultur von ErzieherInnen, TPS, Heft 8/ 2005

Tomaschek, Thomas (Hrsg.) (2006): Systemische Organisationsentwicklung und Beratung bei Veränderungsprozessen. Heidelberg

Voß, R. (Hrsg.) (2005): Lernlust und Eigensinn. Systemisch-konstruktivistische Lernwelten. Heidelberg

5

Wie viel Anleitung und Selbstbildung darf man Kindern zumuten?

Quergedanken

5.1 Zutrauen statt zumuten

Gerd E. Schäfer

Der Begriff der Zumutung hat im alltäglichen Sprachgebrauch (vgl. Duden) einen im autoritären Sinn missverstehbaren Beigeschmack, der den Intentionen von Bildungs- und Erziehungsprozessen, so wie ich sie professionell verstehen möchte, widerspricht. Natürlich distanzieren sich sowohl Hajo Laewen als auch Gerlinde Lill, die diesen Begriff verteidigen, von diesem Sinn. Dennoch führt die Verwendung des Begriffs Zumutung zu Zweideutigkeiten und Unklarheiten, die entgegen den Absichten der Verteidiger dieses Begriffs ein partizipatorisches Erziehungs- und Bildungsverständnis untergraben.

Zumuten bedeutet, dass ich etwas von jemandem erwarte, auch wenn er selbst damit nicht explizit oder implizit einverstanden ist. In dieser Form ist Zumuten kein Begriff, der für das Repertoire einer Pädagogik taugt, die sich im weitesten Sinn der gleichwertigen Partizipation des Kindes an der Gesellschaft wie auch an seinem Erziehungs- und Bildungsprozess verschreibt (auch beim eigenen Bildungsprozess kann man daran gehindert werden, sich mit allen seinen Möglichkeiten zu beteiligen). Zumuten ist damit nichts, was in den Bereich des intendierten oder planbaren pädagogischen Verhaltens fällt. Das Leben, die Umstände, Glücks- oder Unglücksfälle muten uns so manches zu. Zumutungen ereilen uns schicksalhaft. Weder Pädagogik noch Erziehungswissenschaft haben ein Können und Wissen, das es erlauben würde, Schicksal zu spielen.

Es gibt für mich drei wichtige Gründe, den Begriff des Zumutens als pädagogischen Begriff abzulehnen und ihn durch den Begriff der Herausforderung zu ersetzen; denn Zumutung ist nicht einfach eine Steigerung von Herausforderung, sondern spitzt das traditionelle Lernverständnis noch einmal zu.

Pädagogik ist Verständigung

- Pädagogik ist der Versuch, sich mit Kindern über ihren Lebensweg, über ihre (notwendigen) Entwicklungs- und Bildungswege zu verständigen. Verständigung – sei es auf verbalen oder nicht verbalen Wegen – ist die wichtigste und grundlegendste professionelle Handlungsweise, die dem Kind eine Partizipation an seinen sozialen und individuellen Möglichkeiten erlaubt.
- Verständigung setzt die Gleichwertigkeit der Partner voraus, die sich verständigen. Gleichwertig ist nicht gleich. Erwachsene und Kinder sind unterschiedlich, haben unterschiedliche Macht und unterschiedliche Rollen. Das muss nicht verleugnet werden, sondern ist einzubeziehen, wenn Partizipation überhaupt zustande kommen soll. Gleichwertigkeit im Verständigungsprozess zwischen Kindern und Erwachsenen kann nämlich nur erreicht werden, wenn sie von den Erwachsenen zunächst unterstellt wird. Das bedeutet, Erwachsene

schaffen einen Rahmen, in dem Kinder ihre eigenen Möglichkeiten weitestgehend einsetzen können; sie schaffen einen Rahmen, in dem die Kinder die Möglichkeit haben, ihre eigene Sicht der Dinge im Dialog zu äußern; sie schaffen aber auch einen Rahmen, in dem sie auf die Stimmen der Kinder hören können. Gleichwertigkeit kann also nur da tendenziell erreicht werden, wo die Erwachsenen die Bedingungen schaffen, die Kinder benötigen, um sich gemäß ihren eigenen Kräften zu beteiligen.
- So gesehen, ist bereits der Prozess des Stillens ein Verständigungsprozess, in dem sich Mutter und Baby über das Saugen und seine Rahmenbedingungen einig werden. Auch hier schafft die Mutter einen Rahmen, in dem sich das Kind dem Saugen selbst zuwenden und es zusammen mit der Mutter regulieren kann.
- In Prozessen der Erziehung und Bildung auf allen Alterstufen gibt es aus meiner Sicht keinen Grund – außer in unplanbaren Notsituationen –, den Prozess der Verständigung prinzipiell auszusetzen oder in Frage zu stellen. Es gibt genügend Situationen, in denen er aus vielerlei Gründen nicht gelingt und es notwendig wird, die Bedingungen für seine Wiederaufnahme neu zu schaffen, in denen man aus Fehlern lernen muss.

Zumuten setzt diesen Verständigungsprozess aus, gibt dem Kind nicht die Möglichkeit, mit eigenen Vorstellungen gleichwertig auf das zu antworten, was ihm »zugemutet« wird. Das Aussetzen dieser Verständigungsprozesse gehört sicher zum schmuddeligen pädagogischen Alltag. Man braucht professionelles Können und Wissen, um mit diesen pädagogischen Aussetzern umzugehen. Aber es ist selbst kein Teil pädagogischer Professionalität.

Lernen ist Weiterlernen

- Wenn ein Kind laufen lernt, dann bringt ihm niemand das Laufen bei. Vielmehr: Es hat sich vom Krabbeln hochgezogen und kann bereits stehen. Es hat schon viele Versuche unternommen, einen festen Stand zu gewinnen, so dass es ziemlich sicher ist. Nun versucht es, ein Beinchen irgendwie und noch ungeschickt nach vorn oder zur Seite zu bewegen. Erst jetzt ist es sinnvoll, das Kind so zu halten, dass es – im Moment oder ein wenig später – einen ersten Schritt tun kann. Ohne diesen Kontext umfangreicher Vorerfahrungen, ohne bereits vorhandenes Können wäre es unmöglich, Laufen zu lernen.
- Wenn Kinder das erste Mal Mama sagen, dann haben sie schon Tausende von Situationen mit Mama erlebt. Sie haben diese Situationen in Typen unterteilt: Mama, die mich am Morgen windelt, Mama, die mir eine Geschichte erzählt, Mama, die mit mir im Kinderwagen in den Park geht, Mama, die mich badet. Alle diese Situationen sind als erlebte Handlungsmuster vorhanden. Das Wort Mama hätte keinerlei Bedeutung, wäre nur Silbengeplapper, wenn sich die Silben nicht mit diesen Erfahrungen verbinden würden. Das Wort Mama wird also nur als sinnvolles Wort gelernt, wenn es einen Erfahrungskontext von Mama gibt, der damit bezeichnet werden kann. Das Lernen von Wörtern besteht also nicht nur aus dem Erwerb eines neuen Wortes, sondern aus der Verbindung dieses Wortes mit einem bereits vorhandenen Erfahrungskontext. Ohne diesen Kontext bliebe das Wort bedeutungslos.
- Kinder können schon immer etwas. Wenn sie auf die Welt kommen, dann sind sie vorbereitet, mit anderen Menschen in Kontakt zu kommen, mit ihren Sinnen die Wirklichkeit zu erfassen und mit ihren Bewegungen die Welt

Schritt für Schritt zu erobern. Sie lernen vom ersten Tag an, indem sie das, was sie können, gebrauchen, um etwas von der Welt zu erfahren. Indem sie ihr Können nutzen, es für ihre Welterkenntnis einsetzen, erweitern sie dieses Können und Wissen, auch wenn das Wissen dabei noch unbewusst bleibt und nicht mit dem Wissen von Erwachsenen vergleichbar ist. Sie lernen hinzu, weil jede neue Situation ihr altes Können und Wissen verändert.

- Dabei geht es nicht nur um bestimmte »Domänen«, abgrenzbare Bereiche des Könnens und Wissens wie zum Beispiel das Erfassen von visuellen Wahrnehmungen. Vielmehr verändert sich das ganze In-der-Situation-Sein durch die neuen Erfahrungen. Das ganze Skript einer szenischen Erfahrung wird umgeschrieben – von den sensorischen Wahrnehmungen über das motorische Handeln und die beteiligten Denkprozesse bis hin zu den emotionalen Bewertungen. Dem kommt entgegen, dass die kleinen Kinder auch ihre sensorischen Wahrnehmungen nicht trennen, sondern von vorneherein visuelle, akustische und Körperempfindungen sowie emotionale Wahrnehmungen als eine einheitliche Erfahrung erfassen.
- Lernen bezieht sich also nicht nur auf das, was gelernt werden soll. Es geht von einem Kontext aus vorhandenem Können und Wissen aus. Aus dieser Perspektive erscheint Lernen als ein Weiterlernen. Für die Unterstützung von kindlichen Lernprozessen ist es daher notwendig, nicht nur zu »wissen«, was das Kind noch nicht kann, sondern sich mit den Kontexten vertraut zu machen, die dem kindlichen Lernen jeweils zugrunde liegen.

Zumuten jedoch nimmt keine Rücksicht auf bereits vorhandenes Können der Kinder, setzt es voraus, ohne es nachzufragen. Es verlangt die Umorganisation dieses Könnens auf Anforderung. Auch diese Bereitschaft wird dem Kind einfach unterstellt. Mit dem Begriff des Zumutens gewinnt ein traditionelles Lernverständnis die Oberhand, in dem ausschließlich die rezeptiven Aspekte des Lernens angesprochen und eingefordert werden.

Lernen aus Erfahrung ist Einschränkung und Differenzierung

- Wenn das Neugeborene zum ersten Mal ein Gesicht sieht, wird es davon gleichsam magisch angezogen. Es ist auf das Gesichtsschema vorbereitet. Im Laufe des ersten Lebensjahres wird es dieses Schema immer weiter verfeinern, bis es die Gesichter der vertrauten Personen von denen fremder Personen klar unterscheiden kann. Es geht aus von einem groben, undifferenzierten Schema, das auf viele Gesichter reagiert. Selbst als Erwachsene entdecken wir mit großer Leichtigkeit Gesichter in unstrukturierten Bildern, zum Beispiel in Wolken. Das Lernen besteht in einer Differenzierung dieses Schemas. Immer mehr Einzelheiten finden darin Platz, die Gesichter individuell machen. Gleichzeitig ordnet aber das Schema die individuellen Differenzen so, dass es Gesichter bleiben. Diese Differenzierung zu immer individuelleren Gesichtswahrnehmungen schränkt das Gesichtsschema immer mehr ein und spezifiziert es für Einzelfälle.
- Ein Kind sagt Wauwau. Die Eltern aber sehen ein Pferd. Für das kleine Kind, dem sein Wauwau vertraut ist, steht dieser zunächst einmal für alles, was vier Beine, Schnauze und Schwanz hat. Je mehr es seine Wahrnehmung im täglichen Leben differenziert, desto mehr wird es der feineren Unterschiede gewahr, die sich dann zu

den Kategorien Katzen, Pferde, Mäuse und dergleichen mehr zusammenfügen. Die Wahrnehmung wird immer mehr vom groben Bild vierbeiniger Wesen eingeschränkt auf unterschiedliche Kategorien vierbeiniger Wesen. Indem der Blick immer differenzierter und spezieller wird, nehmen die Kategorien zu, die unterschieden werden können.

- Beim Erlernen der Grammatik der Sprache gehen kleine Kinder in ähnlicher Weise vor: von Wörtern, die einen ganzen Satz bedeuten – zum Beispiel: haben = ich will jetzt ganz schnell die Puppe haben, die du in der Hand hältst –, bis zu Zweiwort-, Dreiwort- und schließlich individuell ausformulierten Sätzen. Oder Kinder entdecken die Vergangenheitsbildung: Ich habe gelesen, geträumt, geschlafen. Sie machen daraus: Ich habe getut. Erst in dem Maße, in dem ihnen die Regel der regulären Vergangenheitsbildung vertraut wird, haben sie Kapazitäten frei, die Ausnahmen zu entdecken und sie in ihren Sprachschatz aufzunehmen. Auch hier geht also der Weg vom Allgemeinen durch Differenzierung von Wahrnehmung zum Besonderen: Lernen ist Differenzierung und Einschränkung von bekannten Mustern, nicht einfach Übernahme von Neuem.
- Genauso gehen wir Erwachsene vor, wenn wir etwas Neues erfahren: Unsere Erfahrung ist zunächst grob und undifferenziert. Je mehr wir mit dem Neuen vertraut werden, desto mehr nehmen wir Feinheiten oder Unterschiede wahr und können sie einordnen. Experte sein heißt, auf einem Gebiet viele Differenzierungen und Unterscheidungen kennen und ordnen können. Zum Experten wird man durch immer genauere Wahrnehmung der feineren Unterschiede.
- Differenzierung der Erfahrungen durch Einschränkung schließt das Kontextwissen ein.

Zumuten hingegen bleibt gleichgültig gegenüber Verweilen, Vertiefen und Differenzieren, sieht nur die Lernaufgabe, nicht das Kind im individuellen Zustand seiner Erfahrungsbildung, nicht die Prozesse seiner Anstrengungen und Differenzierungen. Es gibt keine Gelegenheit, den eigenen Erfahrungshorizont einzuschränken und dabei das Besondere herauszufinden. Es hat schon gefunden und mutet dem Kind zu, sich das bereits Herausgefundene anzueignen. Auch unter diesem Aspekt vertritt der Begriff des Zumutens traditionelles Lernverständnis im Sinne von Übernahme.

Zutrauen

Der Begriff des Zumutens ist ein Überbleibsel aus einer traditionellen Lernpädagogik, die sich für den Beitrag des Kindes zu seinen Bildungs- und Lernprozessen nicht wirklich interessiert. Er hat keinen Platz in einer Pädagogik, die Bildung als einen Prozess ansieht, in dem sich das Kind in der Auseinandersetzung mit Aufgabenstellungen seiner Umwelt selbst engagiert, sich um Erfahrungen, Weiterlernen und Differenzierungen bemüht, seinen Bildungsprozess als forschendes Fragen so weit wie möglich vorantreibt und in diesem Bemühen von den Erwachsenen unterstützt und herausgefordert wird.

Herausforderung ist der Begriff, der den Beitrag der Erwachsenen am besten beschreibt, wenn es darum geht, deutlich zu machen, dass Kinder lohnende Aufgaben brauchen, an und mit denen sie wachsen können. Herausforderung lässt einerseits einen Anspruch erkennen, den Erwachsene formulieren, lässt dem Kind aber einen Entscheidungsraum, in dem es sich zu dem verhalten kann, was ihm zugedacht wird. Verständigung gibt dem Kind den größtmöglichen Raum zu selbst bestimmten Bildungswegen.

Herausforderungen sind Aufgabenstellungen der Erwachsenen, die über den augenblicklichen Wahrnehmungshorizont des Kindes hinausgehen mögen. Sie setzten aber den Verständigungsprozess nicht außer Kraft, der notwendig ist, dass Kinder diese Herausforderungen auch annehmen.

Der Begriff der Zumutung suggeriert, dass eine solche Verständigung über Herausforderungen im Einzelfall nicht notwendig sei. In dieser Form ist für mich Zumutung kein professionell pädagogisches Verhalten. Erträglich sind Zumutungen allenfalls als unplanbares Lebensereignis und damit außerhalb professionellen pädagogischen Handelns. Dem Zumuten stelle ich daher das Zutrauen entgegen. Es traut zu, weil es ein Wissen von den jeweiligen Kräften der Kinder enthält, ihre Möglichkeiten vorausschauend einschätzt und ihnen vertraut. Zutrauen ist Teil des Verständigungsprozesses mit Kindern. Zutrauen hat man in Kinder, die man kennt und die man notfalls auffangen kann, wenn sie wider Erwarten scheitern sollten. So gesehen, ist Zutrauen das positive Spiegelbild von Zumuten.[1]

1 Der Text ist erschienen in »Betrifft KINDER«, Heft 12/06, Verlag das netz, und wurde mit freundlicher Genehmigung des Verlages abgedruckt.

5.2 Der Begriff der Zumutung als Herausforderung für die Pädagogik

Hans-Joachim Laewen

Vorab und ohne Vorbehalte: Das Ringen um die Bedeutung von Begriffen ist legitim, ja notwendig. Sie sind ein »Handwerkszeug« des Denkens und gewinnen ihre konkreten Bedeutung einerseits durch die Kontexte, in denen sie benutzt werden, andererseits sind sie Ergebnis von Aushandlungsprozessen, Vereinbarungen dazu, was mit einem Begriff bezeichnet werden soll.

Gerd Schäfer empfindet Unbehagen bei der Verwendung des Begriffs »Zumutung« im pädagogischen Zusammenhang und begründet sein Votum, den Begriff wegen seiner negativen Anklänge an Prinzipien einer autoritären Pädagogik nicht mehr zu gebrauchen. Im unserem frühpädagogischen Handlungskonzept verwenden wir den Zumutungs-Begriff in einem spezifischen Zusammenhang (Stichwort: »Zumutung von Themen«, vgl. Fußnote 1) und ich werde hier Argumente vorstellen, die aus meiner Sicht dafür sprechen, den Begriff beizubehalten, wenn auch nicht in seiner Alltagsbedeutung.

Pädagogik ist weitgehend auf den Gebrauch von Begriffen angewiesen, die auch in der Alltagssprache Verwendung finden. Dabei können die Bedeutungen, die Begriffe in der Alltagssprache haben, in der Regel nicht ohne Weiteres in die Fachsprache übernommen werden, ohne sie für den Gebrauch in fachlichen Zusammenhängen zu präzisieren.

Insofern kann und muss sich die Sprache der Pädagogik von der Alltagssprache unterscheiden, wobei sie – beabsichtigt oder nicht – die Alltagsbedeutungen der verwendeten Begriffe als unvermeidliche Fracht mit sich führt. Letzteres sollte jedoch nicht dazu führen, Begriffe schon deshalb vom fachlichen Gebrauch auszuschließen, weil sie im alltäglichen Gebrauch Anklänge an unerwünschte Bedeutungen haben. Für einen solchen Schritt bedürfte es m. E. eines zwingenden Grundes.

Schäfer hat einen solchen zwingenden Grund offensichtlich darin gefunden, dass »Der Begriff des Zumutens (...) ein Überbleibsel aus einer traditionellen Lernpädagogik (ist), die sich für den Beitrag des Kindes zu seinen Bildungs- und Lernprozessen nicht wirklich interessiert. (S. 187)«. Nun hätte ich doch den einen oder anderen Hinweis erwartet, welcher der traditionellen Lernpädagogen den Begriff auf welche Weise verwendet hat, und sei es nur, um den Blick für die Kontexte zu schärfen, in denen der Begriff benutzt wurde.

Er fand es dennoch für seine Zwecke ausreichend, sich auf den Duden zu berufen und dem Begriff einen »im alltäglichen Sprachgebrauch (...) im autoritärem Sinn missverstehbaren Beigeschmack« (S. 184) zuzuordnen. Ich will hier gar nicht bestreiten dass ein solcher Zusammenhang existiert. Aber ist diese Bedeutung des Begriffs die einzig mögliche, so dass seine Entsorgung »aus dem Bereich des intendierten oder planbaren pädagogischen Verhaltens« (S. 184) gerechtfertigt wäre?

Ich werde in meiner folgenden Argumentation schon aus

Platzgründen nicht auf alle Aspekte eingehen können, die Schäfer zur Begründung seiner Haltung zum Begriff der Zumutung angeführt hat. Auch will ich ihm gar nicht in jedem Punkt widersprechen, aber dennoch scheint mir der Zumutungsbegriff nach wie vor auch für eine zukunftsfähige Pädagogik von Bedeutung zu sein, wenn die Position und die damit verbundene Verantwortung der Erwachsenen nicht diffus werden sollen.

»Zumuten bedeutet, dass ich etwas von jemandem erwarte, auch wenn er selbst damit nicht explizit oder implizit einverstanden ist.« (S. 184) Dem entgegen setzt Schäfer die Verständigung und formuliert mit Blick auf die Pädagogik: »Pädagogik ist der Versuch, sich mit Kindern über ihren Lebensweg, über ihre (notwendigen) Entwicklungs- und Bildungswege zu verständigen.« (S. 184).

Vorsichtshalber wende ich an dieser Stelle ein, dass solche Verständigungsprozesse in erster Linie und mit größerem Gewicht eher zwischen Eltern und ihren Kindern stattfinden. Nicht ohne inneren Zusammenhang dazu sind denn auch die Beispiele, die Schäfer anführt, aus dem Mutter-Kind-Bereich entlehnt. Wenn Pädagogik sich jedoch als Profession nicht selbst aufgeben will, dann wird sie für das, was zwischen Eltern und ihren Kindern vor sich geht, – so bedeutsam es auch sein mag für die Bildungschancen der Kinder – andere Begriffe verwenden müssen. Denn Pädagogen sind Eltern per se nicht und verhalten sich gegenüber ihren Kindern auch nicht als solche.

Aber selbst wenn auch die Erzieherinnen in Kindertageseinrichtungen ihre professionelle Arbeit vornehmlich als Verständigung mit dem Kind verstehen würden: Diese Definition von Pädagogik würde zu kurz greifen, wie im Übrigen auch schon die Interaktion zwischen Mutter und Kind nicht zumutungsfreie Verständigung sein kann.
Kinder, so schreibt Schäfer zu Recht, die das erste Mal Mama sagen, »haben diese Situationen in Typen eingeteilt: Mama, die mich am Morgen windelt, Mama, die mir eine Geschichte erzählt, Mama, die mit mir im Kinderwagen in den Park geht, Mama, die mich badet.« (S. 185) Aber hat Mama mit dem Kind ein Einverständnis über das Baden, über den Park, den Inhalt der Geschichte und das Windeln erzielen können, ohne es erst einmal zu tun? Ohne diese Erfahrungen dem Kind zumindest bei den ersten Malen – horribile dictu – zuzumuten?

Ohne die Beispiele, die Schäfer hier anführt, in ihrer Reichweite allzu sehr belasten zu wollen, liegen doch einige Fragen auf der Hand: Dürfen erste Erfahrungen, von denen Eltern oder Erzieherinnen glauben, dass sie dem Kind gut tun können, nicht zugemutet werden? Müssen sie es nicht geradezu, da vor der ersten Erfahrung kein Einverstehen möglich ist? Und ist der Begriff nicht (als einziger?) zutreffend, da das Kind dem Bad, der Geschichte, dem Park und dem Windeln ausgesetzt war, ohne zuvor gefragt worden zu sein? Konnte Verständigung nicht erst über seine Reaktion auf das Zugemutete sich entfalten? Setzt das, was einen Dialog ausmacht, nicht die Zumutung des Anfangs voraus?

Natürlich bliebe Schäfer im Recht, wenn die Zumutung alles bliebe, was dem Kind angetragen würde. Damit die Zumutung ein Anfang für Verständigung sein kann, muss ihr das Gespräch folgen – in welchen der 100 Sprachen Reggios auch immer – und im Gespräch muss die Reaktion des Kindes auf das Zugemutete ein Thema von gleichem Rang sein wie die Zumutung selbst.

Schäfer schlägt als Alternative den Begriff der Herausforderung vor. Ich will mich hier nicht darauf berufen, dass der Begriff der Herausforderung in den Wörterbüchern auch nicht besser davonkommt (zum Kampf herausfordern, zum Widerspruch reizen, provozieren lt. Bedeutungswörterbuch des Dudens), verweise aber auf einige Schwierigkeiten in seiner Handhabung, sobald konkretes Handeln gemeint ist. Zwar benutzen wir die Herausforderung ebenfalls als Begriff, ohne allerdings auf den der Zumutung verzichten zu wollen und – wie wir glauben – zu können. Schon die Grammatik setzt der Herausforderung Grenzen, die schwer zu handhaben sind. Kann die Mutter – um im Bild zu bleiben – das Kind zum Windeln herausfordern? Zum Bad? Zur Geschichte? Zum Park? Sie kann all dies selbst als Herausforderung für das Kind begreifen, aber sie kann das Kind nicht zum Bad herausfordern, ohne die Sprache zu strapazieren. Herausforderung ist eine Kategorie der Aufgabenformulierung unter Pädagogen, aber taugt nicht zur Beschreibung konkreten pädagogischen Handelns. Auf diesem Platz macht die Zumutung schon sprachlich die bessere Figur.

Der Begriff der Zumutung hält darüber hinaus die Verantwortung des Pädagogen – auch der Eltern – fest, das kulturell Bedeutsame in den Erfahrungsbereich des Kindes zu rücken, wobei die Verständigung, die Schäfer zu Recht für wichtig hält, nur eine über das bereits Zugemutete sein kann.

Allerdings bedarf der Begriff – und hier ist Schäfers Argumentation als Warnung ernst zu nehmen – der Bändigung. Seine Verwendung als Begriff der Fachsprache macht Randbedingungen notwendig, die ihm die Verbindung zum Unzulässigen kappen. Eine erste dieser Bedingungen wurde schon genannt: Der Zumutung muss das Gespräch folgen. Zumutung von Erfahrungen ist in unserem Verständnis von Pädagogik[1] darüber hinaus rückgebunden an das Geflecht der Interessen des sich bildenden Kindes. Im professionellen Bereich der Kindertageseinrichtungen stehen deshalb vor der Zumutung als pädagogischer Aktion die Beobachtung und ihre Analyse. Und ohne die explizite Formulierung von Zielen des pädagogischen Handelns, die ihrerseits auf Legitimität und Zukunftsfähigkeit im Sinne Mollenhauers zu prüfen sind und als Reflexionshintergrund für ggf. als sinnvoll erachtete Zumutungen dienen, sind sie nicht zulässig. Als dritte Randbedingung tritt schließlich hinzu, dass ein »zugemutetes Thema«, eine zugemutete Erfahrung nur als Beginn eines Dialogs legitim ist, der das weitere pädagogische Handeln bestimmt und der Antwort des Kindes auf die Zumutung das Gewicht einräumt, das einem sich bildenden Subjekt zukommt.

Wir erachten die Zumutung in diesem Rahmen als notwendige pädagogische Aktion, die kulturell bedeutsame Inhalte und Strukturen in den Erfahrungshorizont der Kinder rückt und sie zur Auseinandersetzung damit herausfordert. Das Zutrauen in die Kinder, dass sie einer solchen Aufgabe gewachsen sein werden, sofern sie die ggf. notwendige Unterstützung erhalten, ist eine wesentliche Grundlage für die Zumutung, kann sie aber nicht ersetzen. Zutrauen ist eine Haltung, Zumutung die dazu passende Handlung.
Der Widerschein der alten Bedeutung des Begriffs, der Kontext, der in früheren Zusammenhängen die Stellungnahme des sich bildenden Subjekts zur Zumutung negierte und das Subjekt aus seiner Position des »sich Bildenden« eliminierte, schafft in meinen Augen ein fruchtbares Unbehagen. Es erinnert an die Gefahr, in der Pädagogen sich befinden, wenn die Größe ihrer Aufgabe sie auf Abwege führen will, auf Abkürzungen von Bildungswegen, die vermeintlich schneller zum Ziel führen.

1 Ausführlich dargelegt u.a. in Laewen, H.-J.; Andres, B. (2002) (Hrsg.): Forscher, Künstler, Konstrukteure – Werkstattbuch zum Bildungsauftrag von Kindertageseinrichtungen. Beltz Verlag und Andres, B.; Laewen, H.-J. (2006): Elementare Bildung – Handlungskonzept und Instrumente. Verlag das netz

Aber der durch die genannten Kontexte »gezähmte« Begriff der Zumutung hält auch die verpflichtende Aufgabe von Pädagogen fest, die Kinder durch eigene gut reflektierte Handlung auf höchst möglichem Niveau zur Konstruktion von Welt und Selbst herauszufordern und ihnen zugleich und mit gleichem Gewicht den Respekt vor dem sich bildenden Subjekt entgegen zu bringen. Die durch die Randbedingungen einer zukunftsfähigen Pädagogik »gebändigte« Zumutung stellt auf der Handlungsebene aus meiner Sicht die Herausforderung dar, von der auch Schäfer annimmt, dass sie die lohnenden Aufgaben an die Kinder heranträgt, »an und mit denen sie wachsen können.« Auf sie kann nicht verzichtet werden.

Ein letztes Argument dafür, Zumutung im beschriebenen Sinn zu »bändigen« und nicht aus dem Wörterbuch der Pädagogik zu streichen, ist ein eher bildungspolitisches. Aus meiner Sicht kann der Kampf um eine zukunftsfähige Pädagogik nicht erfolgreich geführt werden, wenn der alten, der rückwärtsgewandten, der »traditionellen Lernpädagogik« die Begriffe zu jedweder Verwendung überlassen bleiben. Das Ringen um die neue Pädagogik ist auch ein Ringen um die Ausdeutung von Begriffen und in diesem Sinne habe ich auch die Ausführungen von Lill verstanden.

Eine solche Perspektive ist meines Erachtens nicht nur für die Zumutung brauchbar, sondern u. a. – und vermutlich wichtiger noch – auch für Begriffe wie Erziehung, Bildung und Betreuung, die zentralen Kategorien der deutschsprachigen Pädagogik sinnvoll. Ich erinnere mich, an einem Sommermorgen in Zürich auf einer gemeinsamen Taxifahrt zu einer Veranstaltung mit Gerd Schäfer eine kurze Diskussion um den Erziehungsbegriff geführt zu haben. Die Positionen waren vergleichbar mit denen, die jetzt in diesen Beiträgen hier verhandelt werden und es mag sich lohnen, die Diskussion weiterzuführen.[2]

---

2 Der Text ist erschienen in »Betrifft KINDER«, Heft 3/07 , Verlag das netz, und wurde mit freundlicher Genehmigung des Verlages abgedruckt.

5.3 Zumutung – was mich für diesen Begriff einnimmt

Beate Andres

Es sind immer auch eigene Erfahrungen und Beobachtungen, die Dinge in positivem oder negativem Licht erscheinen lassen. Formulierungen, die ich gern oder weniger gern nutze, haben für mich etwas mit Lebenserfahrungen zu tun. Auch meine pädagogischen Vorstellungen und Ideale sind von biographischen Geschichten mitbestimmt. Hans-Joachim Laewen hat in seiner Antwort auf Gerd Schäfer zuvorderst den wissenschaftlichen Zugang gewählt. Ich will mich den Begriffen »Zumutung« und »zumuten« über Beobachtungen aus meinem privaten und beruflichen Leben nähern und der Debatte eine eher persönliche Facette hinzufügen. Ich möchte mit diesem Zugang zeigen, wie von außen gesetzte Zumutungen überraschend positive Folgen für meine Bildungsprozesse hatten und keineswegs autoritär daher kamen.

Ich erinnere mich an das Jahr 2002. Die Berliner Philharmoniker haben einen neuen Chefdirigenten, Sir Simon Rattle. Ein Konzert mit den Berliner Philharmonikern war für mich immer ein Genuss. Ich bin gespannt auf eventuelle neue Entwicklungen und selbstverständlich bin ich mehr als interessiert an weiteren Hörerlebnissen mit diesem großartigen Orchester. Nun werden mir aber von diesem neuen Chefdirigenten in den Konzertankündigungen, neben den bekannten Klassikern, häufig Werke zeitgenössischer Komponisten zugemutet. Ich komme nicht daran vorbei. Gustav Mahlers Symphonie Nr. 4 in G-Dur ist nicht ohne Hanspeter Kyburz »Noesis« zu haben. Will ich das Klavierkonzert Nr. 3 von Ludwig van Beethoven mit Alfred Brendel hören, muss ich mich auch den »Kurzen Eintragungen für ein Orchester« aussetzen oder sie mir zutrauen. Es kommt auf die Perspektive an. Es sind durchaus zwiespältige Gefühle, die mit mir umgehen. Es ist eine Zumutung, der Simon Rattle seine Zuhörerschaft aussetzt, aber sie enthält zugleich das Vertrauen, dass sich Menschen darauf einlassen werden und ihnen so Zugang zu einer für sie neuen Welt der Musik eröffnet wird. Dieser Chefdirigent hat eine Botschaft. Er bedient nicht nur die Wünsche der philharmonischen Fangemeinde, greift nicht nur deren Interessen auf, gibt sich nicht damit zufrieden, ihnen (nur) einen musikalisch hochwertigen, angenehmen Abend zu bieten.

Für mich stellt sich die Frage: Soll ich das Risiko auf mich nehmen, in meinen Hörgewohnheiten irritiert zu werden, mich um Karten bemühen für einen Konzertabend, der wahrscheinlich nicht nur ein entspanntes Zuhören erlaubt, sondern vielleicht sogar anstrengend wird? Soll ich mir etwas zumuten, was mir bislang noch fremd ist? Ich kann die Zumutung durchaus zurückweisen, das Risiko scheuen und zuhause bleiben. Aber die Neugier ist größer. Vielleicht sind es die Ideale und Visionen, die ich aus den Konzertankündigungen herauslese, die mich mit einem »Ja« antworten lassen. Ich habe mich auf das Unbekannte eingelassen und tue es immer öfter. Ich bin wagemutig geworden, im von Gerlinde Lill gemeinten Sinn und lese inzwischen die Konzertankündigungen neugierig interessiert, suche geradezu nach musikalischen Herausforderungen und habe gewonnen: Musikerfahrungen, die meine Neugier und die Lust auf musikalische Abenteuer haben wachsen lassen. Aus der von außen gesetzten Zumutung ist die selbst gesuchte Herausforderung geworden. Dieses implizite Education-Projekt, das Simon Rattle dem Berliner Publikum zumutet, ich möchte es nicht mehr missen.

Vergleichbarem begegne ich in Museen zeitgenössischer Kunst. Auch hier die Frage, ob ich Avantgardistisches annehmen soll, Ausstellungen, die für mich immer mehr als nur Herausforderungen bereit halten, die mir etwas zumuten: Überraschendes, Erschreckendes, Dinge, die Ratlosigkeit bei mir hervorrufen, die sich nicht leicht einreihen in Bekanntes und Vertrautes, aber doch häufig ein Anreiz sind, genauer »hinzusehen«, nachzudenken, ins Gespräch zu gehen, mich zu verständigen über das zugemutete Thema, im Zwiegespräch mit dem Werk, im Gespräch mit anderen Betrachtern. Ob die Werke vom Künstler als Lernaufforderung gedacht sind, wohl eher nicht, als Provokation und in diesem Sinn als Zumutung manchmal schon. Was mir in den Werken begegnet sind Menschen, die Profil zeigen in ihrem Ringen um Weltverstehen und Weltdeutung und eine ihnen eigene Ausdrucksform wählen. Sicher, einiges bleibt in mir ohne Resonanz, ruft nichts hervor, weckt keinen Ehrgeiz, verstehen zu wollen. Dann gehe ich meines Weges, habe die Skulptur oder die Installation manchmal schon beim Verlassen des Museums vergessen. Es liegt an mir, mich einzulassen oder nicht auf einen Dialog, der durch eine Zumutung eröffnet wird.

Nun unterscheiden diese Beispiele von der Pädagogik in Kindertagesstätten, dass anders als bei Erzieherin und Kind zwischen mir und den Künstlerinnen keine persönliche Beziehung besteht. Der oder die Zumutende bleibt anonym, das macht es im Zweifelsfalle leichter, ein Ansinnen zurück zu weisen. Andererseits gibt es eine direkte Parallele zu Kitas, in denen sich die Erzieherinnen für Themen und Inhalte engagieren: das geteilte Interesse und die geteilte Leidenschaft für die Sache, für den Gegenstand der Zumutung.

Ein solches geteiltes Interesse verbindet auch Royston Maldoom mit den Tänzern seiner dance class. Dieser Choreograph ist in der pädagogischen Zunft, in der Politik und in den Medien gleichermaßen zu einer Art Kultfigur geworden. Auch mich ergriff die Authentizität und das unbedingte Wollen dieses Mannes, schon als ich den Film »Rhythm Is It!« zum ersten Mal sah. Da war es, was ein gelungenes Miteinander von Pädagoge und Kind ausmacht: die Leidenschaft des Erwachsenen für die Sache, sein Zutrauen in die Kinder aber auch die Disziplin und die Anstrengung, die er seinen Schülern abverlangt. Zugleich war die Wechselseitigkeit der Anerkennung zu spüren, das Vertrauen des Lernenden in den Lehrenden. Für mich gehören diese verschiedenen Facetten zusammen. »Ich bin sehr streng. Die Neuen wird das erst mal schockieren«[1], so Maldoom zu seinen Schülern. Er ist überzeugt: Weil Erwachsene den Kindern nichts zutrauen, werden diese eingeschränkt. Sie können ihre Potenziale nicht ausschöpfen. »Es ist nicht gut genug. Wir wissen, dass ihr es besser könnt«, so Susannah Broughton, die Kollegin von Maldoom. Sie weiß sehr wohl, dass Strenge auch demotivierend sein kann, aber sie ist dagegen, die Kids zu loben, wenn sie ihr volles Potenzial noch nicht erreicht haben. Es braucht ein Gegenüber, das zeigt, was möglich ist, was sich zu erreichen lohnt. Ich brauche jemanden, der meinen Ehrgeiz weckt, dem es wirklich ernst ist und der nicht so

1 Alle Zitate aus dem Film »Rhythm Is It« und Die Entdeckung der frühen Jahre, Mc. Kinsey/R. Kahl.

leicht nachgibt, an dem ich mich reiben kann. Ich denke, auch Kinder wollen – in selbst gewählten Situationen – ihre Leistungsgrenzen austesten. Selbstverständlich steht im Zentrum die Verständigung zwischen Erwachsenem und Kind, aber vielleicht stellen wir uns manchmal zu schnell, wenn auch in guter Absicht, vor die Kinder. So wie die Lehrerin, die ihre Schülerinnen vor den hohen Ansprüchen des Choreographen schützen will: »Ich weiß, was sie meinen, es geht um mehr Ernsthaftigkeit und Konzentration, aber ich muss meine Schüler auch in Schutz nehmen...« und später »Ich sehe, dass sie alle schon an ihrem Limit sind und eigentlich gar nicht mehr weiter können.«

Aber Maldoom geht es um mehr als eine Tanzaufführung, die gut oder gut genug ist: »You can change your life in a dance class.« Das Leben ändern durch das Tanzen – eine bislang ungedachte Möglichkeit und eine riesige Herausforderung. Der Choreograph zeigt eine Vision auf, die eben beides enthält: das Zutrauen des Erwachsenen in die Kraft der Jugendlichen und die Anstrengung, die es für die Schüler bedeutet, das Ziel zu erreichen. Die Freude in den Augen aller Beteiligten, wenn die gemeinsame Arbeit dann »in eine großartige Leistung gipfelt«, ist für mich eine Bestätigung des Wegs. Auch wenn das Beispiel nicht 1:1 auf Krippe und Kindergarten zu übertragen ist, so zeigt sich mir darin, das eine steht nicht gegen das andere und der Gegensatz, den Gerd Schäfer in seinem Beitrag aufmacht ist nicht zwingend. Auch die Aussage, Zumutung setzte den »Verständigungsprozess aus, gibt dem Kind nicht die Möglichkeit, mit eigenen Vorstellungen gleichwertig auf das zu antworten, was ihm ›zugemutet‹ wird« trifft nicht meine Deutung des Begriffs und die Kontexte, in denen ich und Hans-Joachim Laewen ihn einsetzen.

Begriffe haben einen historisch kulturellen Bedeutungshintergrund. Sie können aber in einer sich ändernden Welt auch einen Bedeutungswandel erfahren. Die Begriffe »Herausforderung« und »herausfordern« haben offensichtlich eine solche Wandlung durchlaufen. Nicht mehr die »Anmaßung, Behelligung, Brüskierung, Forderung, Kränkung, Provokation, Reizung«[2] wollen wir darunter verstehen. Auch soll dem anderen nicht der Kampf angesagt oder ihm etwas ins Gesicht geschleudert werden[3]. Vielmehr ist der Begriff im öffentlichen Leben inzwischen positiv besetzt. Herausforderungen werden nicht mehr negativ bewertet und auch im pädagogischen Diskurs besteht (derzeit) Konsens: es ist legitim Kinder herauszufordern. Warum ersetze ich dann in meinen Geschichten »zumuten« nicht einfach durch »herausfordern«? Warum will ich auch in unserem Konzept die Formulierung »Themen zumuten« nicht aufgeben? Damit würde ich die negative Konnotation, die »Zumutung« hat, umgehen. Die breite Zustimmung vieler Pädagoginnen und Pädagogen wären Hans-Joachim Laewen und mir sicher. Warum es sich also nicht einfach machen?

Es ist gerade das Sperrige, das mich an diesem Wort fest halten lässt. Es liest sich nicht leicht darüber hinweg. Der Begriff ist noch nicht eingefügt in das pädagogische Wörterbuch. Einfaches Abnicken läßt er nicht zu. Der Terminus »Themen zumuten« fordert heraus und in vielen unserer Veranstaltungen mit pädagogischen Fachkräften war er Ausgangspunkt für eine differenzierte Auseinandersetzung über die Rolle der Erwachsenen im pädagogischen Prozess. Reicht es aus, Kinder zu begleiten? Ist es genug, sich mit den Kindern über das, was sie selbst in den Kindergarten mitbringen, zu verständigen? Droht die

2 Das große Wörterbuch der Synonyme (2005), S. 417
3 Duden, Das Bedeutungswörterbuch (1985), S. 331

Erzieherin nicht profillos oder gar unsichtbar zu werden, wenn sie nicht auch ihr eigenes Wollen, ihre Ziele, ihre Ernsthaftigkeit in den pädagogischen Dialog mit dem Kind einbringt?

Im Kontext eines pädagogischen Konzeptes von zuzumutenden Themen zu sprechen ist eine Provokation und widerspricht der ›political correctness‹. Begriffe, die nur im Entferntesten eine negative Assoziation hervorrufen, haben in unserer Welt, die zunehmend mehr von Vermarktungs- und Werbeinteressen geprägt ist, kaum mehr einen Sprach- und Denkort. Auch die Statements der meisten Politiker sind beherrscht von diesem positiven Sprachduktus. Damit werden viele Aussagen aber auch flach. Das Gesagte sagt nichts mehr aus. Das Zuhören bringt uns nicht weiter und am Ende hören wir nicht mehr hin. Damit werden aber häufig auch der Diskurs und das Ringen um den besseren Weg verunmöglicht. Was nicht einfach zu fassen und zu beschreiben ist, wird dann im negativsten Fall ausgespart.[4]

4 Der Text ist erschienen in »Betrifft KINDER«, Heft 3/07, Verlag das netz, und wurde mit freundlicher Genehmigung des Verlages abgedruckt.

5.4 Kompetente Erziehung zwischen Anleitung und Selbstbildung – aus psychotherapeutischer Sicht

Hans-Joachim Maaz

Über Jahrhunderte gibt es in unserer Kultur eine verhängnisvolle Einstellung zum Kind, die durch 3 Themen zusammengefasst werden kann:

- das Kind als »Besitz« der Eltern, über das man nach Belieben verfügen kann, praktisch ohne Rechte für das Kind,
- das Kind als »Objekt von Erziehung« mit der Überzeugung, dass ein Kind zum guten/richtigen/anständigen/zivilisierten Leben erzogen werden müsse.

Dies unterstellt, dass Erwachsene (Eltern, Lehrer, Erzieher, Ärzte/Therapeuten, Pastoren) wüssten, was prinzipiell gut oder böse und im besonderen auch für das Kind richtig oder falsch sei.

Fehleinschätzungen, Irrtümer, Schwächen, Ideologien und Abnormitäten der Erziehungsnormen oder schlechte, böse bis krankhafte Einstellungen der Eltern und Erzieher werden dabei praktisch verleugnet. Wenn allgemeingültige Regeln und Normen eines humanen Zusammenlebens nur durch Erziehung vermittelt werden – ohne Vorbild und Erfahrung durch Beziehung –, entsteht dabei ein autoritäres Gefälle mit der Gefahr, dass auch die besten Inhalte durch Beziehungsstörungen zwischen Eltern/Lehrern und Kind belastet und entsprechend beschädigt werden.

Selbst Eltern in bestem Glauben für »das Gute«, das sie vermitteln, müssen oft mit Erschütterung zur Kenntnis nehmen, dass ihre Kinder unerwartetes und gegenteiliges Verhalten entwickeln, weil die Eltern nicht bedacht haben und verstehen können, dass viel mehr ihre unbewusste Haltung und Einstellung beim Kind unausgesprochen wirkt als die bewusst vermittelten Inhalte.

- der Mensch als primär »sündiges« und »triebhaftes« Wesen. So hat das konservative Christentum mit der Erbsünden-Lehre, einer Theologie der Schuld, eines »jüngsten Gerichtes«, mit der Symbolik von Himmel und Hölle und der eines allwissenden strengen (strafenden) Gottes ein Menschenbild gezeichnet, das nachhaltig zur Hemmung, Einschüchterung und Entfremdung des Menschen beigetragen hat. Dies ist für viele Menschen zur Quelle einer lebenslangen Qual wegen eines negativen Selbstbildes geworden: ich bin schuldig, ich bin schlecht, ich bin böse, ich bin nicht gut genug, ich habe versagt.

Ebenso hat die orthodoxe Psychoanalyse mit der Triebtheorie, aggressive und sexuelle Triebe postuliert, die der Mensch in seiner Entwicklung beherrschen lernen müsste, was erst ein kultiviertes Leben ermöglichen würde.

Besonders verhängnisvoll ist dabei die Vorstellung eines »Ödipus-Komplexes«, dass der Junge in seiner psychosexuellen Entwicklung die Mutter begehren würde und den Vater als Rivalen beseitigen möchte. Wenn man den

Ödipus-Mythos liest, wird diese Interpretation nahezu absurd, weil eindeutig das Gegenteil – nämlich die Schuld der Eltern – erzählt wird. Laios und Iokaste – die Eltern von Ödipus – wollen ihr Kind töten, indem sie es aussetzen, um einem Orakelspruch zu entgehen. Ödipus aber überlebt. Als er den ihm unbekannten Vater trifft, verlangt dieser, dass der junge Mann ihm aus dem Wege gehen solle, worauf es zum Kampf kommt, den der Vater verliert und dabei getötet wird. Und Ödipus bekommt für eine besondere Leistung: das Rätsel der Sphinx gelöst und damit Unheil von Theben abgewendet zu haben, die Königin zur Frau. Er konnte nicht wissen, dass es seine Mutter ist, er nahm sie auch nicht aus sexuellem Begehren. Die Mutter aber hätte ihn an seinen Schwellfüßen – an den Folgen der frühkindlichen Verletzung – erkennen können. Der Ödipus-Mythos erzählt also etwas von den tragischen Folgen, die durch Eltern ausgelöst werden, die ihr Kind nicht annehmen und lieben können, er zeichnet aber kein Bild über die psychosexuelle Entwicklung des Kindes.

Revolutionäre Erkenntnisse verdanken wir der Säuglings- und Kleinkindforschung der letzten 30 Jahre und der allerneusten neurobiologischen Forschung. Die Erkenntnisse der Säuglingsforschung erwachsen aus unmittelbaren – videogestützten – Beobachtungen der Mutter-Kind-Kommunikation. Damit war man nicht mehr angewiesen auf die Rekonstruktion der Vergangenheit durch immer fragwürdige und verzerrte Erinnerungen. Und die Neurobiologie hat wesentliche Erkenntnisse mit der Möglichkeit bildgebender Verfahren der Gehirnfunktion durch Computertomographie und Magnetresonanztomographie erschlossen.

Die wichtigsten Erkenntnisse sind: das Kind ist von Anfang an ein Subjekt von Beziehung, d.h., es ist mit Möglichkeiten ausgestattet, seine Umwelt, vor allem natürlich die Mutter, zu beeinflussen. Das Kind macht die Frau erst zur Mutter, nicht nur symbolisch, sondern dadurch, dass eine sog. »Mutterschaftskonstellation« hormonell-biochemisch und psychisch durch das Kind ausgelöst wird und sich im Umgang mit dem Kind entwickelt. So ist das Kind nicht nur abhängig davon, was es für eine Mutter hat, sondern auch die Mutter, was sie für ein Kind hat. Damit geht es um eine wechselseitige Abhängigkeit der Entwicklung von Mutter und Kind – natürlich nicht ohne Berücksichtigung der natürlichen und sozialen Umwelt. Der Streit um die Bedeutung von Erbfaktoren und Umwelteinflüssen kann heute auch als dynamisch beantwortet gelten. Etwa in dem Sinne, dass ererbte Defizite durch optimale Umwelt weitgehend ausgeglichen oder kompensiert werden können und andererseits, dass das beste Erbgut durch destruktive Umwelteinflüsse in seiner Entfaltung schwerwiegend behindert und fehlgeleitet werden kann. Also bleiben die psychosozialen, gesellschaftspolitischen und ökologischen Bedingungen für die Entwicklungschancen eines Kindes von entscheidender Bedeutung.

Die neurobiologische Forschung zeigt uns, dass und wie das Gehirn lernt, dass das Gehirn das ganze Leben plastisch, d.h. lernfähig bleibt, dass das Lernen aber abhängig von der Quantität und Qualität der Lehrangebote und vor allem von der Beziehung zwischen Lehrenden und Lernenden ist. Dabei wird eine wesentliche psychotherapeutische Erfahrung von der frühen Prägung des Kindes in den ersten drei Jahren neurobiologisch in der Art bestätigt, dass die funktionelle Vernetzung der frühen Erfahrungen im sich entwickelnden Gehirn so eingeprägt bleiben, dass sie praktisch kaum noch zu löschen sind. Deshalb gelten die Sprichworte, dass die »Zeit Wunden heilen« würde und dass »Gras über eine unangenehme Angelegenheit«

wachsen müsse, nicht mehr. Andererseits aber können schlechte und mangelhafte frühe Prägungen später doch noch günstig beeinflusst werden – eine Bestätigung psychotherapeutischer Wirkungen – nur nicht im Sinne, dass das Geschehene ungeschehen gemacht oder ausgeheilt werden könnte, sondern es können nur neue, bessere Beziehungen im Gehirn als Erfahrungen vernetzt werden, die aber – und das ist das entscheidende – ständig bedient und verstärkt werden müssen, sonst setzen sich die ursprünglichen frühen Erfahrungen im Gehirn wieder durch.

Nehmen wir die Perspektive des Kindes ein, um seine Entwicklungsbedingungen besser erforschen zu können. Das Kind braucht, um leben zu können, Kontakt, Versorgung, Bestätigung, Schutz und Begrenzung.

Kontakt:

Nur im sozialen Kontakt kann sich das Gehirn mit allen Fähigkeiten (Motorik, Gefühl, Sprache, Erfahrung, Wissen) entwickeln. Es braucht also Eltern, die da sind, und zwar zeitlich und empathisch. In der Auseinandersetzung um die notwendige Betreuungszeit durch die Mutter – gemäß der Bindungsforschung sind zur Ausbildung von Selbstwert, Bindungsfähigkeit und Identität vor allem die ersten drei Jahre wichtig – muss man nicht über den Zeitumfang streiten, sondern mehr der Qualität der emotionalen Zuwendung zum Kind Beachtung schenken. Das Kind sucht sicherndes Vertrauen – Urvertrauen –, das sich entfaltet, wenn zuverlässig jemand erreichbar ist, der es angemessen spiegelt, versteht und versorgt. Und natürlich hat die Mutter – zu der durch Schwangerschaft, Geburt und Stillzeit bereits nachhaltig-prägende Erfahrungen bestehen – für die ersten Lebensjahre des Kindes eine bevorzugte Bedeutung, die nicht ohne Belastungen des Kindes an andere Personen delegiert werden kann. Dabei spielt der Zeitpunkt und die Qualität eines Beziehungswechsels von der Mutter auf andere Betreuungspersonen eine wesentliche Rolle.

Versorgung:

Das Kind braucht Eltern, die geben können. Viele Eltern sind bedürftige Menschen geblieben. Sie bekommen Kinder mit der unbewussten Hoffnung, von den Kindern versorgt zu werden: das Lächeln des Kindes, seine Lebendigkeit und sein Liebreiz schenken Freude, seine Bedürftigkeit und Versorgungsnot vermitteln Wichtigkeit und Verantwortlichkeit, seine Hilfsbedürftigkeit geben Bedeutung, so dass Eltern durch Kinder Sinn, Bestätigung, Struktur und Ansehen vermittelt bekommen. Um also Kinder gut versorgen zu können, muss man sich in ihre Bedürfnislage gut einfühlen können, um das Notwendige tun und geben zu können. Dabei muss man selbst relativ gesättigt und befriedigt sein, um etwas abgeben zu können. Mit leeren Taschen oder traurigem Herzen kann man nichts geben. Also müssen Eltern zuerst für ihre eigene Befriedigung und Erfüllung sorgen. Das ist nie ausreichend und ideal möglich. Deshalb brauchen Eltern die Erkenntnis über ihre Begrenzung und die Trauer und den Schmerz über die eigene unerfüllte Bedürftigkeit. Damit wächst die Fähigkeit, auch von Wenigem etwas abgeben zu können, weil man selbst nicht mehr in Neid oder Eifersucht befangen ist. Auch das ehrliche Mitgefühl für die Bedürftigkeit des Kindes und seine Not, ohne wirklich abhelfen zu können, ist bereits eine liebevoll-hilfreiche Annahme und Bestätigung, ohne dass das Kind belehrt, ermahnt und für seine Bedürfnisse abgestraft würde.

Bestätigung:

Ist vor allem gebunden an die Akzeptanz von Andersartigkeit. Die meisten Eltern haben eine Wunschvorstellung und Erwartung, wie ihre Kinder sein sollen und tragen diese Einstellung bewusst durch Forderungen und Belehrungen an das Kind heran und konditionieren das Verhalten des Kindes durch Lob und Tadel. Aber sie übermitteln vor allem unbewusst, wie sie sich das Kind wünschen.

Ein Kind lernt sehr schnell, den Eltern abzuspüren, was diesen gefällt, womit es Zuwendung und Bestätigung erhalten kann. Meist um einen hohen Preis, den Preis der Entfremdung. So kann das Kind schlecht lernen, auf sich zu achten, eigene Bedürfnisse differenziert wahrzunehmen und für ihre Befriedigung angemessen sorgen zu können, sondern es lernt die Fremdwahrnehmung, abzuspüren, was der andere will und braucht. Das ist später die beste Voraussetzung für einen Helfer-Beruf – aber mit dem hohen Preis, viel eher erschöpft, ausgebrannt zu sein, suizidal zu werden oder psychosomatisch zu erkranken als in der Durchschnittsbevölkerung.

Um als Eltern gut bestätigen zu können, muss man also bereit sein, die Andersartigkeit und Einmaligkeit seines Kindes zu verstehen, seine Möglichkeiten zu erkennen, seine Begrenzung zu akzeptieren und es nicht manipulieren, sondern fördern zu wollen. Das gelingt nur Eltern, die mit ihrem Leben selbst zufrieden sind, die sich gut selbst bestätigen können und nicht mehr übermäßig abhängig sind von äußerer Anerkennung. Wenn ihnen Andersartigkeit und Fremdheit nicht mehr zur Bedrohung werden können, weil eigene verbotene Wünsche oder kränkende Begrenzungen durch andere Lebenserfahrungen nicht mehr aufgerührt werden können, weil man sie selbst schon kennt und seinen Frieden damit gemacht hat. Wer das Kind, sein Gegenüber nach seinem Bild formen will, verrät nur die abgewehrte Angst und Kränkung wegen der eigenen Beschränkung.

Schutz:

Das Schutzbedürfnis des Kindes ist umfassend und entwicklungsbedingt. Gefahren, Risiken, Überforderung, Kränkung, Beschämung, Verletzung, seelische und körperliche Traumatisierung, Missbrauch, Entfremdung sind nur einige Stichworte, um den schutzbedürftigen Raum zu umreißen. Das heißt auch, dass Kinder Beratung, Aufklärung, Führung und Begrenzung brauchen, um die Risiken aus Unkenntnis, fehlender Erfahrung, Verführbarkeit und Wehrlosigkeit zu mildern. Dabei ist die Grenze zur Einschüchterung, Ängstigung, Einengung und Hinderung ein schmaler Grat. Wieder ist die Einstellung der Eltern entscheidend: handeln sie aus liebevoller Zuwendung oder aus eigener Ängstlichkeit und Unsicherheit. Geben sie Schutz durch Einfühlung in die Seelenlage des Kindes und in einer verlässlichen Beziehung mit ständig möglicher Kontakt- und offener Gesprächsbereitschaft oder übermitteln sie autoritär-fordernd Gebote und Verbote, ohne dass das Kind verstehen kann und nach seinen Möglichkeiten mitdenken und entscheiden darf. Der wirksamste Schutz erwächst aus dem Vertrauen des Kindes, dass es ehrliche, aufrichtige und wohlwollend-einfühlsame Informationen bekommt. Zum Beschützen gehören also die Präsenz, die Kommunikation, das Wohlwollen und die Empathie der Beschützer, um zwischen Vernachlässigung und Einschüchterung das richtige Maß zu finden.

Begrenzen:

Wir haben uns dabei mit zwei grundlegenden Fehlern auseinander zu setzen: mit der autoritären Begrenzung und mit der antiautoritären Grenzenlosigkeit.

Eine befehlende Begrenzung, die nicht auf Verstehen, Einsicht und Zustimmung beruht, wird immer mit Protest, Wut, Hass und Rachegefühlen einhergehen, die unterdrückt und verborgen zu Krankheitsursachen oder zur Quelle von Gewalt werden können. Begrenzende Einschüchterung, Unterdrückung und Ungerechtigkeit schüren immer Feindseligkeit und lassen Vitalität und Kreativität erlahmen. Dagegen verliert das Kind bei Grenzenlosigkeit das Maß, die Orientierung, den Halt, die Struktur. Begrenzung ist ein grundlegendes Lebensprinzip. Alles hat einen Anfang und ein Ende, jedes Bedürfnis lebt von der Dynamik, von Spannung und Befriedigung, das Leben spannt sich zwischen Geburt und Tod. Der Sinn des Lebens erschließt sich erst aus der Begrenzung, sonst bliebe alles unendlich, ziellos und beliebig. Lust kann nur aus dem Gegenpol der Unlust wirklich genossen werden, erst der Hunger macht die Sättigung so befriedigend und die Ruhe und Entspannung wird erst nach getaner Arbeit so erholsam, im Gegensatz zur Langeweile des Müßigganges. Begrenzung ist unweigerlich mit Gefühlen verbunden, mit Schmerz durch Mangel und mit Trauer durch Verluste. Gefühle aber müssen zugelassen und angemessen ausgedrückt werden, damit sie ihre entlastende Funktion erfüllen können.

Um die Bedürfnisse des Kindes gut erfüllen zu können, sind »mütterliche« und »väterliche« Fähigkeiten gefragt. »Mütterlich« ist zuhören, sich einfühlen, gewähren lassen, verstehen wollen, versorgen, bestätigen, beschützen, trösten und halten. »Väterlich« ist fordern, fördern, führen, begleiten, ermutigen, bestärken, riskieren, ordnen, strukturieren.

Mütterlichkeit vermittelt dem Kind Berechtigung, Selbstwert, Identität und Bindung. Dies sind die Voraussetzungen für spätere Selbstbildung. Väterlichkeit ermöglicht vielseitige Erfahrung, befördert Mut und Kraft, vermittelt Orientierung und Eigenständigkeit – damit die Grunderfahrung, bei Bedarf Anleitung als notwendig und sinnvoll annehmen zu können.

Mütterlichkeit und Väterlichkeit sind nicht an das Geschlecht und an die Person von Mutter und Vater gebunden. Im Grunde genommen braucht und hat jeder Mensch beide Fähigkeiten: So gibt es auch mütterliche Väter und väterliche Mütter. Jeder Mensch sollte bei Bedarf zwischen den unterschiedlichen Funktionen wechseln können. In Partnerschaften und unter Eltern muss die Verteilung väterlicher und mütterlicher Eigenschaften gut ausgehandelt und in Entsprechung zu den verschiedenen Lebenslagen immer wieder neu abgesprochen werden. Die Personen können sich in den unterschiedlichen Funktionen helfen, unterstützen, auch teilweise ersetzen und abwechseln, aber die unterschiedlichen Funktionen von Mütterlichkeit und Väterlichkeit bleiben prinzipiell unersetzbar.

Nach allem, was wir heute entwicklungspsychologisch wissen, bleibt die reale Mutter mit ihrer Mütterlichkeit in den ersten drei Lebensjahren des Kindes die wichtigste Bezugsperson. Mütterlichkeitsdefizite können zwar schon von Anfang an durch andere Personen ausgeglichen werden, aber ein Ersatz der Mutter bedeutet in dieser frühen Zeit immer eine belastende Erfahrung für das Kind.

So kann der Vater die Mutter natürlich von Anfang an bei der Kinderbetreuung unterstützen, er kann die Familie sozial sichern helfen und ein guter – eventuell sogar mütterlicher – Partner für seine Frau sein, für ihre neue Mehrfachfunktion Verständnis aufbringen, angemessene Hilfestellung leisten oder organisatorische Aufgaben übernehmen. Er kann aber die Not des Säuglings nicht wirklich lindern, wenn die Mutter sich entfernt, er kann nur den Schmerz des Kindes akzeptieren und ihm helfen, mit dem entsprechenden Gefühlsausdruck sich wenigstens Entlastung zu verschaffen. Die primären mütterlichen Aufgaben – Schwangerschaft, Geburt und Stillzeit – lassen sich nicht delegieren. Erst in dem Maße dann, wie die primären mütterlichen Funktionen mit dem Heranwachsen des Kindes unwichtiger werden, nehmen die väterlichen Aufgaben zu. Erst auf dem Arm des Vaters macht das Kind die Erfahrung, dass seine Mutter eine von ihm getrennte, eigenständige Person ist. Im Vater findet es den Begleiter in ein eigenständiges Leben.

Der Mütterlichkeit müssen wir besondere Aufmerksamkeit schenken, weil die Qualität der primären Annahme, Bestätigung und Versorgung des Kindes die wichtigste Prägungs-Grundlage für das Kind bedeutet und ihre Störungen und Defizite für die sogenannten »Frühstörungen« der Persönlichkeitsentwicklung verantwortlich sind.

Aber das Verständnis für gute Mütterlichkeit wird von zwei Seiten verzerrt: einerseits die Idealisierung einer »heiligen«, verehrungswürdigen, aufopfernden Mutter und andererseits die im Emanzipationskampf der Frauen und durch sozioökonomische Zwänge vernachlässigte und abgewertete Mutterfunktion. Dazu passt die Verleugnung und Tabuisierung des Lilith-Mythos der Schöpfungsgeschichte. Darin wird überliefert, dass Gott als erste Menschen Adam und Lilith aus gleicher Erde schuf. Mit dieser Symbolik waren Mann und Frau ursprünglich gleichwertige Menschen. Adam und Lilith gerieten aber in Machtkämpfe – symbolisiert dadurch, dass Lilith im Sexualakt nicht nur in der »Missionarsstellung« unter Adam liegen, sondern selbst aktiv den Sexualakt mitgestalten wollte. Der unlösbare Streit endet mit der Flucht von Lilith aus dem Paradies. Dafür wird sie von Gott bestraft und zur Dämonin verurteilt. Erst jetzt bekommt der verlassene Adam seine Eva, symbolisch als eine Frau, die aus einem unbedeutendem Körperteil von ihm – aus einer Rippe – geschaffen wurde. Lilith aber bleibt als kinderraubende und -tötende, sexuelle Verführerin verbannt.

In diesem Mythos sind drei wesentliche Tabus der christlich-abendländischen Gesellschaften aufgehoben: die selbstverständliche Gleichwertigkeit von Mann und Frau, die sexuelle Aktivität der Frau und kinderfeindliche Anteile in jeder Mutter. Für die psychotherapeutische Arbeit ist vor allem die Verleugnung der Mütterlichkeitsstörungen von zentraler Bedeutung. Begrenzung der Mütterlichkeit ist die Normalität, da jede Mutter auch egoistische Frau bleibt, Partnerin ist, sexuelle Bedürfnisse und berufliche Interessen hat, die ihre mütterlichen Funktionen einschränken. Darüber hinaus ist das Lustprinzip des Kindes nach einer umfassenden, optimalen und jeder Zeit erreichbaren Befriedigung dem Realitätsprinzip der begrenzten Möglichkeiten allmählich anzupassen. Deshalb ist die Erfahrung und Vermittlung begrenzter Mütterlichkeit mit zu lehrender emotionaler Verarbeitung (Wut über Einengung, Schmerz über Mangel, Trauer über Verluste) eine notwendige Entwicklungsaufgabe.

Die Verleugnung der Mütterlichkeitsstörungen fasse ich mit einem Lilith-Komplex zusammen und teile sie nach ihrem Schweregrad ein:

»Mutterbedrohung«

entsteht aus der mütterlichen Einstellung zum Kind: Sei nicht! Lebe nicht!

Das nicht gewollte und nicht wirklich angenommene Kind bleibt innerseelisch in seiner Existenzberechtigung bedroht (Existenzangst). Ein solcher Mensch braucht ein

Leben lang Halt, Schutz, Unterstützung und Führung. In der klinischen Ausformung sind es Borderline-Syndrome, die ihre Bedrohungserfahrung häufig destruktiv ausagieren. Sind viele Menschen in einer Gesellschaft davon betroffen, drohen massenpsychologisch destruktive Ideologien wie Rassenwahn, Fremdenhass, Völkermord, Kriegstreiberei und Verfolgung von Andersdenkenden – wie es im deutschen Nationalsozialismus der Fall war.

»Mutterbedrohung« bedeutet also eine erhebliche Selbstwert- und Identitätsstörung bei Kindern, so dass diese für ihre Entwicklung ein hohes Maß an Anleitung mit Führung, Halt, Stützung und Antworten brauchen und eine Selbstbildung nur in geringem Maße möglich ist. Dabei muss aber beachtet werden, dass Anleitung häufig abgelehnt, bekämpft und abgewertet und eine Pseudounabhängigkeit angestrebt wird, um der Beziehungsangst, die ja von Bedrohungserfahrungen gespeist ist, zu entgehen. Um die notwendige »väterliche« Anleitung durchzuhalten, sind viel Geduld, Toleranz und Empathie – also mütterliche Werte – erforderlich.

»Muttermangel«

mit der unbewussten mütterlichen Botschaft an das Kind: Du darfst leben, ich will Dich auch, aber ich kann Dich nicht wirklich lieben, ich habe keine Zeit für Dich, ich brauche selbst noch Anerkennung und Erfolg, deshalb sind mir Beruf und Karriere wichtiger.

Die zentrale Angst bleibt Objektverlustangst (d.h. Angst, nicht genug Liebe zu erfahren). Der Mensch bleibt unsicher, fühlt sich minderwertig und nicht liebenswert. Er glaubt, durch besondere Leistungen und Anstrengungen sich Liebe verdienen zu können. So kann man zum Leistungsträger einer Gesellschaft werden, ohne je wirkliche innere Zufriedenheit und Entspannung zu finden.

In der klinischen Ausformung sind es die narzisstischen Persönlichkeitsstörungen und die massenpsychologische Auswirkung des Muttermangels erkennt man in der Qualität der Sozialsysteme. Wie werden Minderheiten, Alte, Kranke, Behinderte, Arbeitslose, Sozialhilfeempfänger akzeptiert und unterstützt?

Die durch »Muttermangel« verbleibende Bedürftigkeit und Sehnsucht nach Anerkennung und Bestätigung führt häufig zu einer übertriebenen Selbstbildung, mit der die schmerzlich unerfüllte Bedürftigkeit abgewehrt werden soll und die Illusion genährt wird, durch besondere Leistungen die Liebesbedürftigkeit stillen zu können.

Für die Begleitung von Kindern mit diesem Schicksal wird man also Anleitung anbieten, um die Abwehr der Bedürftigkeit aufzulockern und zugleich die Selbstbildung bremsen, um das narzisstische Größenselbst einzudämmen.

»Muttervergiftung«

mit der mütterlichen Botschaft: Du darfst leben, Du bist mir auch etwas wert, aber ich mag Dich nur, solange Du meine Erwartungen erfüllst.

Der Mensch bleibt abhängig an die Mutter gebunden mit Individualisierungsangst. Muttergebundene suchen ein Leben lang Führung und Orientierung. Sie sind nach außen orientiert, versuchen abzuspüren, was von ihnen erwartet wird und sind leicht durch Suggestionen zu manipulieren. Autonomiebestrebungen bleiben angstbesetzt.

Die massenpsychologische Ausformung ist typisch für eine Marktwirtschaft, die Kunden und Klienten nur solange umwirbt und hofiert, solange sie zahlungskräftig sind und Profit versprechen.

Durch die Folgen der »Muttervergiftung« – Entfremdung, Abhängigkeit, Außenorientierung – werden zwar Anleitung und Führung gesucht, wird aber Anleitung auch gewährt, kann die schon bestehende Entfremdung chronifiziert werden. Dagegen bleibt Selbstbildung angstbesetzt, weil sie praktisch Entfernung von der Mutter bedeutet, ist aber für eine gesunde Weiterentwicklung zwingend notwendig. In diesen Fällen wäre also Anleitung eher zu verweigern und Selbstbildung zu fördern.

Die Väterlichkeitsstörungen teile ich folgendermaßen ein:

»Vaterterror«

mit der Einstellung des Vaters zum Kind: Du störst, Du bist zu viel. Ich fühle mich bedroht durch Dich!

Die psychischen Folgen beim Kind sind Einschüchterung, Unsicherheit, Ängstlichkeit, Gehemmtheit – der Rückzug aus Welterkundung und Lebensgestaltung.

Massenpsychologisch finden wir in der Folge der väterlichen Einschüchterung die gehemmten, ängstlichen Untertanen und Mitläufer einer Gesellschaft oder in der Reaktionsbildung als Revolutionäre und »Vatermörder«.

Für die Begleitung betroffener Kinder ist schützender Raum und unterstützte Zeit für Selbstbildung besonders wichtig und auf Anleitung sollte weitestgehend verzichtet werden, um die Unsicherheit nicht ungewollt zu kultivieren. Zutrauen, Ausprobieren und Übung sind gefragt, um Einschüchterung ablegen zu können.

»Vaterflucht«

mit der Einstellung des Vaters zum Kind: Ich habe keine Zeit für Dich. Ich habe Wichtigeres zu tun!

Dem Kind wird Identifikation oder gute Auseinandersetzung mit Männlichkeit und Väterlichkeit entzogen und verweigert. Die Kinder bleiben Muttersöhne und Muttertöchter, die schwach, strukturlos, ohne Ziel und Ehrgeiz ihr Leben verbringen und am liebsten nur versorgt sein möchten. Da sie häufig keine ausreichende Anstrengungsbereitschaft entwickeln konnten, fehlt ihnen auch die Freude an Leistung und Erfolg.

Ein Ausgleich für die Vaterlosigkeit wird dann gesellschaftlich gern bei den »weichen« Autoritäten gesucht, wie sie in esoterischen, ökologischen und alternativen Lebensentwürfen häufiger zu finden sind.

Zum Aufbau von Struktur, Ordnung, Pflicht und Verantwortung wird Anleitung dringend gebraucht. Eine solche Anleitung geschieht mit dem Wissen um die Orientierungsdefizite bei fehlender guter Väterlichkeit und ist deshalb nicht mit autoritären Befehlen und Zwängen zu verwechseln. Die Selbstbildungsmöglichkeiten können sich erst dann gut entfalten, wenn sie durch Richtung, Ordnung und Verantwortung gesammelt und geformt werden.

»Vatermissbrauch«

mit der Einstellung des Vaters zum Kind: Mach mich stolz, mach mich »unsterblich« durch besondere Leistungen.

Der Vater ist der Antreiber für Höchstleistungen, der Trainer, der seine Sprösslinge zu Siegern machen will, wodurch die Leistungsträger einer Konkurrenzgesellschaft heranbildet werden, damit aber eben auch die Machos und Emanzen.

Bei der vorhandenen Ehrgeizhaltung wird Anleitung zum Risiko weiterer Anstrengungen. Deshalb sind Verhältnisse hilfreich, die kein Ziel verfolgen, nicht auf Erfolg oder ein Produkt orientiert sind, sondern dem Spiel, der Freude, dem Vergnügen und der spontanen Kreativität Raum lassen. Die Selbstbildungskräfte brauchen Freiheit.

Die Kompetenz von Erziehung – besser für Beziehung – muss also auch die mütterlichen und väterlichen Fähigkeiten der Erzieher berücksichtigen:

Erzieher, die selbst »Mutterbedrohung« erfahren haben, brauchen häufig für ihre Selbstregulation Macht und Distanz, damit ihr Bedrohungsgefühl nicht berührt werden kann.

Kinder können dann insofern eine Bedrohung sein, da sie durch ihr vitales, lustvolles und berechtigtes Lebensgefühl das erlittene Gegenteil im Erzieher bewusst machen könnten. Deshalb besteht häufig ein latentes Interesse an schwierigen Kindern, an Konflikten und Stress mit ihnen. Das schwierige Kind schützt mit real-belastenden Beziehungen vor der Wahrnehmung der eigenen früh erlebten Bedrohung. Erzieher mit dieser Problematik können meist gut anleiten, aber schlecht freilassen – höchstens freilassen, um Chaos zu provozieren, um sich dann real im Hier und Jetzt bedroht fühlen zu können.

Erzieher, die selbst im »Muttermangel« aufgewachsen sind, sind bedürftig geblieben mit einem starken Wunsch, geliebt zu werden oder wenigstens beliebt zu sein. Sie strengen sich an, arbeiten engagiert und bemüht, brauchen aber Anerkennung, Lob und Zuwendung. Wenn sie Anleitung geben, hoffen sie insgeheim, dafür gelobt und geliebt zu werden. Dagegen fällt es ihnen eher schwer, Selbstbildung zuzulassen, weil sie dann das Gefühl haben, nicht wichtig zu sein, nicht gebraucht zu werden und sich nicht beweisen zu können.

Erzieher, die mit »Muttervergiftung« belastet sind, leben damit auch entfremdet, nach außen orientiert, um Erwartungen abzuspüren und erfüllen zu wollen. Sie sind die »Helfer«, handeln aber nicht nach eigener gereifter Überzeugung, sondern sie wollen gefällig sein und dafür Anerkennung bekommen. Sie sind deshalb in Gefahr, dem stattzugeben, was gewünscht wird und scheuen notwendige Abgrenzung, Auseinandersetzung und Konfrontation, weil sie fürchten, dann nicht mehr gemocht zu werden. Ihnen fällt Kritik und Durchsetzung schwer und damit scheuen sie Anleitung und idealisieren Selbstbildung mit einer Tendenz zum laissez faire.

Erzieher, die »Vaterterror« erlebt haben, sind meist selbst autoritär, um ihre Unsicherheit und Gehemmtheit zu verbergen und zu kompensieren. Sie neigen damit auch zur autoritären Anleitung ohne Empathie und Toleranz für die Möglichkeiten und Begrenzungen der von ihnen Betreuten. Das Freilassen zur Selbstbildung würde ihre Schutzmechanismen labilisieren und die eigenen Unsicherheiten deutlich werden lassen.

Erzieher, denen durch »Vaterflucht« eine ausreichende Auseinandersetzung mit dem Männlichen und Väterlichen fehlt, sind häufig auch selbst hinsichtlich Struktur, Ordnung, Pflicht und Verantwortung nachlässig. Anleitung ist ihnen fremd und zuwider und der Einstellung zur Selbstbildung fehlen häufig Orientierung und Zielstellung.

Erzieher, die durch »Vatermissbrauch« geprägt worden sind, neigen häufig dazu, auch von den zu Betreuenden viel Leistungen und große Anstrengungen zu erwarten. Sie striezen und quälen gern, sie haben dafür meist auch eine Leistungsideologie und sind deshalb auch gern harte Trainer im Leistungssport. Ansonsten lieben sie Leistungsspiele, Leistungsvergleiche, orientieren auf Leistungssteigerung, Erfolge und Siege. Sie sind die Anleiter in Person und vernachlässigen Selbstbildung, wenn diese Autonomie nicht sogar misstrauisch in Frage gestellt oder gar abgewertet wird.

Zusammenfassend komme ich hinsichtlich des Themas zwischen Anleitung und Selbstbildung zu folgenden Thesen:

- Kinder müssen nach ihrem Entwicklungsniveau, nach der Qualität ihrer mütterlichen und väterlichen Begleitung eingeschätzt werden, um zwischen notwendiger Anleitung und möglicher Selbstbildung unterscheiden zu können.
- Erzieher brauchen Selbsterfahrung und Supervision, um ihre mütterlichen und väterlichen Fähigkeiten und Behinderungen im allgemeinen und im speziellen Einzelfall gut zu kennen, bewusst anwenden zu können und rechtzeitig Aufgaben abzugeben oder sich helfen zu lassen.
- Kompetente Erziehung zwischen Anleitung und Selbstbildung ist ein intersubjektiver dynamischer Prozess, der nur begrenzt akademisch gelernt werden kann und überwiegend konkret beziehungsdynamisch erfahren, erprobt und gegebenenfalls auch korrigiert werden muss.

6

Anhang

6.1 pfv:
Selbstverständnis – Ziele – Aufgabenfelder

Fachübergreifende Expertenkultur

Der pfv (Pestalozzi-Fröbel-Verband e.V.) ist ein politisch und konfessionell unabhängiger Fachverband für Kindheit und Bildung. Seine Mitglieder bringen unterschiedliche berufliche Kompetenzen und Einbindungen mit: Sozialpädagogische Fachkräfte, VertreterInnen der Ausbildung, der Fortbildung, VertreterInnen von anderen Verbänden, von Bundes- und Landesministerien, aus Jugendämtern (kommunale und Länderebene), Wissenschaftler aus Universitäten und einschlägigen Instituten, freiberufliche Menschen aus Wissenschaft, Fortbildung und Beratung. Die ganze Breite der Fachszene rund um Kinder und kindbezogene Berufe, die in der Mitgliedschaft vertreten ist, kann eine besondere Expertenkultur bilden, die mit interdisziplinärem Sachverstand und Erfahrungswissen Lebensbedingungen von Kindern aufzeigt, Probleme benennt und bündelt sowie Positionen zugunsten von Kindern und Familien in der Öffentlichkeit bezieht.

Informelles Forum zum Gedankenaustausch

Die Chance dieser Struktur des pfv liegt darin, die Mitglieder als Experten gezielt anzusprechen und den fachlichen Austausch so zu organisieren, dass aktuelle Fragen, aber auch grundlegende Fragen (etwa zur Zukunft von Kindheit) aus den verschiedenen vertretenen Perspektiven beleuchtet werden. Was dabei das besondere Diskussionsklima des pfv auszeichnet: Im Rahmen dieses Verbandes, der keine Trägerfunktion hat, müssen keine bestimmten Interessen und Strukturen (wie z.B. kirchliche Interessen oder berufspolitische Forderungen) vertreten werden; man kann es wagen, kinderpolitische Fragen neu und quer zu denken und einen experimentellen Raum für die Weiterentwicklung sozialer Dienste über aktuelle Interessengebundenheit hinaus zu gestalten. Der pfv bietet somit ein informelles Forum für Fachleute verschiedener Arbeitsfelder und unterschiedlicher institutioneller Einbindungen. Man lernt sich kennen, kann regionale und fachliche Netzwerke knüpfen und mit etwas Distanz zu den jeweiligen institutionellen Vorgaben Ideen, Perspektiven und kinderpolitische Strategien entwickeln.

Sozialpolitik für Kinder

Der pfv beschäftigt sich von seiner – nunmehr schon über 130-jährigen – Tradition her mit den Lebensbedingungen von Kindern und setzt sich für Lebensqualität ein. Was bedeutet dieses Anliegen des Verbands heute?

Unsere Gesellschaft verändert sich derzeit so schnell und so gründlich wie nie zuvor. Der schmerzhafte Abschied von der Arbeitsgesellschaft schafft Unsicherheiten und grenzt viele Menschen aus. Manche Entwicklungen zeigen, dass Kinder gegenwärtig zu den Modernisierungsverlierern gehören. Auf der anderen Seite könnte eine gesellschaftliche Entwicklung, die nicht mehr nur auf Erwerbsarbeit konzentriert ist, auch wieder mehr Raum und bessere Möglichkeiten für Kinder und Familien bereithalten.

Der pfv will auf die Lebenslagen von Kindern und Familien und auf die Konsequenzen für Entwicklungschancen und Bildungsprozesse der nachwachsenden Generation öffentlichkeitswirksam aufmerksam machen. Die Suche nach einer neuen Ordnung des Zusammenlebens der Generationen ist überfällig. Das Ziel ist die Gestaltung einer Kultur des Aufwachsens, und diese käme sicherlich nicht nur den Kindern zugute, sie dürfte auch den Erwachsenen jenseits von Ökonomie, Beschleunigung und Effizienz mehr Lebensqualität erschließen.

Es ist zentraler Auftrag des pfv heute, in diesem Verständnis an einer Sozialpolitik für Kinder mitzuwirken.

Zur Zukunft sozialpädagogischer Berufe

Das Arbeitsfeld pädagogischer Fachkräfte ist an vielen Stellen in Bewegung. Mehr Autonomie und neue Zuständigkeiten werden in die Einrichtungen gegeben (Verwaltungsreform), Qualität und wirtschaftliche Betriebsführung werden verlangt. Der öffentlich finanzierte Bereich sozialpädagogischer Arbeit sieht sich zunehmend nicht nur von Sparmaßnahmen bedrängt, er gerät auch in die Konkurrenz mit freien Initiativen und mit kommerziell betriebenen Angeboten. Wie sich dabei das Berufsprofil (Ausbildung, Praxis, Weiterbildung) gestaltet, ist noch offen. Dass die Pädagogen eine Schlüsselrolle für die Sicherung von Qualität öffentlicher Kinderbetreuung haben, ist unbestritten. Und dass die Entwicklung hin zu Europa sowie die auch hierzulande nötige multi-kulturelle Praxis erweiterte Berufsprofile erfordert, wird von vielen Seiten betont. Entsprechende Konsequenzen für Ausbildung und praxisbegleitende Qualifizierung werden bisher jedoch kaum gezogen.

Hier wird sich der pfv auch weiterhin offensiv äußern und einmischen.

Dienstleistungen des pfv

- Die besondere Expertenkultur der Mitglieder wird für gemeinsames Nachdenken und Ideen-Sammeln aktiviert.
- Fachtagungen sowie Studienreisen ins In- und Ausland lassen Einblicke gewinnen über den persönlichen Wirkungskreis hinaus und die eigene Praxis aus der Distanz neu betrachten.
- Analysen und Vorschläge werden in die öffentliche Diskussion, aber auch an Entscheidungs- und Verantwortungsträger unseres demokratischen Systems gegeben.
- Aktuelle Fragen und Praxisentwürfe werden mit Mitgliedern und weiteren Interessenten auf Fachtagungen thematisiert.
- Für Mitglieder und MitarbeiterInnen aller Fachorganisationen und Instanzen bietet der pfv ein übergreifendes gemeinsames Forum, einen »neutralen« Ort gemeinsamer Perspektivenfindung.
- Projektartig können bestimmte fachpolitische Aufgaben übernommen und vorangetrieben werden.
- Fachpolitisch wichtige Informationen und Dienstleistungen werden gesammelt und bereitgestellt, insbesondere durch Fachtagungen, Studienreisen, Veröffentlichungen, Fachgespräche und das Diskussionsforum im Internet.

- Insbesondere für freiberufliche Mitglieder kann der Verband eine Informationsbörse sein, an der Daten, Adressen, fachpolitische Papiere u.a.m. abgefragt werden können.

Rolle des pfv für die Mitglieder und in der Öffentlichkeit

Fragen nach der weiteren Entwicklung unserer Gesellschaft, nach dem Weg hin zu einer sozial gerechten und ökologisch orientierten Gesellschaft, können nicht nur in den offiziellen politischen und fachlich-institutionellen Kanälen vorangetrieben werden. Zur demokratischen Selbststeuerung der Gesellschaft sind aktive Bürger sowie auch unabhängig angesiedelte ehrenamtliche Expertenkulturen genauso wichtig. Der pfv will mit seinen Aktionsformen dazu beitragen, dass freiwilliges und ehrenamtliches Engagement als Ausdruck lebendiger Demokratie kommunikativ gestaltet wird.

Der pfv bietet an, mit anderen Menschen zusammen gesellschaftliche Fragen zu Kinderleben und Kinderhilfen in offener und nicht schon durch vorhandene Institutionen vorgeformter Weise anzugehen: Andere Mitglieder kennenzulernen, quer zu denken, neue Lösungen zu suchen und sich damit in der Öffentlichkeit Gehör zu verschaffen.

Wollen auch Sie Mitglied werden? – Ihre Mitarbeit ist uns wichtig. Bitte nehmen Sie mit uns Kontakt auf!

Aktuelle Informationen, Einladungen, Berichte und das Diskussionsforum finden Sie auf unserer Website: www.pfv.info

Vorstandsmitglieder des pfv Wahlperiode 2004-2007

Eva Hammes-Di Bernardo (Vorsitzende)
Fachreferentin im Ministerium für Bildung, Kultur und Wissenschaft des Saarlandes, Saarbrücken

Dr. Hans Rudolf Leu (stellvertr. Vorsitzender)
Leiter der Abteilung »Kinder und Kinderbetreuung« im Deutschen Jugendinstitut, München

Detlef Diskowski (Schatzmeister)
Referatsleiter für Kindertagesbetreuung im Ministerium für Bildung, Jugend und Sport des Landes Brandenburg, Potsdam

Renate Engler
Fachberaterin für städtische Kindertagesstätten im Amt für Jugend und Familie, Pforzheim

Dr. Sabine Hebenstreit-Müller
Direktorin des Pestalozzi-Fröbel-Hauses, Berlin

Prof. Dr. Angelika Speck-Hamdan
Professorin für Grundschulpädagogik und -didaktik an der Universität München

Bundesgeschäftsstelle:

Leitung: Ludger Pesch
Barbarossastr. 64 · D-10781 Berlin
Tel.: +49(0)30.23 63 90 00 · Fax: +49(0)30.23 63 90 02
E-Mail: pfv@pfv.info

6.2 Autorinnen und Autoren

Beate Andres

Berlin; Studium der Erziehungswissenschaft, Psychologie und Soziologie an der Freien Universität Berlin, Mitarbeit in verschiedenen Forschungsprojekten im Bereich Krippe und Tagespflege, Gründungsmitglied und wissenschaftliche Mitarbeiterin des Instituts für angewandte Sozialisationsforschung/Frühe Kindheit e.V., infans, wissenschaftliche Mitarbeiterin im Bundesmodellprojekt »Zum Bildungsauftrag von Kindertageseinrichtungen«, gemeinsam mit Hans-Joachim Laewen Entwicklung des infans-Konzepts der Frühpädagogik, aktuelle Arbeitsschwerpunkte: Bildung und Erziehung in der frühen Kindheit, Forschungskooperation zwischen Wissenschaft und Praxis.

Detlef Diskowski

Studium der Erziehungswissenschaft, Kita-Erzieher, -leiter, -berater, Aus- und Fortbildner und jetzt Referatsleiter für Kindertagesbetreuung und sozialpädagogische Berufe am Ministerium für Bildung, Jugend und Sport des Landes Brandenburg. Vorstandsmitglied im pfv.

Prof. Dr. Rainer Dollase

geb. 1943, Studium der Psychologie in Saarbrücken, Düsseldorf und Köln; Promotion 1974 (Saarbrücken), von 1976 bis 1980 Professor für Erziehungswissenschaft an der Universität Essen, seit 1980 Professor für Psychologie (Entwicklung und Erziehung) an der Universität Bielefeld, seit 1993 auch Mitglied des Instituts für interdisziplinäre Konflikt- und Gewaltforschung (IKG) an der Universität Bielefeld.

Sibylle Haas

Diplom-Pädagogin, Ausbildung in Systemischer Beratung (BIFF Berlin) und Kunsttherapie, lösungsorientiertes Malen bei Bettina Egger (Zürich), Mitglied der Berliner Vernetzungsgruppe Lernwerkstätten. Seit vielen Jahren Fortbildung und Beratung für Kindertagesstätten verschiedener Träger. Leitet die Mal- und Lernwerkstatt im Eigenbetrieb von Berlin Kindertagesstätten Nordwest.

Eva Hammes-Di Bernardo

Jahrgang 1959, Saarbrücken; nach langjähriger Projektarbeit im Bereich der interkulturellen und zweisprachigen Vorschulerziehung, Leitung des Referates Kindertageseinrichtungen im Landesjugendamt, wiss. Mitarbeit an der Universität des Saarlandes, derzeit Referentin für frühkindliche Bildungsfragen und zweisprachige Erziehung im saarländischen Bildungsministerium und Lehrbeauftragte an der Universität des Saarlandes. Studium der Germanistik, Romanistik, Italianistik, Ethnologie und Anthropologie in Saarbrücken, Metz, Montpellier und Nizza. Vorstandsvorsitzende des pfv. War bis 2007 stellvertretende Vorsitzende des Fachausschusses Kindheit, Familie, DNK (Deutsches Nationalkomitee) der AGJ (Arbeitsgemeinschaft für Jugendhilfe), Repräsentantin für die Bundesrepublik Deutschland bei der OMEP (Organisation Mondiale pour l'Education Préscolaire).

Prof. Dr. Helmut Heiland

Jahrgang 1937; Studium der Pädagogik, Philosophie und Geschichtswissenschaft in Tübingen und München, Promotion 1965 Universität Tübingen. Seit 1975 Professor für Schulpädagogik und Allgemeine Didaktik an der Universität Duisburg, jetzt Universität Duisburg-Essen. Emeritierung 2002. Leiter der Duisburger »Fröbel-Forschungsstelle, jetzt Campus Essen. Initiator der »Internationalen Fröbel-Symposien« (1996-2004), Vorsitzender der »International Froebel Society – Deutschland« (IFS-D) von 2002-2006. Forschungsschwerpunkte: Schultheorie, Didaktik des Pädagogikunterrichts, Geschichte der Pädagogik, insbesondere Fröbelforschung.

Dr. Heinz Hinz

Diplom-Pädagoge M.A., Studium der Erziehungswissenschaft und der Lehrämter für Grund-, Haupt- und Sonderschulen. Pädagogischer Leiter der Fachschulen für Sozialpädagogik und Organisation und Führung. Leiter der Akademie Silberburg, Lehrbeauftragter an der Universität Kassel. Projektleiter nationaler (BMBF) und internationaler Projekte (ESF) zu Themen wie Personalentwicklung, Lernkulturwandel und Kompetenzentwicklung für Führungskräfte.

Evelyne Höhme-Serke

Erziehungswissenschaftlerin M.A., Lehrerin mit Erstem Staatsexamen, Psychodramaleiterin. Langjährige Tätigkeit in Fortbildung und Beratung von SozialpädagogInnen, LehrerInnen und ErzieherInnen in Projekten und in der Lehrerausbildung an der TU Berlin. Seit 2002 Leiterin des Projektes »Demokratie leben in Kindergarten und Grundschule« (der Internationalen Akademie/Institut für den Situationsansatz und der RAA Berlin) in Eberswalde.

Elisabeth Hollmann

Offenbach-Rumpenheim; Erzieherin, Diplom-Pädagogin, Supervisorin DGSv, Organisationsberaterin; selbständig tätig als Trainerin in den Bereichen Entwicklungs-/Veränderungsmanagement, Lernbiografie und Bildung, Salutogenese und Resilienz; Begleiterin zur Lern-Kultur-Entwicklung in Kindertageseinrichtungen.

Dr. Regine Illner

Berlin; Studium der Biologie und Chemie, langjährige Lehrtätigkeit an einem Berliner Gymnasium, Promotion im Bereich Didaktik der Biologie, z.Z. Leitung der AG Biologiedidaktik an der Universität Potsdam; Forschungsschwerpunkte: Wissenschaftsverständnis bei Schülern und Lehrern, frühe naturwissenschaftliche Förderung.

Beate Irskens

Gütersloh; Studium Lehramt Sek.I, anschließend Studium der Erziehungswissenschaften, Soziologie und Psychologie. Wissenschaftliche Mitarbeiterin am Deutschen Institut für Internationale Pädagogische Forschung, wissenschaftliche Referentin im Fortbildungswerk und in den Arbeitsfeldern des Deutschen Vereins für öffentliche und private Fürsorge, Projektmanagerin bei der Bertelsmann Stiftung, Projekt »Kinder früher fördern«. Autorin diverser Fachbeiträge, insbesondere zu Themen aus dem Bereich Strukturen, Systeme und Handlungsansätze früher Bildung.

Hans-Joachim Laewen

Berlin; Studium der Soziologie an der Freien Universität Berlin, seit 1976 in verschiedenen Forschungsprojekten des Instituts für Kleinkindpädagogik, 1980 bis 1987 als wissenschaftlicher Mitarbeiter des Instituts tätig. Gründung des Instituts für angewandte Sozialisationsforschung/ Frühe Kindheit e.V. (infans). 1992 bis 1997 im Auftrag des Ministeriums für Bildung, Jugend und Sport des Landes Brandenburg zusammen mit Beate Andres Aufbau eines Beratungsnetzwerks im Bereich Kindertagesstätten in Brandenburg (Modellprojekt »Impulse aus Brandenburg«). Veröffentlichung einer Reihe von teils wissenschaftlichen, teils praxisbezogenen Fachpublikationen. Von 1997 bis 2000 Leitung des Bundesmodellprojekts: »Zum Bildungsauftrag von Kindertageseinrichtungen«. 2001 in Kooperation mit dem Ministerium für Bildung, Jugend und Sport des Landes Brandenburg Entwicklung eines Konzepts zur Umsetzung des Bildungsauftrags in Kindertageseinrichtungen, seit 2002 Erprobung des Konzepts in Brandenburg und in Baden-Württemberg.

Dr. Hans Rudolf Leu

Jahrgang 1946, sozialwissenschaftliches Studium in Bern, Freiburg i.Br. (M.A.) und München (Dr. phil.). Langjähriger Mitarbeiter des Deutschen Jugendinstituts in München; seit 1997 Leiter der Abteilung »Kinder und Kinderbetreuung«. Arbeitsschwerpunkte: Kindheitsforschung, Sozialberichterstattung, Fragen der Kindertagesbetreuung und Frühpädagogik. Stellvertretender Vorsitzender des pfv.

Dr. Hans-Joachim Maaz

Facharzt für Psychiatrie und Psychotherapie, Facharzt für psychosomatische Medizin/Psychoanalyse, Chefarzt der Klinik für Psychotherapie und Psychosomatik im Diakoniewerk Halle, Vorsitzender der Deutschen Gesellschaft für analytische Psychotherapie und Tiefenpsychologie und des Choriner Instituts für Tiefenpsychologie und psychosoziale Prävention.

Renate Niesel

München; Studium der Psychologie in Frankfurt/Main und Denver, Colorado, USA. Diplom (1980, Johann Wolfgang Goethe-Universität, Frankfurt/Main). Wissenschaftliche Referentin am Staatsinstitut für Frühpädagogik (IFP), München. Arbeitsschwerpunkte: Übergänge zwischen Familie und Bildungseinrichtungen; Kooperation zwischen Familie, Kindergarten und Grundschule; geschlechtersensible Pädagogik; Bildung, Erziehung und Betreuung von Kin-dern unter drei Jahren.

Friderike Pankoke

Erzieherin, Leiterin der Kita Tabaluga in Blankenfelde, Mitautorin des Berliner Förderplans für die Integration behinderter Kinder, Mitglied im Netzwerk Offene Arbeit Berlin und im Dialog Reggio, Fernstudentin im Studiengang Bildungs- und Sozialmanagement an der FH Remagen.

Prof. Dr. Gerd E. Schäfer

Professor an der Universität Köln, Humanwissenschaftliche Fakultät im Institut für Bildungsphilosophie, Anthropologie und Pädagogik der Lebensspanne. Schwerpunkte der Arbeit: Frühe Kindheit/Familie/Jugend.

Dr. Fritz Schließmann

Flensburg; Studium der Fächer Chemie und Biologie für das höhere Lehramt an der Universität Tübingen, Lehrer an der Friedrich-Paulsen-Schule Niebüll (Gymnasium), Promotion an der Universität Flensburg, Forschungsarbeit im Bereich Didaktik der Naturwissenschaften im Institut für Physik und Chemie und ihre Didaktik an der Universität Flensburg, Schwerpunkt »Lernen an interaktiven Experimentierstationen«, Projektleiter »Naturwissenschaftliche Frühförderung im Kindergarten«.

Bettina Schwab

Erzieherin in der Kita Tabaluga in Blankenfelde, Schwerpunkte der Arbeit mit Kindern sind der Kreativbereich und die Sprachentwicklung, Hobbymalerin.

Petra Wagner

Diplom-Pädagogin in Berlin. Langjährige Tätigkeit in bilingualen (türkisch-deutschen) Projekten im Elementar- und Grundschulbereich in Berlin. 1993 bis 1998 wissenschaftliche Mitarbeiterin am Institut für Grundschulpädagogik der Freien Universität Berlin. Freiberuflich tätig in der Fortbildung und Beratung zu interkultureller Pädagogik und Mehrsprachigkeit. Seit 2000 Leitung des Projekts KINDERWELTEN zur vorurteilsbewussten Bildung und Erziehung in Kindertageseinrichtungen in der INA gGmbH – Internationale Akademie an der FU Berlin/Institut für den Situationsansatz.